新文科建设教材·人力资源管理系列

员工培训与开发
终身学习与组织培训

唐 乐 ◎ 主编

清华大学出版社
北京

内 容 简 介

本书将终身学习理念与组织培训实践相结合，旨在培养学生的专业素养和终身学习能力。本书共包含十章内容，涵盖了终身学习与组织培训概述、战略性学习与培训、学习与培训需求分析等多个方面。这些内容不仅具有理论深度，还注重实践应用。本教材还为授课教师配备了完善的教辅材料，如教学大纲、课件、试卷等。

本书适合人力资源管理专业及其他经管类专业的本科生、研究生使用，也可作为相关培训教材，以及供员工培训与开发感兴趣的广大读者阅读。

本书封面贴有清华大学出版社防伪标签，无标签者不得销售。
版权所有，侵权必究。举报：010-62782989，beiqinquan@tup.tsinghua.edu.cn

图书在版编目（CIP）数据

员工培训与开发：终身学习与组织培训 / 唐乐主编.
北京：清华大学出版社，2024.9. -- (新文科建设教材). -- ISBN 978-7-302-67282-1

Ⅰ．F272.921

中国国家版本馆 CIP 数据核字第 2024ZU2973 号

责任编辑：朱晓瑞
封面设计：彩奇风
责任校对：王荣静
责任印制：杨　艳

出版发行：清华大学出版社
网　　址：https://www.tup.com.cn，https://www.wqxuetang.com
地　　址：北京清华大学学研大厦 A 座
邮　　编：100084
社 总 机：010-83470000
邮　　购：010-62786544
投稿与读者服务：010-62776969，c-service@tup.tsinghua.edu.cn
质 量 反 馈：010-62772015，zhiliang@tup.tsinghua.edu.cn
课 件 下 载：https://www.tup.com.cn，010-83470332

印 装 者：大厂回族自治县彩虹印刷有限公司
经　　销：全国新华书店
开　　本：185mm×260mm　　印　张：15　　字　数：359 千字
版　　次：2024 年 9 月第 1 版　　印　次：2024 年 9 月第 1 次印刷
定　　价：58.00 元

产品编号：102774-01

前　言

　　组织成功与人才培养密切相关，因此培训管理成为各个组织关心的重大问题，也是人力资源从业者的核心工作。员工培训与开发一直是人力资源管理专业教学培养体系中的一门专业必修课程。随着世界之变、时代之变以前所未有的方式展开，围绕高端人才和尖端科技的战略博弈空前激烈。竞争的加剧使培训在组织中发挥的作用愈加明显，也令培训管理在实践界获得了更多的重视。与之相呼应，在本科教育教学中，市面上针对培训与开发这一课程的教材亦琳琅满目，体现了大学教育中对于这门课程的重视。这些教材为该课程的建设与发展梳理了理论脉络，奠定了实践基础，也有部分教材为学生们提供了便捷的实用工具，帮助他们毕业后更高效地执行工作。然而，在授课的过程中，我仍觉得这门课程缺少了一些厚重，亟须添加那浓墨重彩的一笔。

　　培训与学习是不可分割又相互交织的两个部分。从大学生这一群体出发，他们一边学习着如何培训他人，一边在课程中被老师"培训"。"纸上得来终觉浅，绝知此事要躬行"。他们也会在"以教促学"的课堂实践中，进行学习成果的转化。"玉不琢，不成器；人不学，不知道。"可见，培训的过程离不开学习，要想掌握培训的相关知识和技能，也必须了解学习的过程。因此，本教材从学习的概念出发，首先探讨了什么是学习、学习和娱乐的区别、学习对于个体的意义等内容。意图在传授培训相关知识之前，引导学生们重新审视学习的价值，帮助他们重新找回对学习的认可和热爱。

　　我国先秦荀子曾有"学不可以已"之训，显示了朴素的终身学习观念。如今，党的二十大报告发出全面建设社会主义现代化国家新的总动员令，为建设全民终身学习的学习型社会、学习型大国指明了总体方向。可以预见，全民终身学习制度体系的创新、学习型社会和学习型大国的建设，必将为新时代促进人的全面发展和经济社会可持续发展注入强大动力。因此，我将本教材的副书名设为"终身学习与组织培训"。在教学的过程中，我不想把学生们仅仅培养成精致的"打工族"，而是要把他们培养成既具有专业知识，又具公正、仁爱之心的人力资源从业者。无论他们未来从事何种职业，都需要具有独立思考的能力和终身学习的态度。我认为终身学习的引入也是课程思政的一个亮点。

　　习近平总书记在党的二十大报告中指出，"建设全民终身学习的学习型社会、学习型大国"。数字经济时代背景下，社会对于人才的综合素质提出更高要求，终身学习作为帮助全体公民获得可持续发展技能的主要途径，其重要性日益凸显。纵观当下，科技高速发展，产业不断升级，生活中的不确定性增加，那么应如何应对不确定性带来的风险呢？——培养终身学习的意识并付诸实践。在现代社会中，人们从正规学校系统中获取的知识技能有限,大量知识技能需要在工作实践中不断习得,终身学习既是人们谋生发展的持续动力,也是国家现代化对人力资源开发的必然要求。与此同时,培训是组织进行人力资本投资、储备人才的重要方式,是组织获得持续竞争力的重要手段。传统意义上,组织培训并不能视为能够为公司创造价值和成功应对竞争挑战的主要活动,但在今天,这样的观点已经改变,那些运用了创新性组织培训活动的公司,比没有运用这些实践的竞争对手在财务业绩上表现得更加出色。本教材创新性地将终身学习与组织培训的知识相结合,既有益于学生将学习到的专业理论成果应用到社会实践中,又有助于培养和塑造终身学习的意识和习惯,为建设全民终身学习的学习型社会贡献一份力量。本教材的特色主要体现在以下几点。

(1) 引领性。将课程建设与思政教育紧密结合,积极响应习近平总书记"'大思政课',我们要善用之"的指示精神,将党的二十大报告中所提出的"建设全民终身学习的学习型社会、学习型大国"的理念贯穿全文,在传授学生学习与培训相关知识与技能的基础上,引入传统文化、理想信念、民族精神等丰富的思政元素,积极引导学生成为既专业又具公正和仁爱之心的人力资源从业者,将所学所长持续转化到社会主义建设这一宏伟目标之中。

(2) 前瞻性。密切结合时代背景,紧跟时代前沿,紧密追踪国内外学习与培训的最新实践与理论成果,强化知识性和时代性相结合,将时事新闻、学术研究、课程思政等内容引入教材,以问题为导向提升学生的综合能力。

(3) 专业性。针对人力资源管理专业课程的特点,结合学习与培训的专业化需求,从专业的视角对学习与培训的理论与技术进行研究,强化线上资源建设,将教学课件、教学案例等内容全部在线分享,为学生自主学习提供参考。

(4) 系统性。从战略性学习与培训出发,系统围绕"需求分析(analysis)—项目设计(design)—内容开发(develop)—方案实施(implement)—效果评估(evaluation)"这一培训管理流程(ADDIE),将终身学习与组织培训的内容联系在一起,既紧密结合,又互做补充,以增强学生理解与转化学习理论与成果的能力。

在编写本教材之前,编者购买了市面上近百本培训相关的教材,经过半年之久的整理、总结和提炼,取其精华,吐故纳新,构建出本教材的逻辑框架。并在以下成员的共同努力下,经过 10 个月的反复打磨完成了教材的编写。基于 ADDIE 培训管理流程,本教材共包含以下 10 章内容。

第 1 章为概述,由王亚茹、余昕阳编写。本章探讨了终身学习和组织培训的相关概述。个体方面,重点关注学习与娱乐的区别、终身学习的意义与方法等;组织方面,探讨了培训方式、意义、管理流程及其影响因素,并强调了专业培训人员的角色与素质要求。

第 2 章为战略性学习与培训,由于冰编写。本章首先讨论了个人目标设定与战略性学习的关系,从价值观分析、自我分析以及人生目标的设定和调整三方面阐述战略性学习的开发;组织方面,介绍了组织战略的分层与分类,以及不同竞争战略下的培训需求,描述了组织因素对培训的影响是如何与经营战略相关联的。

第 3 章为学习与培训需求分析,由刘星雨编写。本章从个体方面讨论了学习需求分析的内涵和方法及学习需求分析确定的原则;组织方面,阐述了培训需求分析的定义及其重要性,讨论培训需求分析中组织分析、人员分析和任务分析所扮演的角色,并阐述培训需求分析的方法及其优缺点。

第 4 章为高效学习法，由王权、张硕编写。本章从学习方法入手，结合思维记忆的原理，首先介绍两套成体系的学习方法：费曼学习法和 GREAT 学习法；然后介绍两种学习方法的辅助工具：思维导图和记忆辅助法；最后分析持续学习的四条路径，探讨如何使学习持续进行。

第 5 章为组织培训方法，由杨之旭、张潇编写。本章从培训方法入手，首先介绍了组织培训方法的分类、含义及使用场景；然后阐述了不同培训方法的优缺点及其适应性；最后帮助大家理解数智化培训方法的重要价值。

第 6 章为学习与培训过程及转化，由余昕阳编写。本章首先介绍了学习过程、培训过程、学习转化和培训转化的定义，并解释学习与培训过程及转化模型；然后详细论述了个人学习理论、组织培训理论及培训成果转化理论；最后分析了学习过程与培训转化的提升策略。

第 7 章为学习与培训项目设计，由强微编写。本章分为学习项目设计和培训项目设计两部分。在学习项目设计中，列举了影响其设计的因素，按照"建立自我驱动 – 行动方案制定"逻辑展开具体内容。在培训项目设计中，按照个体因素、家庭因素、组织因素和社会因素四个层面简述影响培训项目设计的因素，详述了项目计划的前期准备以及培训项目计划书具体内容。

第 8 章为学习与培训内容开发，由王颖君、强微编写。本章首先介绍了有关课程和课程设置的基础内容，运用了优缺点比较法介绍了编写教材的过程；其次介绍幻灯片内容的制作过程，对幻灯片的美学要求进行阐释；再次介绍了课程案例的选择和编写方法；最后阐述了题库编写的原则和题库的应用。

第 9 章为培训师成长，由裴宇编写。本章首先从课前准备、课程导入、互动控场等方面深入探讨培训实施过程中的方法和技巧；然后介绍了培训师的职业发展路径，包括培训师在职业发展过程中所面临的挑战和机遇；最后探讨了如何在职业发展过程中不断提高与丰富自己的技能和知识。

第 10 章为学习与培训效果评估，由王亚茹编写。本章从个体角度，重点关注学习效果评估的基本概念、学习成果的分类及学习效果评估流程。对于组织，首先厘清培训效果评估的相关概念、过程和意义，随后讨论培训成果的分类。此外，梳理培训效果评估的方案设计和模型并介绍了跟踪评估的方式。

在编写本教材的过程中，首都经济贸易大学劳动经济学院 2020 级人力资源管理实验班（1）班和（2）班的同学们也为本教材的编写提供了一些新的观点。在课堂互动中，他们积极表达自己的想法，通过头脑风暴等方式，提出了他们对这门课程的期待和需求，也对一些概念给出了"00 后"自己的新见解。这些内容都已经体现在这本教材的各个小角落。我的硕士研究生徐雨菲对教材进行了最终的排版和配色。编者在此向每一位小伙伴致以最深的谢意，感谢你们坚定的支持和不懈的努力。正是因为大家的齐心协力、共同奋斗，这本教材才得以细心打磨、精彩呈现。你们的付出是这本教材最宝贵的财富，也是我们共同成就的骄傲。同时，也要感谢编者所在学校和学院，首都经济贸易大学劳动经济学院对本教材的资助。资金上的资助，使得我们有了足够的资金邀请专家研讨、组织会议、购买书籍等。学院领导们的鼓励和支持也是我坚持建设这门课程的不竭动力。

最后，为了使教材的接受度更高，本教材配备了完善的教辅材料，包括教学大纲、课件、试卷等，可以帮助授课教师快速开始课程教学。本教材将终身学习和组织培训有机结合，立志打造"培根铸魂、启智增慧"的精品教材，以高质量教材助力教育教学改革与发展。

编　者

2024 年 3 月

目 录

第 1 章　概述 ··· 1
   1.1　终身学习 ·· 4
   1.2　组织培训 ·· 10
   1.3　组织培训的管理流程 ·· 14
   1.4　影响学习与培训的因素 ··· 16
   1.5　培训专业人员的角色与能力要求 ······································· 21
   开篇案例参考答案 ·· 27
   即测即练 ·· 27

第 2 章　战略性学习与培训 ··· 28
   2.1　目标设定与战略性学习 ··· 30
   2.2　组织战略管理的流程与分类 ··· 39
   2.3　战略性培训 ·· 44
   2.4　经营战略与培训策略 ·· 49
   2.5　企业办学与培训外包 ·· 52
   开篇案例参考答案 ·· 53
   即测即练 ·· 54

第 3 章　学习与培训需求分析 ·· 55
   3.1　学习需求分析 ··· 57
   3.2　培训需求分析 ··· 62
   3.3　培训需求分析的内容 ·· 65
   3.4　培训需求分析的方法 ·· 72
   3.5　培训需求的确认 ·· 76
   开篇案例参考答案 ·· 80
   即测即练 ·· 80

第 4 章 高效学习法 ... 81
4.1 费曼学习法 ... 83
4.2 GREAT 学习法 ... 87
4.3 学习方法的辅助工具 ... 91
4.4 持续学习的四条路径 ... 93
开篇案例参考答案 ... 97
即测即练 ... 97

第 5 章 组织培训方法 ... 98
5.1 传统指导式培训法 ... 100
5.2 实践参与式培训法 ... 102
5.3 数智化培训法 ... 108
5.4 培训方法的选择 ... 112
开篇案例参考答案 ... 113
即测即练 ... 113

第 6 章 学习与培训过程及转化 ... 114
6.1 学习与培训过程及转化概述 ... 116
6.2 个人学习理论 ... 120
6.3 组织培训理论 ... 126
6.4 培训转化理论 ... 131
6.5 个体与组织的提升策略 ... 133
开篇案例参考答案 ... 135
即测即练 ... 136

第 7 章 学习与培训项目设计 ... 137
7.1 学习项目设计 ... 141
7.2 培训项目设计 ... 150
开篇案例参考答案 ... 158
即测即练 ... 158

第 8 章 学习与培训内容开发 ... 159
8.1 课程相关的基本概念 ... 161
8.2 教材的选择与编写 ... 168
8.3 课程幻灯片的制作 ... 170
8.4 课程案例的选择 ... 174

8.5　课程题库的制作 ·· 177
　　开篇案例参考答案 ·· 180
　　即测即练 ·· 180

第 9 章　培训师成长 ·· 181
　　9.1　培训师的分类 ·· 183
　　9.2　培训师职业画像 ·· 184
　　9.3　课堂呈现 ·· 192
　　9.4　终身学习与自我发展 ·· 199
　　开篇案例参考答案 ·· 201
　　即测即练 ·· 202

第 10 章　学习与培训效果评估 ·· 203
　　10.1　学习效果评估 ·· 206
　　10.2　培训效果评估 ·· 208
　　10.3　培训效果评估方案设计 ·· 213
　　10.4　培训效果评估模型 ·· 217
　　10.5　培训效果跟踪与反馈 ·· 222
　　开篇案例参考答案 ·· 224
　　即测即练 ·· 225

01

概 述

学习目标

★ 了解终身学习的相关概念；
★ 理解组织培训的相关概念；
★ 掌握组织培训的管理流程；
★ 理解影响学习与培训的因素；
★ 了解培训专业人员的角色与素质要求。

开篇案例

西门子公司（以下简称西门子）是德国的一家著名的电子产品公司，历史悠久，规模较大。如今西门子业务遍布世界190多个国家和地区，涉及能源、通信、工业、交通、信息、医疗、电子元器件、工业自动化、家用电器等领域，成为当今全球电子电气行业中最大的综合型跨国公司之一。西门子一贯奉行"人的能力是可以通过教育和不断地培训而提高的"，因而它坚持由公司自己来培养和造就人才。西门子的培训内容包罗万象，课题针对各个部门和员工的实际需要。为适应技术进步和管理方式的变化，课程内容每年都有20%以上的调整，大部分培训项目都是根据公司当前生产、经营和应用技术的需要设置的，很大一部分是在工作岗位上完成的。在人才培训方面，西门子创造了独具特色的培训体系——多级培训制。

（1）第一职业培训，造就技术人才。培训对象主要是部分15岁到20岁中学毕业后没有进入大学的年轻人，培训时间为3年左右。在第一职业培训期间，员工要接受双轨制教育：一周工作5天，其中3天在组织接受工作培训，另外2天在职业学校学习知识。这样，员工不仅可以在工厂学到基本的熟练技巧和技术，而且可以在职业学校受到相关基础知识教育。第一次职业培训保证了员工正式进入公司就具有很高的技术水平和职业素养，为组织的长期发展奠定了坚实的基础。

（2）大学精英培训，选拔管理人才。西门子计划每年在全球接收3 000名左右的大学生，为了利用这些宝贵的人才，西门子也制订了专门的计划。西门子注意加强与大学生的沟通，增强对大学生的吸引力。公司同各国高校建立了密切联系，为学生和老师安排活动，并无偿提供实习场所和教学场所，举办报告会等。此外，西门子还从大学生中选出30名尖子进行专门培训，培养他们的领导能力，培训时间为10个月，分三个阶段进行。第一阶段，让大学生全面熟悉企业的情况，学会从互联网上获取信息；第二阶段，让大学生进入一些商务领域工作，全面熟悉本企业的产品，并加强他们的团队精神；第三阶段，将大学生安排到下属企业（包括境外企业）承担具体工作，在实际工作中获取实践经验和知识技能。大学精英培训计划为西门子储备了大量管理人员。

（3）员工在职培训。西门子认为，市场竞争日趋激烈，在革新、颇具灵活性和长期性的商务活动中，知识和技术必须不断更新换代，才能跟上商业环境以及新兴技术的发展步伐，所以西门子特别重视员工的在职培训，在公司每年投入的8亿马克培训费中，有60%用于员工在职培训。西门子员工的在职培训主要有两种形式：西门子管理教程和在职培训员工再培训计划，其中管理教程培训尤为独特和闻名。管理教程共分五个级别，从第五级到第一级所获技能依次提高，各级培训分别以前一级为基础。通过参加管理教程培训，公司中正在从事管理工作的员工或有管理潜能的员工得到了学习管理知识和参加管理实践的绝好机会。

一系列的培训，帮助公司新员工具备较高的业务能力，丰富员工知识，提高其技能、管理能力，并储备了大量的生产、技术和管理人才。因此西门子长年保持着公司员工的高素质，这是西门子强大竞争力的来源之一。

资料来源：https://wenku.baidu.com/view/7779b56d58fafab069dc026f.html?fr=hp_Database&_wkts_=1692270241174&bdQuery=%E7%99%BE%E5%BA%A6%E6%96%87%E5%BA%93.

请仔细阅读以上案例并回答下面的问题：
1. 西门子人才培训的特点是什么？
2. 为什么西门子如此重视人才的培训与发展？

引 言

西门子一贯坚持公司自己来培养和造就人才，其包罗万象的培训内容及独具特色的培训体系助力其成为世界电气领域的一颗璀璨明星。飞速发展的当今时代，培训是组织不断创造价值和成功应对挑战的重要活动。运用了创新性培训的组织，比没有运用这些实践的竞争对手在业绩上表现得更加出色。组织之所以取得成功，与其高度重视人才培养，通过培训储备人才高度相关。

不仅仅是组织需要培训来提升竞争力，社会发展瞬息万变，个体也需要保持终身学习的状态。追溯历史，我国先秦思想家、教育家荀子曾有"学不可以已"之训，显示了朴素的终身学习观念。如今，党的二十大报告也强调要"建设全民终身学习的学习型社会、学习型大国"。诺贝尔文学奖得主萧伯纳（Shavian）也曾经说过："人们永远无法被'教'会。"常规教育中学习的内容往往是有限的，大量知识与技能需要在工作与生活的实践中不断主动习得。由此可见，终身学习是个体谋生发展的持续动力，只有不断学习，方能在知识经济和人工智能时代环境中更好地生存与发展。个体应该积极构建终身学习的心态，获得终身成长的技能，真正成为理论基础扎实、实践能力突出、具有前沿视野的创新型人才。

对个体而言，社会对于人才的综合素质提出更高的要求，终身学习作为帮助个体获得可持续发展技能的主要途径之一，其重要性日益凸显。与此同时，市场竞争越发激烈，培训也越来越成为组织进行人力资本投资、储备人才的重要方式。由此可见，终身学习与组织培训是个体获得幸福感和组织获得持续竞争力的重要手段。

本章从终身学习与组织培训的相关概念入手，首先从个体角度出发，对"学习与娱乐的本质区别""终身学习对于个体的意义""保持终身学习的方法"及"终身学习的责任人"等问题展开探讨并加以总结提炼；相应地，从组织培训的角度探究了组织培训的三大方式及培训对于组织的意义，论述了组织培训的管理流程并对影响学习与培训的因素加以梳理归纳，并在最后探讨了专业培训人员的角色和素质要求，进而在宏观上增强对终身学习与组织培训的整体理解与掌握。

1.1 终身学习

1.1.1 终身学习的内涵

在树立终身学习的观念之前，我们首先要知道什么是学习以及学习和娱乐（一个和学习可能对立的概念）之间的边界与区别。比如，看电影是学习还是娱乐？《现代汉语词典》中将"娱乐"定义为"快乐有趣的活动"。《娱乐产业经济学》一书中认为"娱乐"是指通过各种方式，如游戏、电影、音乐、阅读等，使人们在闲暇时间得到放松和愉悦的体验。《牛津词典》里对"娱乐"（entertainment）的定义是"一种能够吸引受众的兴趣和注意力，或者使他们感到愉快的活动形式"，强调观看和互动的形式。以上几个关于娱乐的观点都强调娱乐是一种"积极体验"。

如果我们把学习当作娱乐的对立面，那么显然，学习将是一个"痛苦"的过程和体验。著名文学家、唐宋八大家之首的韩愈曾言"书山有路勤为径，学海无涯苦作舟"，旨在鼓励人们不怕困难多读书，只有勤奋学习才能成功。因此，"苦"确实也是学习的特点之一。

然而，古罗马诗人、理论家贺拉斯（Horace）在《诗艺》中提到"寓教于乐"，也就表示娱乐和学习是可以结合的。如果二者可以融为一体，那么树立终身学习和终身娱乐的观念也就毫无差别了。因此，娱乐和学习之间一定存在边界。学习的过程不一定是完全痛苦的（比如一个人非常喜欢画画，那么学画的时间也可以是愉悦的），但一定和娱乐有着本质的区别。下面我们就从三个角度出发，探讨娱乐和学习之间的本质区别。

（1）方向与体验不同。学习强调的是输入的过程[1]，这一过程会提升个体原有的认知体系[2]，并重塑个体固有的行为方式。基于信息加工理论，我们接触新的知识或技能时，大脑需要对这些信息进行加工与编码，包括理解、记忆、应用等。这个过程需要消耗大量的能量和时间，对大脑的认知资源提出很高的要求。当认知资源不足时，我们就会感到学习困难，产生痛苦感。因此学习不会是全然快乐的体验。但是更高层次的认知却会让我们感受到更极致的快乐。与之相反，娱乐强调的是输出的过程，它迎合了个体现有的认知，强化个体习惯的行为方式，因此，娱乐的过程往往是令人愉悦的。

（2）难度和时效不同。自古有"书山有路勤为径，学海无涯苦作舟"之言。学习的难度大，过程漫长且艰辛，回报周期长，短期之内可能看不到太多的进步，但是坚持下去回报却高，最终胜利的喜悦一定不会缺席[3]；娱乐的难度小，过程容易且轻松，反馈周期短，可以使个体感受到当下的快乐[4]，如烟花般璀璨夺目但稍纵即逝。

（3）目的不同。学习的目的是获取知识与技能，增强个体竞争力；娱乐的目的是释放

---

[1] 史秋衡，张妍. 中国终身学习话语体系的嬗变与重构[J]. 教育研究，2021，42(9)：93-103.
[2] 胡汉辉，潘安成. 组织知识转移与学习能力的系统研究[J]. 管理科学学报，2006(3)：81-87.
[3] 吴南中，夏海鹰. 以学分银行为支架的区域性终身学习体系构建研究[J]. 中国远程教育，2017，514(11)：63-69，80.
[4] 夏建中. 当代流行文化研究：概念、历史与理论[J]. 中国社会科学，2000(5)：91-99.

和发泄情绪[①]，获取轻松与愉悦。学习是痛并快乐着，是在努力吸取知识的过程中获得满足感，而娱乐是纯正的快乐，不需要过多思考，是释放与宣泄自身情绪的过程。

理解了学习与娱乐的区别，有助于我们正确地面对学习过程中遇到的困难。如果我们认为学习的过程应当是愉快的，那么当我们遇到瓶颈时就容易轻言放弃。而如果我们可以正视学习又"苦"又"难"的本质，我们反而可以苦中作乐，积极面对可以预见的困难。

基于此，本书认为，学习是指个体获取知识和技能，培养态度、塑造行为习惯的过程，是指人的能力上的一种相对持久的变化，这种变化并非自然成长的结果。在这一概念里，知识是学习而得，指对某个领域的规律、原理、概念或做事的流程的理解和掌握。技能是指个体运用已有的知识和经验，通过练习而形成的一定的动作方式或智力活动方式。知识与技能两者之间的最大的区别为知识通过学习而得，而技能往往是通过练习而得。能力是指掌握和运用知识与技能所需的个性心理特征。而终身学习指社会每个成员为适应社会发展和实现个体发展的需要[②]，以积极、主动的姿态展开的持续不断的学习活动，即我们所常说的"活到老学到老"或者"学无止境"。

与之相对应，本书认为娱乐是指个体通过参与各种活动，释放压力和紧张情绪并获得愉悦和满足感的过程。但是在具体的实践活动中，学习与娱乐谁为主体并不是非黑即白的，不同活动中两者占据的比重可能不同。学习与娱乐都是个体生活中重要的组成部分，是互相融合、相辅相成的，需要个体进行合理的分配，才能更好地平衡彼此之间的关系，从而达到事半功倍的效果。

1.1.2 终身学习对于个体的意义

在我们了解了学习的概念之后，我们开始思考，在整个人有限的生命当中，学习是不是不可或缺的过程？为什么一定要学习？不学可不可以呢？答案显而易见，在当今信息爆炸及充满不确定性的时代里，如果我们故步自封，拒绝学习与变化，那么很快会被这个时代所淘汰。此外，正如杜甫所云："读书破万卷，下笔如有神。"学习可以让我们跨越现实的界限，开阔新的视野，获得新的知识，实现人生的价值。但学习也不仅仅为了个人的成长与进步，还应该融入社会发展的大局，如周恩来总理在少年时代所提出的人生理想——为中华之崛起而读书，我们学习的动力还应来自对社会发展的责任感和使命感，只有通过不断学习，我们才能更好地为社会的发展贡献自己的力量。接下来我们从以下几个角度详细谈谈学习对于个体的意义。

1. 生存与发展

每个个体都在生命的不同阶段学习新的知识与技能，以满足自身生存与发展的需要。从年幼时的学习行走、进食、语言，到少年时期的学习科学基础知识，再到成年时期学习工作技能来保证自身的生存与发展。[③]终身学习不仅是个体生存的必要条件，也是个体适

[①] 高如. 警惕网络舆论生态泛娱乐化的负效应[J]. 毛泽东邓小平理论研究, 2017, 359(8): 66-72, 109.
[②] 终身学习 [EB/OL]. (2024-01-05). https://baike.baidu.com/item/%E7%BB%88%E8%BA%AB%E5%AD%A6%E4%B9%A0/1788744#ref_1_99160.
[③] 陈丽, 何欣怡, 郑勤华, 等. 论终身学习的新哲学基础[J]. 现代远程教育研究, 2023, 35(2): 3-10.

应社会发展的基本生存方式。社会是不断发展的，甚至是瞬息万变的，尤其是现在的数智化时代。[1]如果停滞不前，个体就会面临被社会淘汰的风险。[2]同时，终身学习也是消除当前教育弊端的根本途径。[3]

2. 角色转换的需求

在满足生存需要并且适应社会与时代发展的基础上，我们并不是独立存在社会上的个体，人的本质不是单个人所固有的抽象物，在其现实性上，它是一切社会关系的总和。在不同的年龄阶段，个体扮演着不同的角色，如儿女、伴侣、父母、长辈等，每个角色都有其特定的需求[4]，为了满足这些需求，个体需要掌握不同的技能，并通过学习来快速适应和满足不同角色之间的需求。这样我们才能更好地平衡不同角色之间的冲突，实现角色的快速转换[5]。

3. 时代经验交换

正如前文所述，社会的发展是瞬息万变的，以往积累的经验与教训或许不能够完全适合当今快速发展的时代。以往人们倾向于年长者的经验都是对的，即使有悖科学原理，也依然按照年长者的意见去做。如今年长者的经验或有借鉴之处，但不能完全作为判断是非或作出抉择的依据。"不听老人言，吃亏在眼前"这句谚语并不能完全符合当今时代发展的特色。相反，个体需要通过不断学习，接纳新知识、新技能、新方法并时刻保持开放的心态，才能游刃有余地应对各种困难与挑战[6]。

4. 实现个体与社会价值

从个体角度来讲，学习是思考的基础，思考是学习的升华。如果个体拒绝主动学习，就较难有自己的思考，也就容易受到他人的影响；如果个体能够坚持主动学习，那么他就可能从多个角度看待问题，培养批判性思维而不是仅仅接受别人的观点。这种思维可以帮助个体如何辨别真假、善恶、美丑等事物，并帮助个体作出更明智的决策，从而更好地实现自我价值。从社会角度来讲，学习可以帮助个体更好地建设与服务社会，每个人皆可以通过学习找到自己擅长或热爱的方向，在不同的领域发挥自己的价值，为社会发展与中华民族伟大复兴贡献一分力量。[7]因此，学习不仅对个体实现自我价值有益，也对社会发展起到积极的推动作用。

---

[1] 史秋衡，季玟希. 新时代教育体系要素变革的理路[J]. 高等教育研究，2022，43(7)：14-21.

[2] 吴小雪，姜露熙，阿卜杜热合曼，等. 新工科背景下应用型混合式教学模式的创新与完善——以"食品微生物学"为例[J]. 发酵科技通讯，2023，52(1)：52-56.

[3] 赵宇博，张丽萍，闫盛，等. 个性化学习中学科知识图谱构建与应用综述[J]. 计算机工程与应用，2023，59(10)：1-21.

[4] 周德春. 终身学习体制创新研究[J]. 长春理工大学学报，2012，7(2)：111-112.

[5] 闫志利，韩佩冉. 构建服务全民终身学习的教育体系：价值取向与实践逻辑[J]. 职业技术教育，2020，41(13)：68-73.

[6] 刘嫄嫄，李小红. 学校团体场馆参观:国外教师的观念和行为[J]. 外国教育研究，2012，39(11)：111-117.

[7] 张世金. 基于职业教育类型定位的高职校园文化建设[J]. 教育与职业，2022，1015(15)：91-95.

5. 追寻人生终极目标

诺贝尔文学奖得主伯特兰·罗素（Bertrand Russell）在描述"我为什么而活着"时，强调了三种激情——对爱情的渴望，对知识的追求，对人类苦难不可遏制的同情心，这三种纯洁但无比强烈的激情支配着他的一生。经济学家亚当·斯密（Adam Smith）写出了经济学的经典著作《国民财富的性质和原因的研究》（简称《国富论》），他认为人们的经济活动追求财富和物质利益的背后，实际上是为了追求幸福。心理学家马斯洛（Maslow）提出的"需求层次理论"认为，人类需要的不仅是基本的生理需求（如食物、水、睡眠），还需要安全、社交、尊重和自我实现等更高层次的需求。他指出，只有满足了这些需求，人们才能体验到深层次的幸福。综上，伯特兰·罗素描述的三种激情以及亚当·斯密和马斯洛的理论都强调了人们追求幸福的本质，即人生的终极目标是幸福，但追求幸福的过程中需要个体不断地学习，最理想的状态莫过于寓教于乐，但大部分学习都是苦中作乐，痛并快乐中。但在这个过程中，个体的眼界、格局及人生的价值感等都在潜移默化地提高，个体也更能够感受到由内而生的幸福感与意义感。繁华落尽终有时，曲终人散是否知？正所谓再美好的风景，也会随着岁月消逝，终是心中洋溢的幸福方能让人们获得心安。

1.1.3 保持终身学习的方法

学习对于个体有着十分重要的意义，那么如何保持终身学习的态度并付诸实践呢？首先，我们应该认识到学习的重要性，学习是一种充实自我的方式，它不仅是为了应付考试或者提高工作能力，还是一种拓宽视野、丰富人生以及实现自我价值的途径。其次，热情与好奇心是推动我们不断前进的力量，孔子有言："知之者不如好之者，好之者不如乐之者。"只有保持好奇心，我们才能不断探寻知识的奥妙。最后，终身学习并不是一蹴而就的，需要我们持之以恒地去追求，保持谦虚包容的心态，从自身做起，积极营造终身学习的环境。

1. 认识到学习的重要性

在前文中我们仔细探讨了学习对于个体的意义，狭义上来说，学习能够满足个体生存与发展的需要，能够让个体更好地适应社会；广义上来说，学习能够丰富个体的认知，实现人生的自我价值，获得生命中的幸福感。只有认识到学习的重要性后，个体才会由衷地尊重和保持终身学习的态度并付诸行动。①

2. 保持对这个世界的热情与好奇

伏尔泰（Voltaire）曾经说过，"好奇心是智慧的开端"。即便年龄不断增长，个体也应当对这个世界保持好奇、激情与热爱，坚持培养和发展兴趣爱好，进行多元化学习，这不仅能让个体摆脱自身思维框架的束缚，不断地探索和前进，还能拓展生命的宽度与厚度，让每一天更精彩，更充实，也更厚重②。除此之外，人们除了向内积极探索以外，还要学

---

① 高志敏. 关于终身教育、终身学习与学习化社会理念的思考[J]. 教育研究，2003(1)：79-85.
② 乔爱玲，张伟远，杨萍. 互联网时代老年群体终身学习现状调查报告[J]. 电化教育研究，2019，40(7)：121-128.

会欣赏身边的人并给予真诚的赞赏，常言道，"三人行，必有我师焉"。多从身边人身上学习闪光点，向内认知，向外行走，也不失为终身学习的一种好方法[①]。

3. 谦虚包容，营造终身学习环境

人们常言"不耻下问"，但真正实践起来并没有那么容易。这种心态的核心是勇于向他人请教，懂得学习他人的长处，然后不断完善自己。在当代社会，知识更新日新月异，个体更应该树立不耻下问的意识，勇于面对自己还不了解的领域，不要羞于向他人请教。正如古人所说："有人而不耻下问，知人而不耻下学，当得之，不骄；侮而不怨，当无愧色。"个体除了保持谦卑包容、不耻下问的态度以外，一个良好的学习环境能够营造浓厚的学习氛围[②]，不仅要向上寻找学习型环境或学习型组织，还应该从自身做起，去主动创造终身学习的环境。例如，当我们的年长父母谦卑地向我们请教如何使用电子科技产品时，我们应该展现出更加耐心的态度，耐心地为他们答疑解惑，让他们能够在科技世界里自如地探索与体验，而不是简单地解释一两遍就草草了事。这样不仅有助于增强家庭成员之间的互动与沟通，还有助于创建家庭型终身学习的氛围。

1.1.4 终身学习的责任人

在成长的过程中，父母的教育是引导个体学习的首要动因。古人有云，"身教重于言教"，父母是孩子的第一任教师，也是孩子终身学习的榜样。父母从孩子出生的那一刻起就开始培养他们的教育意识和求知欲望，给予爱与关怀。渐渐地，个体步入小学、初中、高中……在求学的过程中，老师扮演着愈加重要的角色，亦师亦友。随着年龄的增长，伴侣走进彼此的生活，在一段健康的亲密关系中，男女双方会相互支持和鼓励，如果一方保持终身学习的态度，另一方也会受到这种学习态度的影响，彼此共同进步与成长。在个体成为长辈之后，应不断提升自己的学识和修养，以身作则，树立良好的榜样，并与他们互相学习、共同成长。最后，自己作为终身学习最主要的责任人，更要时刻保持终身学习的意识和责任感，不断增加和开阔自己的认知与视野，以便更好地理解和认识自己与世界。

1. 父母

当个体还是孩童时，父母大多一直陪伴在身边，是最关心个体成长与学习的人。一言一行、一举一动都被父母看在眼里，上什么学校、选择哪个兴趣班等基本上被父母安排妥当。在逐渐长大与学习的过程中，父母会帮助子女制订合理的学习计划，引导子女增加对学习的兴趣。除此之外，许多父母不仅用语言对孩子进行教育，而且以身作则，用坚持学习、坚持锻炼等方式来对子女进行潜移默化的引导。总而言之，父母不仅是这世上最爱子女的人，也是最关心子女学习与成长的人。

2. 老师

当个体踏入学校大门的那一刻，老师便成了个体在学校中接触最多的角色。老师是学

---

① 孙琦，徐继存. 教师专业学习共同体的功用及其构建[J]. 中国成人教育，2022，547(18): 66-70.
② 陶蕾. 图书馆创客空间建设研究[J]. 图书情报工作，2013，57(14): 72-76, 113.

校教育的主要实施者，更是知识的传播者、引导者和创新者。他们的言行举止对学生的影响深远。他们的教育理念、敬业精神、处事态度等都会影响学生的价值观和行为。当老师具备终身学习的理念并切实付诸行动时，他们就会不断地追求进步，这种精神会自然而然地传递给学生，激发学习热情和求知欲。老师的行为将影响学生的一生，乃至整个社会的发展。

3. 伴侣

孩童时代，父母是最关心子女学习与成长的人。当子女逐渐长大，他们往往会离开家求学或工作。尽管父母仍然会嘘寒问暖，但毕竟不可能时刻陶伴在子女身边，因此可能无法及时了解子女成长过程中的所有细节与需求。随着年龄的增长，他们可能会发展出成熟的情感关系，步入恋爱或婚姻阶段。此时，伴侣便成为与子女朝夕相处的人，也是最关心彼此学习与成长的人（当然这前提是一段健康的恋爱或婚姻关系）。试想，如果子女有迟到的坏习惯，可能父母并不会斤斤计较，因为父母对子女的溺爱程度可能会影响对孩子不良性格或习惯的容忍度。但如果迟到行为总是导致伴侣不满，个体可能会因此尝试改变这一不良习惯。伴侣作为未来可能与子女共同生活的人，他们会希望彼此共同成长和进步，这种相互促进和鼓励的关系将有助于提高彼此的生活质量和幸福感。

4. 子女

当父母步入中老年时，大多数人会希望自己的父母能"活到老，学到老"，并且继续保持对新鲜事物的好奇，同时也会希望他们更多地为自己而活，而不是天天围着子女转，没有生活与爱好。同理，当自己步入中年或老年时，子女或者其他晚辈可能也会希望自己能够紧跟时代步伐，对这个世界继续充满热情与好奇，让生活更加丰富多彩，而不是陷入故步自封的思维，以为年龄大了就已经拥有丰富的经验而放弃学习和成长。所以说，子女或者其他晚辈也是关心个体成长与学习的人。

5. 自己

随着个体的成长，他们逐渐形成了独立的意识和观点。有时候，这些观点与父母或者朋友的意见并不一致。然而，个体仍然会根据自己内心最想要的去做出决策，制定学习目标和职业生涯规划。如是否会继续深造、选择什么类型的工作及需要提升哪些社交能力和技能等。自己是最了解自己的人，能清楚地辨识自己的优势与不足。通过学习，个体可以更好地扬长避短，进而在不同的场景中展现更优秀的自己。此外，当个体处在低谷或受到打击时，为了怕父母或朋友担忧，往往会选择自己调节情绪，从悲观消极的状态中走出来，摆正心态重新出发。在这个过程中，个体扮演着关心自己学习与成长的最重要的角色，也是最终能决定前进多远的角色。

1.1.5 终身学习的管理流程

社会瞬息万变，人才竞争愈演愈烈，个体想要增强竞争力需要不断地学习知识与技能，那么，个体应如何更高效地管理好学习项目呢？

1. 学习需求分析

终身学习需求分析是指在设计与规划未来学习任务之前，通过多种方法和渠道对自己进行全方位分析，从而确定自己当前状态与预期目标之间的差距，判断学习是否必要以及需要进行哪些学习、如何去学的过程。在纷繁复杂的社会中，任何颠覆原有认知的行为都可以称之为学习。那么，在众多的学习方向中，根据自身的目标和现阶段的能力，明确自身学习需求至关重要。学习需求分析的目的首先就是去判断学习是否是解决问题的最佳方式。只有当学习是解决问题的最佳方式时，通过学习才可以让我们更加接近目标，而不会南辕北辙。

2. 学习项目设计

终身学习项目设计是一个综合性和系统性的过程，旨在帮助个体规划和实施一系列的学习活动，以促进个体持续成长和发展。其设计的过程需要考虑个体、家庭、群体以及社会等层面的因素。个体需要强大的自驱力、灵活的学习方式以及合理的学习安排才能确保有效学习和应用知识与技能。与此同时，随着时代的变化，个体需要不断更新和改进培训项目设计，保证培训项目的实用性和可持续性。

3. 学习过程

学习过程是指学习者将他们所学的东西转移到记忆中（即记住）并能回忆起来。学习过程是个体获取、理解、整合和应用信息的动态过程，旨在获得新的知识、技能、态度或行为，是学习管理中至关重要的一环。这涉及接触新信息、将其与现有知识连接、在实际情境中应用并通过反馈进行调整的循环过程。个体应将所学所得应用在学习场景中，将所学知识在个人成长发展的路径中体现出来，以帮助自己达成人生目标。如果个人未能有效将所学知识转化在学习与工作场景中，那么所学的知识、技能、行为和方式也很难创造价值。

4. 学习效果评估

学习效果评估（又称学习评估）是指依据学习成果并对比学习目标以衡量学习是否有效的过程。个体如果仅仅学习而不思考与评估自己在学习项目中究竟掌握了多少知识与技能，长此以往，学习的效果会大打折扣。尽管学习效果评估处于学习的最后一环，但个体仍需加强对学习效果评估的重视。评估对于提升个人能力与竞争力至关重要，是确保个体终身学习有效性的重要途径。与此同时，个体需认识到学习效果评估是连续的和动态的过程，而不仅仅是一个学习项目结束时的单次评估。个体应该在学习项目的不同阶段进行反馈和评估，以便及时调整和改进学习方法和策略。

1.2 组 织 培 训

1.2.1 组织培训的相关概念

从广义上说，组织是指由诸多要素按照一定方式相互联系起来的系统；从狭义上说，组织就是指人们为实现一定的目标，互相协作结合而成的集体或团体，如党团组织、工会组织、企业、军事组织等。狭义的组织专门指人群而言，运用于社会管理之中。在现代社会生活中，组织是人们按照一定的目的、任务和形式编制起来的社会集团，组织不仅是社会的细胞、社会的基本单元，而且可以说是社会的基础。[①] 从管理学的角度，所谓组织，是指这样一个社会实体，它具有明确的目标导向和精心设计的结构与有意识协调的活动系统，同时又同外部环境保持密切的联系。[②]

企业是指以盈利为目的，自主经营、自负盈亏、独立核算的经济组织。[③] 公司是一种企业组织形式，通常由股东投资成立，以经营商业活动或提供服务为目的。[④] 基于此可以看出组织是一个更广泛的概念，企业是组织的一种形式，而公司则是企业的一种特殊形式。以往的培训教材往往以企业或者公司为载体，本书将组织作为研究对象，对包括但不限于企业、公司及事业单位等组织形式的培训展开论述。

培训是提高员工工作能力、丰富经验并改善其行为的一种组织成长活动。培训的首要目的在于提升组织的竞争力。对于员工而言，培训有助于他们掌握培训项目中强调的知识、技能与行为等，从而提高工作效率。同时，对于组织而言，培训推动了组织的创新与发展，从而起到提高组织绩效与客户满意度的作用。培训的首要目的在于提升组织的竞争力。竞争力指的是企业在行业中赢得并保持一定市场份额的能力，对于组织，竞争力强调的是组织在所属行业或领域中能够保持领先的能力。随着技术的日新月异、知识的快速更新、业务的日趋国际化以及电子商务的迅速发展，组织正在经历一场大的变革。它们不得不采取措施吸引、保留并激励员工。培训不是浪费钱财之无用功，而是一项重要的投资，是组织以高质量的产品和服务在全球化和电子化市场中立足的必要条件。

1.2.2 组织培训对于组织的意义

培训作为组织人力资源开发的重要组成部分，对增强组织内聚力，提高员工素质，加快知识和技术积累具有重要作用。培训是增强组织竞争力的有效途径，员工培训可灌输组织文化、增强组织凝聚力，也是建立学习型组织的最佳手段。

1. 培训是增强组织竞争力的有效途径

现代组织的竞争是"人才"的竞争，随着知识和技术的更新速度加快，企业需要不断创造和引进新技术和新理念，这就要不断地对员工进行培训。通过培训可以增强员工对组织决策的理解和执行能力，使员工掌握组织的管理理念和先进的管理方法，不断提高自身素质，不断提高组织的市场竞争力。

---

① 组织[EB/OL]. (2023-12-25). https://baike.baidu.com/item/%E7%BB%84%E7%BB%87/10200#reference-1-5892743-wrap.
② 组织[EB/OL]. https://www.zdic.net/hans/%E7%BB%84%E7%BB%87.
③ 格里高利·曼昆（Gregory Mankiw）. 经济学原理（第八版）[M]. 北京：北京大学出版社，2020.
④ 约翰·布莱克（John Black）. 牛津经济学词典[M]. 上海：上海外语教育出版社，2000.

2. 培训可灌输组织文化、增强组织凝聚力

通过培训向员工灌输组织的价值观，培养员工的行为规范、学习习惯，能够自觉地遵守各种规章制度，从而形成良好、融洽的工作氛围，提升工作满意度和成就感，通过不断学习和创新来提高效率，通过培训，可以增强员工对组织的认同感，增强员工与员工、员工与管理人员之间的凝聚力及团队精神。

3. 培训是激励员工工作积极性的重要措施

建立一个能够充分激发员工活力的人才培训机制，让员工看到他们发展的愿景。员工培训是一项重要的人力资源投资，同时也是一种有效的激励方式，这种激励方式要长期、持久地实施下去，因为他们更看重的是通过工作得到更好的发展和提高。

4. 培训是建立学习型组织的最佳手段

学习型组织是现代企业管理理论与实践的创新，是组织内员工培训开发理论与实践的创新。组织内部要想尽快建立学习型组织，除了有效开展各类培训外，更主要的是贯穿"以人为本"提高员工素质的培训思路，建立一个能够充分激发员工活力的人才培训机制。成功的组织将员工培训作为组织不断获得效益的源泉。学习型组织与一般的组织最大的区别就是，永不满足地提高产品和服务的质量，通过不断学习和创新来提高效率。

1.2.3 组织培训的三种方式

如今，仅以提供培训项目为由不足以得到组织高层在资金和其他方面的支持，也难以达到对管理者和员工进行培训与开发的目的。在组织环境下开展的学习必须有利于提升组织竞争优势。具体来说，其要能提高员工绩效，促进组织策略（如扩大组织规模）的贯彻。另外，通过学习要达到改进质量、提高生产率、促进新产品开发及留住重要员工的目的。从组织的角度看，员工的学习成果有利于人力资本等组织无形资产的开发。人力资本是指知识（了解是什么）、先进的技能（了解方式）、系统的理解和创新（了解原因），以及提供优质产品和服务的动机（了解原因）。人力资本是一家企业独有的资产，难以模仿，更不可能通过购买得到。因此，与有形资本（设备和技术）和财政资本（货币资产和现金）相比，人力资本更有利于帮助企业赢得竞争优势。

组织环境下的学习与培训有很多种方式（参见图 1-1 外围的圆圈显示的内容），最常见的有三种方式。

1. 正式培训与员工开发

培训是指组织有意识地促进员工学习的行为，旨在提高员工的工作能力和技能、丰富知识并改善行为方式。培训的目的是确保员工掌握培训中强调的知识、技能和行为，并将其运用到日常工作中。传统意义上，组织借助正式培训（例如课程、项目或活动）来确保员工顺利掌握工作必需的知识、技能和行为要求。开发与培训的概念类似，但开发更加专注于未来的发展。开发是指有助于员工胜任未来的工作和职位的因素，包括培训、正式教

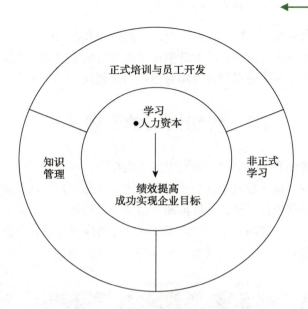

图 1-1　学习与培训在组织中的应用

育、工作经历、人际关系,以及对员工个性、技能和能力的评估等。正式培训与开发是指组织策划和组织的培训与开发项目、课程及相关活动。组织要求员工参加或完成上述项目,包括面对面的培训项目(例如导师主导的课程)和在线课程。

2. 非正式学习

非正式学习对于组织发展人力资本有着重要的地位。非正式学习是指学习者主动发起的,以行动为主、旨在实现发展的学习过程(这一过程并不在正式学习场合进行)。非正式学习没有培训师或导师在场,学习的广度、深度和持续时间均由学习者自行决定。非正式学习是由需求驱动的,学习者可能单独一人学习,也可能借助科技手段或直接与人面对面进行社交活动。非正式学习的形式多种多样,包括与同伴的即时交流、写邮件、非正式谈话、利用企业开发的社交网站或微博、小红书等公共社交网络开展社交活动。

非正式学习显得尤为重要的一个原因是它可以促进内隐知识的获得。内隐知识是与外显知识相对的一个概念。外显知识是指记录在文件中,表述清晰且便于人际传播的知识。程序、清单、流程图、公式和定义等属于典型的外显知识。外显知识是组织进行正式员工培训与开发时主要侧重的知识类型。内隐知识是指基于个人经验的个人知识,很难以文字的方式呈现。非正式学习是获得内隐知识的主要途径,因为内隐知识是在员工与朋友、同事和专家的互动交流过程中获得的。非正式学习无法替代正式培训与员工开发。正式培训与员工开发有助于员工胜任本职工作,并为日后的职业发展做好准备,非正式学习是正式培训的补充。

3. 知识管理

知识管理是指通过设计和运用工具、流程、系统、结构和文化来改进知识的创造、共享和使用,从而提高组织绩效的过程。知识管理有利于促进非正式学习。在充分了解学习的价值后,许多组织采取有效措施来保证组织的战略性商业目标同正式培训与员工开发这两个领域相结合。组织运用指导性的设计来保证高效的员工培训与开发,并将自身的培训开发项目与同行业竞争对手的培训开发项目进行对比和检测。

1.3 组织培训的管理流程

组织培训的管理流程(图 1-2)是一个组织内部用来规划、实施、监督和评估培训活动的系统性步骤序列。这一过程包含五个步骤。第一步是进行培训需求分析,明确是否需要培训。第二步是培训项目设计,做好前期筹措和项目计划。第三步是培训内容开发,准备课程设置和教辅材料。第四步是培训方案实施,完善课程呈现并提供学习支持。第五步是培训成果评估,制订评估计划并明确培训最终希望达到的结果。

图 1-2 组织培训的管理流程

组织培训的管理过程符合 ADDIE 模型。ADDIE 模型是一种用于设计和开发教育和培训课程的常用指导框架,它严格遵循了分析、设计、开发、实施、评估五个步骤。ADDIE 模型提供了一个结构化的、系统性的方法来规划、设计、实施和评估培训活动。该模型确保培训内容与学员需求和组织目标一致。通过 ADDIE 模型,培训管理流程能够更好地整合和组织培训活动,确保培训质量和效果,同时提供循环反馈机制,支持不断优化和改进,使培训能够持续适应变化的需求和环境。

1.3.1 培训需求分析

组织的需求是多种多样的,如增强员工动力、加强组织凝聚力、重新设计工作流程等。如果组织的要求是寻求某一问题的解决方案,那么该解决方案可能与培训有关,也可能无关。进行培训需求分析时,最关键的任务是确定培训是不是最合适的解决方案。不进行培训需求分析的培训是盲目的,往往达不到预期的培训效果。培训需求分析是确定培训目标、制订培训计划、具体实施培训的前提条件和进行培训评估的基础,是培训工作及时、有效开展的重要保证。

1.3.2 培训项目设计

员工是组织的第一生产力,是组织宝贵的财富。培训项目可以帮助员工提升职业技能、提升员工人岗匹配度，是培育组织文化的有力手段。培训项目是组织人力资源管理的基础工作，也是提升组织可持续发展竞争力的方法。一个优秀的培训项目设计应当考虑到学员特质、培训目标、培训预算、合理且有效的培训流程以及优秀的讲师等因素。培训项目的设计决定了该培训项目能否达成培训目标、符合需求分析结果。

1.3.3 培训内容开发

培训内容的开发工作是整个培训活动中原创性占比较多的工作之一，是培训内容与学员之间的沟通桥梁，也是培训讲师的授课利器。案例的选择和配套的题库也需要根据培训目的进行选择，合适的案例能够使学员身临其境，同时提升他们的学习兴趣和专注力；配套的题库能够让学员们及时运用学到的知识，进一步夯实所学内容。

1.3.4 培训方案实施

培训方案实施是培训任务的主要阶段，是指为了实现特定的培训目标，而有计划、有组织地进行培训活动的过程，并能根据目的和方案对培训进程中出现的效果及时作出调整，控制整个进程的顺利开展。

1.3.5 培训效果评估

培训效果是指组织和受训者从培训中获得的收益。培训效果评估是对培训项目、培训过程和效果进行评价的过程，为后期培训计划、培训项目的制订和调整提供依据，是提高培训质量的有效途径；是对培训的认知成果、技能成果、情感成果、绩效成果及投资回报率所进行的定性和定量的评价。

1.3.6 本书的结构安排

本书的结构根据组织培训的管理流程图（ADDIE 模型）延伸，首先，第 1 章为概述，第 2 章讲战略性学习与培训，为本书提供整体战略思路的引导；第 3 章讲学习与培训需求分析，对应组织培训的管理流程图中的 A（analysis）。其次，第 4 章讲高效学习法，第 5 章讲组织培训方法，为掌握组织培训的管理流程提供方法论；第 6 章讲学习与培训过程及转化，其中包含学习理论、组织理论及培训转化理论，深入浅出并由相关理论指导培训实践。最后，第 7 章讲学习与培训项目设计，对应 D（design），第 8 章讲学习与培训内容开发，对应 D（develop），第 9 章讲培训师成长，对应 I（implement），第 10 章讲学习与培训效果评估，对应 E（evaluate），整体结构安排对于个体的学习和组织的培训与员工开发都具有深刻的指导意义。

1.4 影响学习与培训的因素

本节将列举影响学习与培训的因素。全球化、人口构成的变化和劳动力的多元化、新技术及经济结构的变化等因素正影响着我们生活的方方面面，包括购物方式、学习方式、沟通方式以及价值观。这些因素对员工个人、群体、企业、社会都会产生重大影响。为了生存，组织必须意识到这些影响以及培训所起的重要作用。

1.4.1 全球化

每一个组织都必须做好迎接经济全球化的准备。新技术的发展使企业经营全球化成为可能；互联网的出现使信息的传递更加迅速和便捷；互联网、电子邮件和电子会议使距离不再是组织之间交易的障碍。受全球化影响的不仅仅是特定经济领域、产品市场或特定规模的组织。没有跨国业务的组织也可能购买或者使用海外组织的产品、雇用有不同文化背景的员工，或者与海外组织竞争本国本土市场份额。全球化是组织进驻新市场的一大机遇，因为海外消费者对产品和服务有需求，并且有足够的购买力来消费。

全球的企业都在竭力寻找和保留出色的员工，尤其是新兴市场中的这类员工。各大企业正在向中国、东欧、中东、南亚和拉丁美洲等市场转移，但优秀员工总是供不应求。许多企业往往将成功的管理者派驻海外负责业务，但在吸引、激励和保留优秀员工方面，他们对所在国家的文化缺乏足够的了解。许多企业都在采取措施，确保即将被派驻海外的员工及其家属做好充分的外派准备，并保证这些员工有机会接受培训与开发。跨文化培训旨在帮助员工及其家属了解派驻地的文化和法律法规，并帮助他们在结束海外工作回国后顺利融入当时的生活。

此外，全球化意味着本国企业将工作岗位转移到海外或者与国外供应商合作时，要充分考虑成本和收益。离岸是指把工作岗位从本国转移到其他国家或地区的过程。离岸的好处之一是企业可以保持低廉的劳动力成本，因为海外的工资和收益成本相对较低。离岸的劣势则是海外员工可能缺乏工作所需的技能。离岸的另一潜在劣势是，当地对员工的安全、健康和工作环境的要求低于本国，不利于企业开展宣传，并且可能导致企业潜在客户的流失。

1.4.2 经济周期

经济周期也称商业周期、景气循环，经济周期一般是指经济活动沿着经济发展的总体趋势所经历的有规律的扩张和收缩，是国民总产出、总收入和总就业的波动，是国民收入或总体经济活动扩张与紧缩的交替或周期性波动变化。过去把它分为繁荣、衰退、萧条和复苏四个阶段，（如图 1-3 所示），表现在图形上叫衰退、谷底、扩张和顶峰更为形象，也是现在普遍使用的名称。经济周期性的波动，对组织而言是挑战也是机遇，经济下行正是市场洗牌的时候,这时候的组织内的培训,更要注意践行使命,帮助组织提升绩效,促进组织成长,这样才能实现培训的商业价值。

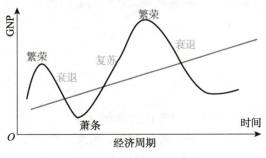

图 1-3 经济周期曲线

经济周期是以国内生产总值的波动为核心依据,重点探究实际国内生产总值与其潜在值之间的差距,经济波动的强弱与二者之间的差值呈现正相关关系;每一个经济周期都包含着经济扩张和经济紧缩两个阶段,繁荣和萧条交替出现。经济在发展过程中所表现出来的周期性特征是不可避免的。而组织作为市场经济的主体,经济的发展状况自然会对其产生深远的影响。宏观经济层面主要指标的波动势必对组织行为起到周期性的作用。

对于组织而言,在制定组织发展战略时,不仅要关注自身的条件,也要观察组织所处的宏观经济环境。结合大繁荣或者大衰退的经济阶段性特征,考虑如何合理配置资源,把握繁荣期发展的良好机遇,规避衰退期的市场风险,提高自身面对经济波动应对能力,从而在行业或者市场竞争中占据有利地位。

因此,组织有必要了解宏观经济波动情况,以更好地结合自身条件规划其生产经营活动和战略发展目标。

1.4.3 无形资产的附加值

培训与开发有益于组织无形资产的增值、组织价值的提升,从而有助于增强组织竞争力。组织的价值包括三方面的资产,即金融资产(现金和债券)、有形资产(地产、厂房和设备)及无形资产。这三方面资产对于组织提供产品和服务至关重要。无形资产包括:人力资本、智力资本、社会资本和客户资本。人力资本是企业组织在工作中运用的生活阅历、知识、创新能力、精力及热情等要素之和。智力资本是指已编码的知识。社会资本是指组织内部的人际关系。客户资本是指组织为了达成目标,与组织外部有业务往来的个人及组织所形成的关系(例如,企业与供应商、顾客、零售商及政府机构的关系)的价值。无形资产同金融资产和有形资产一样重要,但这种资产是无法感知的,也无法用金钱衡量。

无形资产对组织的相对竞争优势至关重要。美国培训与开发协会(American Society for Training and Development,ASTD)在对 500 多家公开交易且本部设在本国的企业组织进行研究后发现,在员工培训与开发方面投入最多的企业的股东投资回报率要比投入不足的企业高出 86%,比市场平均水平高出 46%。员工培训与开发对人力资本和社会资本有直接影响，因为它直接影响员工的教育、与工作相关的知识、与工作相关的能力，以及工作关系。员工培训与开发还会对客户资本和社会资本产生间接影响，它有助于员工更好地为客户提供服务，也有助于向员工传授申请专利和知识产权所需的相关知识。

1.4.4 人口结构变化

1. 劳动力老龄化

劳动年龄人口中 45 岁及以上人口被称为老年劳动人口。劳动力老龄化指的是劳动年龄人口中老年劳动人口比重不断上升的动态过程。因此，劳动力老龄化水平即等于 45～64 岁老年劳动人口占 15～64 岁劳动年龄人口的比重。2000—2020 年间，中国老年劳动力人口占劳动年龄人口比重整体处于上升状态。劳动年龄人口的结构性老龄化状况日趋严峻。如今的老年人口比过去更加健康和长寿，这也为延长工作年限提供了机会。此外，医疗保险费用高昂、健康福利逐渐减少，使得许多在岗劳动力希望继续工作来获得健康保险，而那些失业者希望重返工作岗位以获得雇主提供的健康保险。另外，养老保险的发放侧重于考量个人对组织的贡献，而非服务的年限，这也从另一方面促使年长的劳动者继续工作。

不断老龄化的人口意味着组织聘用的老年员工的比例将上升。其中许多老年员工将开始从事人生的第二份或者第三份工作。老年员工有工作的欲望，许多人认为自己处于半工作半退休的状态。许多老年员工的工作能力和学习能力并未因年龄的增长而大打折扣。老年员工有意愿也有能力学习新技术。目前的趋势是：工作能力强的老年员工可以做兼职，或者每年只工作几个月。这实际上是向退休生活过渡的一种方式。退休之后继续从事第二份工作、做兼职、参加临时工作任务到底意味着什么，员工和组织都在重新定义这些概念。

2. 代际差异

"代际"这个词语强调了社会趋势和大事件对人们的影响。同代际的人们指的是在相似的年龄经历了共同的社会事件的人群，而这些事件带给了他们相似的机遇和挑战，并塑造了这代人的共同记忆。一般来说，代际差异的研究普遍以人们的出生年份来定义代际区间。较为普遍的分类是，1946—1964 年出生的人们属于"婴儿潮一代"，1965—1979 年出生的人们属于"X 世代"，1980—1994 年出生的人们属于"Y 世代"或"千禧一代"，1995 年后出生的一代属于"Z 世代"。同代际的人们往往有着相似的对工作的期待。

"婴儿潮一代"是举世闻名的一代人。第二次世界大战结束后，许多参军的美国青年荣归故里并组建家庭，随即掀起了一波生育高峰期，"婴儿潮"由此而来。作为美国经济快速走向繁荣并成为世界霸主的参与者和见证者，婴儿潮一代中的很多人都积累了可观的财富。

"X 世代"为"婴儿潮"的下一世代。尽管 X 世代的人们物质生活和受教育程度都更加丰富，也经历了科学技术不断发展带来的社会巨变，但成长过程中频发的经济危机和社会负面舆论却又令他们对未来感到无所适从。

"Y 世代"又称"千禧一代"。其最大的特征在于经历了个人电脑和因特网的迅速普及，由此形成了与 X 世代截然不同的生活态度和价值观，基于互联网带来的诸多变革与对高科技的掌握，Y世代大多自信、乐观、执着、坦率、有主见、见识广。

"Z世代"是数字技术的原住民，互联网和数码产品是他们与生俱来及日常生活的一部分，在技术革命的推动下，Z世代的生活方式发生了质的变化，他们的性格也更加自我独立，更加关注人生的体验感，同时也更加懂得去挖掘最好的价值和服务。

"Z世代"的人群有着更强的成就导向，他们的成长过程中的经济环境更为健康，社会环境更为公平，他们所受的教育程度整体而言也更高。在选择理想的工作时，Z世代更看重工作与生活的平衡、舒适的工作环境、晋升的机会，并且对公司有着较高的道德期待。他们整体较为自信，崇尚团队精神，在工作中追求内心的满足以及自主权。他们希望在工作中被尊重，被倾听。

1.4.5 合作模式变化

1. 雇佣关系

雇佣关系是指受雇人向雇佣人提供劳务，雇佣人支付相应报酬形成权利义务关系。雇佣关系是在雇主和受雇人达成契约的基础上成立的，雇佣合同可以是口头也可以是书面的。广义上的雇佣关系包含"劳动关系"，二者的区别，一是劳动契约受雇人与雇佣人间存在"特殊的从属关系"，受雇人的劳动须"在于高度服从雇方之情形下行之"；二是劳动者系提供其职业上之劳动力。

2. 灵活用工

近年来，随着经济的发展和人们对工作方式的不断追求，越来越多的组织开始采用灵活用工的模式。这种模式适用于一些需要短期雇用或者弹性化工作的组织，因此越来越受到重视。

在灵活用工合作模式中，最常见的灵活用工形式就是临时工制度。在这种形式下，员工与雇主签署合同并取得合同所示的工作。合同工制度也是另外一种常见的灵活用工形式。员工通过签署合同成为组织的一员，建立的劳动关系与传统的雇佣关系很相似。但是根据合同的条款，合同工可能会在一段特定的时间内从事项目性工作，也可能只会在组织供职一部分时间。派遣工制度是特殊的形式，这种模式下是另一方组织拥有了对临时员工的合同和雇佣权，而将临时工派遣给客户单位工作并开出一份服务费。这种模式优势非常明显，客户企业有了雇佣的灵活性的同时，派遣企业只需要为派遣工支付工资和费用，从而将一些劳动成本削减。留学生兼职是一种新兴的灵活用工形式，其兼职对象是留学生。在大多数国度，大学生往往需要自己解决生活费和学杂费问题，而留学生又必须考虑到身份和工作许可方面的问题，因此，留学生兼职对留学生而言是一种较为合适的工作方式。在互联网方便传播和普及的今天，远程工作成为一种越来越受欢迎的灵活用工形式。远程工作适用于一些分布在多个时区和经度的组织和员工，确保组织顺畅运转，而又不必花费大量人员聚集一地的费用。对于员工来说，这种模式让他们的时间和工作场所更加自由。

3. 外包

外包是指组织动态地配置自身和其他组织的功能和服务，并利用组织外部的资源为组织内部的生产和经营服务。外包是一个战略管理模型，所谓外包，在讲究专业分工的20世纪末，组织为维持核心竞争能力，且因人力不足的困境，可将非核心业务委托给外部的专业企业，以降低运营成本，提高品质，集中人力资源，提高顾客满意度。外包业是新近兴起的一个行业，它给组织带来了新的活力。培训外包是指将制订培训计划、办理报到注册、提供后勤支持、设计课程内容、选择讲师、确定时间表、进行设施管理、进行课程评价等核心职能外包出去的一种培训方式。它能使培训与开发活动以更低的费用、更好的管理、更佳的成本效益进行，并且责任更清晰。

1.4.6 人才管理

人才管理是指一个组织系统性、有计划、有策略地进行一系列人力资源管理实践，包括招聘和评估员工、学习和开发、绩效管理，以及吸引、保留、开发和激励高素质员工和管理者。人才管理如今变得越来越重要，原因来自多个方面：对特定职位和工作岗位的需求发生改变，"婴儿潮一代"员工开始退休，需要培养有领导才能的管理者。同时，调查结果也表明，职业发展、学习和在从事挑战性工作时的绩效是雇主是否继续聘用或任命员工的重要影响因素。判断哪些员工想要提升自身技能获得职位晋升，然后帮助他们在新的工作和培训中成长是十分重要的。

对企业的调查发现，企业在人才管理上面临的最大挑战是如何招聘到有管理才能的员工，并对他们进行管理职位的培训。这主要是因为劳动力老龄化、全球一体化以及对管理职位的招聘需求。行政、管理和经理岗位将会因为员工退休或去世而经历巨大转折。很多组织缺乏有能力领导企业应对全球化挑战的员工。为了适应经济全球化，管理者要有自我意识，有能力组建跨国团队，开展跨国业务，管理多元化的员工队伍并与员工进行交流。管理者不仅要执行基本的管理职能（计划、组织、领导和控制），而且要具备优秀的沟通技能，能够帮助员工成长并与员工融洽地合作。

人才管理的战略观如图1-4所示。

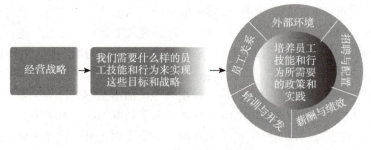

图1-4　人才管理的战略观

1.4.7 新技术

技术已经重塑了我们的娱乐方式、沟通方式、工作方式和规划生活的方式。许多组织的商业模式都包括电子商务，电子商务允许消费者在网上购买产品和服务。互联网集合了全球的计算机网络，允许用户交换数据和信息。组织管理人员可以与员工联系，员工也可以与家人、朋友和同事联系。

先进技术的进步以及技术成本的降低正在改变培训的传授方式，使培训更加真实，并且让员工有机会选择在何时何地工作。新技术的发展使培训在任何时间和任何地方都能实现。

电子和通信软件的技术进步使移动技术——个人数字助理（PDA）、iPad 等应运而生，并通过开发社交网络增强了互联网的功能。社交网络指的是各类网站或 App，如微博、小红书、微信。这些社交网络促进了人与人之间的交流，人们通常是在有相同兴趣的领域交流。

许多组织仍不确定是否应该接受社交网络，尽管它具有潜在优势。它们担心的是（也许这种担心是有道理的）社交网络会导致员工浪费时间、冒犯或骚扰同事。但有些组织认为，在人力资源管理实践中使用社交网站、允许员工在工作时间访问社交网站，利大于弊。它们相信员工可以高效地使用社交网络，并积极制定个人使用的政策，对员工进行有关隐私设置和社交网络礼仪的培训。它们意识到，员工确实会去查看个人的社交账号，但一旦工作效率下降，他们便不再查看。在某些方面，社交网络已经成为在办公桌上打盹或者去休息室跟同事闲谈的一种电子替代形式。

技术的应用会带来许多优势，包括降低出行成本、更容易获得培训、确保传授的一致性、有机会接触行内专家、与他人一同分享学习心得，并有可能创造一个有许多积极特征的学习环境，如学习反馈、自定进度以及实践练习等。虽然以培训者为主的课堂培训仍然是最受欢迎的培训方式，但一些组织表示它们打算通过组织内部网络和 iPod 等来传授大部分培训内容。金考快印公司（Kinko's）就改变了其培训方式。这家世界顶尖的文件解决方案和商务服务提供商在全球 9 个国家拥有 1 100 家分公司，由于其分公司分散在世界各地，为了让员工熟悉新产品和服务，该公司不得不在各地支付高昂的成本开展培训。后来，金考快印公司采用了集成学习法，包括互联网学习指导、职业帮助、虚拟课堂培训以及辅导，不仅降低了成本，而且提高了效率。这种方法还提升了员工技能，减少了获得所需能力的时间，并加快了新产品和服务上市的速度。

1.5 培训专业人员的角色与能力要求

1.5.1 培训专业人员的角色

培训专业人员是指在整个组织培训的管理流程中承担分析、设计、开发、实施和评估任务的人。按照 ADDIE 模型流程开展培训工作是培训专业人员最为直接和现实的职能。作为组织的培训专业人员，需为受训者的学习创造条件，以启发的方式，推动每一个人在自身发展道路上前进。根据 ADDIE 模型，我们也将培训人员划分为六类。其中包括战略学习官、需求分析师、项目经理、内容开发专家、培训师（讲师）、评估专家。

1. 战略学习官

战略学习官主要负责制定和实施与组织发展方向协调一致的学习战略，在整个培训生命周期中扮演着重要的角色。战略学习官需制定组织的培训战略，即如何通过培训来支持组织的长期目标。他们确定培训的重点领域、目标受众，以及培训计划的时间框架。战略学习官还要确保培训战略与组织战略一致，并考虑培训如何促进员工的个人和职业发展，以及如何通过建立学习型组织来增强组织的竞争力和创新能力。

2. 需求分析师

需求分析师负责识别和分析组织内的培训需求，通过与各部门的沟通、信息收集与反馈，他们能够深入了解员工的知识、技能和绩效现状以及组织的战略目标。基于这些数据，他们制订具体的培训计划，确保培训的内容和形式与组织的需求相一致。需求分析师还负责协助确定培训的优先级和紧急程度。通过与业务部门和管理层交流，他们能够了解不同部门的需求和挑战，从而在有限的资源下，合理分配培训资源，确保培训的针对性和有效性。他们的工作有助于确保培训投资能够产生最大的回报，支持组织的持续发展和员工的职业成长。

3. 项目经理

项目经理是负责规划、组织和监督培训项目全过程的专业人员。他们根据组织的培训需求制订详细的培训计划，包括目标、内容、时间表等；与相关部门合作，确保培训资源的有效调配；招募、培训和管理培训师团队，确保培训内容的专业性和高质量；制定预算并监控经费使用，保持项目在预算范围内运行；与参与者沟通，解决他们在培训过程中的问题和需求；定期评估培训项目效果，根据反馈和数据调整项目策略，以确保培训目标的达成。总之，培训项目管理者在各个阶段都起着关键作用，帮助组织高效地开展培训。

4. 内容开发专家

内容开发专家是确保培训课程成功实施的关键人员之一。他们负责从课程的设置、内容创作到教学方法的选择，为学员提供一个有组织、系统化的学习体验。基于需求分析和学习战略的结果，课程开发者制定课程的整体结构和安排，确定课程的模块划分、主题顺序，以及不同模块之间的联系和衔接，确保学员能够有条理地逐步掌握知识和技能，建立起全面的学习框架。他们根据课程的性质和目标，明确阐述学员在课程结束时应该具备的能力、知识和技能。同时，他们还要负责教材准备。他们创作、整合并精心挑选课程所需的教材、教学资源和学习资料。这些资源的准备旨在为学员提供深入理解和实践机会，促进有效的学习过程。

5. 培训师（讲师）

培训师（讲师）是员工知识、技能、态度的提升者。培训师（讲师）主要有三大目标：帮助员工提升与其相关的知识技能水平，以满足不断变化的岗位要求；影响员工的工作态度，使其符合组织文化的要求；传播组织所倡导的文化及价值观。培训师（讲师）与培训管理人员不同，培训师既要掌握与培训管理流程相关的一切工作，也包括授课、讲座，承担讲师角色的工作；同时还要了解组织培训战略相关的工作。但其最终的工作重点依旧在于课堂演绎，呈现精彩的课堂。培训师（讲师）的基本条件是具有开放度、亲和力、应变力、专业度。很多公司选内部培训师（讲师）首先是看专业度，但中国有句老话："水壶里面煮饺子，有货倒不出"，专业水准高的人并不一定能很好地将观点表达出来。一个优秀的培训师必须是开放的，能够倾听不同的声音，接纳不同的观点。亲和力也非常重要，培训师（讲师）应该成为公司里的"大众情人"。应变力也必须具备，培训师（讲师）在给不同的人讲课时要有不同的沟通风格。专业度是需要，但不是首要条件，专业度非常高的人可以成为培训项目设计的主要参与者。

6. 评估专家

评估专家的职责包括对培训计划和课程进行全面的评估和分析，以确保其质量和效果符合预期目标。他们需要设计和实施有效的评估工具，收集和分析培训数据，评估学员的知识和技能水平提升情况，以及识别任何潜在的改进点。评估人员应根据评估结果提出建议，为培训项目制订改进计划，以确保持续地提高。他们还需要与培训师、管理人员和学员进行沟通，了解他们的反馈和需求，从而不断优化培训方案，确保组织的培训投资能够最大化地产生价值。

1.5.2 培训专业人员的能力要求

培训专业人员有上述六大角色定位，不同的角色定位，需要不同的能力要求来支撑。若想在组织中培养复合型培训专业人才，就需要培训专业人员具备多方面知识、技能，能够在培训领域中跨足多个领域并且灵活应对有各种培训需求的专业人员。他们不仅在特定的领域拥有深厚的专业知识，还具备广泛的教育和培训背景，能够跨足不同行业、不同层级的培训项目。

2019年美国培训与开发协会的人才发展能力模型（图1-5）将所有能力分为三个方面：个人提升能力、专业发展能力和组织影响能力。ATD的研究表明成功的人才发展专业人士需要同时具备这三个领域的23个知识和技能才能最有效地开展组织培训工作。接下来本书将分别定义这些能力，为培训专业人员的个人与职业发展助力。

1. 个人提升能力

这一实践领域体现了所有培训专业人员为了在职场中有效工作应具备的基本能力或赋能能力。这些能力主要是人际交往技能，通常称为"软技能"，是建立有效的组织或团队文化、信任和敬业度所必需的。

（1）沟通。沟通就是与他人沟通。要想有效沟通，就需要掌握沟通原则和技巧，向特定受众清楚传达相应信息。这需要积极倾听，引导对话，以及清楚、简洁与有力地表达个人想法、感受和观点的能力。

（2）情商与决策。情商与决策的能力对职业成功至关重要。情商指了解、评估和管理自己情绪，正确解读他人的言语和非言语行为，以及调整自己行为与他人关系的能力。

图 1-5 2019 年美国培训与开发协会的人才发展能力模型

情商是建立融洽关系的关键因素。决策需要确定作出某项决定的必要性和重要性，并辨别各种选择，收集与选择相关的信息，然后根据适当选择采取行动。

（3）协作与领导力。领导力是指具有影响力和远见，这也有助于促进合作。要想变得善于合作，就必须具备营造环境，鼓励团队合作和相互尊重的能力，尤其是在跨职能部门之间。协作与领导力需要实施人员有效沟通，作出反馈，并对他人工作进行评估。对于领导力，实施者还需要具备可以有效地协调人与工作，以便推进组织战略的能力。高效的领导者会提高员工和团队的信任度和敬业度。

（4）文化意识与包容。文化意识和培养包容性工作环境的能力是当今全球商业环境的一项要求。要做到这两方面，就必须尊重不同观点、背景、习惯、能力和行为规范，同时确保所有员工得到尊重，并充分利用其能力、洞察力和见解，使每个人都能参与其中。

（5）项目管理。分析学习或人才解决方案中的要素并排定优先顺序，这有助于确保学员获得有意义的并相关的体验。有效项目管理需要具备在有限时间内规划、组织、指导和控制相关资源完成特定目标的能力。

（6）合规与道德行为。合规与道德行为指我们希望人才发展专业人士正直行事，并遵守其工作和生活地的管辖法律。人才发展专业人士可能还需要了解并遵守与内容创作、可访问规则、人力资源、就业和公共政策相关的法律法规。

（7）终身学习。终身学习有时称为持续学习、灵活学习或学习动力。其特点是自我激励、永不满足的好奇心以及理智的冒险精神。人才发展专业人士应以个人和职业发展的理由追求知识，为终身学习的价值树立榜样。掌握自己职业发展的自主权，向他人表明他们也可以而且应该这么做。

2. 专业发展能力

这一实践领域体现了培训专业人员应具备的知识和技能，以便在开发工程流程、系统和框架，促进学习，最大化个人绩效以及开发员工能力与潜能中有效发挥其作用。

（1）学习科学。实施过高效的学习项目的组织吸纳了学习科学的重要原则。学习科学是一个以研究为基础的跨学科领域，旨在促进对学习、学习创新和教学方法的了解。采用最佳实践的人才发展专业人士了解并应用基础学习理论、成人学习理论原则和认知科学，来设计、开发和实施能最大限度改善结果的解决方案。

（2）教学设计。教学设计是有效学习活动的本质要素。学习体验的创建和教材有助于学习者获取和应用相关知识和技能。人才发展专业人士遵循一套含有需求评估、过程设计、材料开发和效果评估的体系。教学设计需要分析和选择最合适的策略、方法和技术，实现学习体验和知识转移的最大化。

（3）培训交付与引导。通过培训与引导，人才发展专业人士可以帮助个人通过学习新技能和知识，提高工作业绩。实施人员的工作是对学习进行分析，了解学员需求，营造合适的学习环境，与学员建立融洽关系，并利用恰当的学习交付方式和学习方法，让学习变得更富有吸引力、有效、相关且广泛适用。引导会议意味着采取客观的方法，帮助利益相关者发现新的洞见，实现团队成果，并给组织带来积极的改变。

（4）技术应用。技术带来的颠覆作用一直是组织和人才发展职能部门面临的一大现实。人才发展专业人士必须具备识别、选择和实施正确的学习与人才开发技术，为组织及其人员谋取最大利益的能力。实施人员应该能够识别相应机会，在正确的时间采用正确的技术，达成组织的目标。

（5）知识管理。在知识经济中，教学知识的缺失会给组织带来高昂的人员流失、招聘和培训成本。知识管理是指明确、系统化地管理智力资本和组织知识，以及创建、收集、验证、分类、归档、传播、利用和使用智力资本对组织及其人员进行改进提高的相关过程。

（6）职业与领导力开发。在组织内营造职业发展文化会变成一种竞争性优势。要有效促进职业与领导力开发，就需要建立组织与员工进行计划性互动的流程，具备让员工在组织内不断成长的能力。在开发测评、项目和制定路径来提升组织内的员工时，重要的是了解组织当前以及未来需要的特定技能和能力。

（7）教练。教练是一种训练和实践活动，也是任何人才发展专业人士需要拥有的一项关键能力。其作用是激励学员实现突破，提高个人、团队和组织绩效。教练是一个互动的过程，可帮助个人更快地发展到所期望的未来状态，产生结果，设定目标，采取行动，作出更好决定，并充分利用其自身优势。教练需要全面倾听，提出有力的问题，加强对话，然后制订行动计划。

（8）效果评估。人才发展项目的效果评估与学习和业务成果有效性有关。人才发展专业人士应该能够采取多层次的系统性方法，收集、分析和报告有关学习项目活动和业务有效性的信息，收集有关业务战略和目标的信息有助于作出决定，改进学习项目，与高级管理层和业务利益相关人一起提升学习的价值定位。

3. 组织影响能力

这一实践领域体现了培训专业人员发展专业人士所需的知识、技能和能力，以确保人才开发成为推动组织绩效、生产力和运营成果的主要机制。

（1）业务洞察力。为了给组织带来最大价值，人才发展专业人士应了解组织的经营原则以及所从事的具体业务或组织状况。业务洞察力指了解影响一个组织的主要因素，比如组织现状、行业或市场对组织的影响，以及影响其增长的因素。此外其还包括了解一个组织如何实现其使命或宗旨，赚钱和花钱，作出决策及其内部工作流程和结构。拥有业务洞察力对战略性参与高层管理，确保人才开发战略与总体业务战略保持一致来说至关重要。

（2）咨询与业务伙伴。人才发展专业人士应以成为有价值的业务合作伙伴为目标。咨询与业务合作利用专业知识、影响力和个人能力建立双向关系，促进组织作出改变或改进。所咨询与合作的客户可能来自内部或外部。成功的咨询与业务伙伴需要具备以下能力：需求评估、数据分析、沟通交流、系统思考、问题解决、谈判、引导和教练能力。

（3）组织发展与组织文化。若要保持相关性，组织就必须不断发展其能力。组织发展（OD）的重点在于通过协调战略、架构、管理流程、人员、奖励和绩效指标，提高一个组织的能力。组织文化包括有助于一个组织形成社会及心理环境的价值观和行为。了解一个组织的文化、行为规范、正式以及非正式关系、权力动态和层次结构，可以为制定系统、结构和流程发展计划提供参考信息，以提高组织效率。

（4）人才战略与管理。为使组织实现其潜能，应将人才开发和人才战略与管理的所有组成部分整合起来。人才战略与管理的作用是通过实施和整合人才招聘、员工发展、留任和调任流程，培养组织文化、敬业度和能力，确保这些流程与组织目标一致。根据组织背景和结构，需要与HR（人力资源）和直线领导建立广泛的合作伙伴关系。

（5）绩效改进。提高人员绩效有助于推动组织竞争力。绩效改进是一种整体和系统性的方法，它通过发现和消除人员绩效差距来实现组织目标。这是一种以结果为导向的活动，实施人员需要具有分析绩效问题根本原因，制订人员绩效改进计划，以及设计和制订解决方案以消除绩效差距的能力。

（6）变革管理。人才发展专业人士的位置有利于推动变革，因为其工作就是连接人员、流程和工作。变革管理指利用结构化的方法促使个人、团队和组织从当前状态转变为未来状态，从而在组织内推动变革的能力。一旦开始，在不确定性、反应以及相关方指导的影响下，变革会沿着非线性路径进行。为实现理想的结果，实施人员应了解和实施一些可以对变革中的人员方面进行管理的工具、资源、流程、技能和原则。研究表明，大多数公司无法很好地管理变革，这使变革管理能力成为人才发展专业人士的一个区别因素。

（7）数据与分析。数据与分析是提高组织绩效的重要推动因素，同时也应是人才开发的推动因素。这涉及实时收集、分析和使用海量数据集来影响学习、绩效和业务的能力。从与人才相关的数据和分析中发现有意义的洞见，包括员工绩效、留任、敬业度和学习，使人才发展职能部门可以作为实现组织目标的战略合作伙伴。

（8）未来准备度。根据变革的节奏，需要劳动者不断地提升原有技能的层次及深度，以及新技能的获得。若要做好准备，就需要具有求知欲，并不断审视周围环境，以便跟得上塑造商业世界、员工及其期望和人才发展专业的新兴力量。为了做好满足未来学习者需求的准备，就需要密切关注新出现的趋势和技术。因此需要致力于不断推动专业发展，确保有能力应对未来几年的工作方式变化。营造促进创新和创造性工作的良好环境，帮助组织采取以未来为导向的定位。

开篇案例参考答案

即测即练

战略性学习与培训

学习目标

★ 了解战略性学习的内涵与意义；
★ 理解组织战略管理的流程及 SWOT 分析法在该流程中的应用；
★ 理解组织战略的三个层级及其分类；
★ 了解战略性培训的内涵与意义；
★ 理解战略性培训的开发过程；
★ 掌握由不同竞争战略引导的培训需求。

开篇案例

200%的年均增长速度，几乎创造了国内电商行业的吉尼斯世界纪录。即使有如此惊人的增长速度，仍不能使京东满意。京东首席人力资源官兼法律总顾问隆雨曾说："社会上符合京东价值观的人可能只有10%，我们需要从这10%的人中再挑选出10%的精英，邀请他们加入。"这是京东坚守的原则，也是京东之所以能在纷繁复杂、群雄并起的电商角逐中脱颖而出、独具一格的原因——打造和培养与集团战略相匹配的京东人。

京东的高速发展对员工成长速度也提出了更高要求。为了让人岗匹配率跟上京东的发展速度，京东尝试过用各种方法填补岗位空缺，仍然发现"人在其位，未能谋其政"的现象。于是，为了帮助京东人快速成长，京东按其一贯"先人后企"的节奏部署了培养国际范京东人的人才战略目标，首次启动圆桌式人才盘点，梳理出企业的使命、愿景和价值观，发布京东人才观，并采取多种符合公司发展战略的培训项目来满足业务的快速发展需求。

针对核心高管团队设计"Together！在一起！"高管伙伴团建项目。围绕"客户为先"的核心价值观，与终端消费者直接接触。通过团建培训，高管们发现了不少有待优化的细节问题，然后通过团队研讨迅速给出改进方案。针对经理团队，京东策划了"全国经理轮休班"，如此一来，不仅提高了经理人的软技能，如与下级的沟通能力和倾听能力，而且能有效地将培训班内容与日常管理工作相结合。

自主开发专业课程。电商是近年新兴发展行业，无论在实践界还是高校内，相关课程都寥寥无几。京东通过10多年来的电商之路，积累了很多宝贵的经验和资源。因此，京东从内部深挖专业力课程，由业务部门主管课程开发和讲授，人力资源部门主管培训流程和效果评估，合力帮助员工进一步了解电商行业的发展，快速融入行业当中。

启动牛人俱乐部项目。通过业务部门推荐、人才盘点，以及大篷车项目，搜索业务牛人，把工作品质过硬、效率超前的能手挖掘出来。盘点出500多位牛人成为京东专业力培训的智力储备。

打造完善的通用力培训体系。通用知识的累积对员工自身发展至关重要，管理能力、人际交往能力等软技能都会影响员工的职场表现。所以京东一直关注通用力的建设，目前已经形成一个相对完善的课程体系，通过"商务礼仪""走进音乐的世界"等课程的学习，提升员工的整体职业素养。

在市场变幻莫测、行业发展日新月异的时代，京东深知无论是对管理者还是对基层员工，学习都是其职业生涯中必不可少的内容。符合集团战略发展的培训内容有助于员工和企业之间形成纽带，朝着共同目标更好地前进。

资料来源：京东培训体系大揭秘! [EB/OL]. (2018-12-04). http://www.training-managers.com/system/36.html.

请仔细阅读以上案例并回答下面的问题：

1. 京东的人力资源战略是什么？

2. 基于人力资源战略京东采取了哪些培训项目？
3. 为什么京东会采取以上培训项目？

引　言

　　京东为员工开设的培训课程均支撑着企业的战略，并且为不同职级、不同岗位的员工都量身定制适合他们的培训内容。与其他培训相比，战略性培训更强调与组织的使命、核心价值观、愿景与战略的协调一致性，以顺利实现组织的职能与发展目标。

　　同时，有目标的学习也可以帮助个体摆脱"内卷"的困境，帮助个体提高学习效率，增强自身学习能力。与普通学习相比，战略性学习更强调个人学习目标与人生目标的一致性，有助于清晰化、规范化个人发展方向。

　　生活中，个人有清晰的价值观和明确的目标可以帮助自身快速成长，战略性学习不仅可以促进个人进步以此实现人生终极目标，也会为企业发展增添动力。市场竞争中，组织以盈利为目的，每一个企业职能都是在压力下展现出它如何对企业成功作出贡献。为推动公司的成功，培训活动应帮助公司实现其经营战略。培训与经营战略和目标有直接或间接的联系，不仅能帮助员工拓展技能，直接影响企业运营，而且为员工提供学习和发展的机会，有利于创建积极的工作环境，吸引有才能的员工以及激励和留住现有员工来支持经营战略。

　　由此可见，学习与培训的战略性引导在个人成长与组织发展过程中都十分重要。本章首先从个体角度出发，讨论了个人目标设定与战略性学习的关系。在战略性学习的开发方面，从价值观分析、自我分析以及人生目标的设定和调整三方面展开，进一步说明了战略的重点是学习以及战略性学习对组织发展的重要性。同时从组织角度，本章将介绍组织战略的分层与分类，以及不同竞争战略下的培训需求，以此描述组织因素对培训的影响是如何与经营战略相关联的。本章的末尾提出了由于公司的培训活动不仅与战略保持一致，还要结合商业目标，进一步普及企业大学和培训外包的新培训模式。

2.1　目标设定与战略性学习

　　"在一个崇高的目标支持下，不停地工作，即使慢，也一定会获得成功。"爱因斯坦（Einstein）曾揭示了目标对成功的指引作用。清晰的目标可以引导人生发展方向，合理的学习规划有助于提高学习效率。充分理解战略性学习有助于在资源有限的情况下帮助个体摆脱焦虑的困扰。本节将详细介绍人生目标设定的方法与战略性学习的内涵，让个体在纷繁复杂的社会环境下依然有清晰的发展目标，达到事半功倍的学习效果。

2.1.1 人生目标的设定

管理学大师德鲁克曾经讲过一个故事：有一个人经过建筑工地，碰见了在那里工作的三个建筑工人，他开口问道："你们在做什么呢？"第一个建筑工人说道："我正在做一份能够养活家人的工作，而这份工作满足了我的一切需求。"第二个建筑工人说道："我正在做这个世界上最让人钦佩的建筑工作。"而第三个建筑工人说道："我正在尽我所能建造一座能够成为这个城市地标的大厦。"

三个人的答案不一，但三个人的回答揭示了每个人的目标。第一个人只是出于基本的生活需求，他看到的是手中正在做的这件事带来的短期收益。第二个人的话语虽然能体现出他对于这份工作的自豪之情，但没有明确的目标。第三个人的描述十分明确，他工作的目的是建造大厦，他的目标清晰可见，具有可行性。在德鲁克的眼中，只有第三个人才是真正的自我管理者——了解自己的目标，清楚自己行动的最终目的。

多米尼亚大学曾做过一项有关目标积极性的实验[①]，该实验跟踪调查了 149 名来自不同国家、从事不同职业的高学历个体。参与者的年龄从 23 岁到 72 岁不等，其中男性 37 名、女性 112 名。他们分别来自美国、比利时、英国、印度、澳大利亚和日本，包括企业家、教育家、医疗保健专业人士、艺术家、律师、银行家、营销人员、公共服务提供商、经理、副总裁、非营利组织董事等。结果表明，那些能清晰地写下目标的人比那些没有目标的人明显完成了更多的任务。另外，在写下目标的同时实行问责制度（如分阶段汇报目标完成情况）和公开承诺（如把自己的目标告诉朋友）更能促进目标的完成。该实验说明了设定目标对个人发展的重要性，正如世界一流的效率提升大师博恩·崔西（Bonn Tracy）所说："成功最重要的是知道自己究竟想要什么。"当我们清楚自己究竟想要什么，也就有了奋斗的方向。表 2-1 所示为企业的终极目标与个人的终极目标。

表 2-1 企业的终极目标与个人的终极目标

目标种类	内容
企业的终极目标	获取竞争力，提高市场份额，保持长期盈利
个人的终极目标	获得幸福感

2.1.2 价值观—视野—目标模型

价值观—视野—目标模型[②]说明了如何在价值观的引导下制定合理的目标。我们需要通过价值观分析明确、清晰并量化我们的价值观，然后通过自我分析的方式找到我们的视野范围。价值观是个人内心的独特准则，是对人生各事物重要程度的排序。视野本意是眼向正前方固视时所见的空间，还表示观察、思考和解决问题的领域。如图 2-1 所示，目标是价值观在视野中的最佳选项。

---

① Goals research summary [EB/OL]. https://www.dominican.edu/sites/default/files/2020-02/gailmatthews-harvard-goals-researchsummary.pdf.

② 超级个体[EB/OL]. https://www.igetget.com/course/超级个体?token=Enb9L2q1e3OxKB5SLXrgN8P0Rwo6B7.

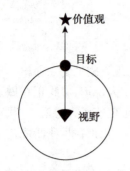

图 2-1　价值观—视野—目标模型

1. 价值观分析

价值观作为个人内心准则，包括对国家、社会、集体、个体关系问题的基本看法和态度。由于个体不会只有一个价值观，因此，普遍意义的价值观一般都指的是价值观体系。个体的价值观不是与生俱来或凭空捏造的，它受到以下三个因素的影响。

（1）价值观受社会制度的影响。生长于某个时代的人们自然会有那个时代的相同特征，不同的社会制度也会进而影响着个体的政治观念。

（2）价值观受地理空间的影响。处于不同地理区域的人，价值观念也有很大差异。霍夫斯塔德等人研究发现，即便是在同一个组织内，多元化的员工队伍最终呈现的国家文化差异非常显著。

（3）价值观受个人成长经历的影响。每个人成长过程都有一些特殊性，这就造成人们的价值观既多姿多彩又各具特点。

因此，在判断个体价值观是否清晰时，通常有三个标准：

（1）是否能清晰表达；

（2）做决策时是否能想起；

（3）平时是否真的在主张和践行。

价值观由于受到社会制度、地理空间、个人成长经历等影响，出现了越来越多的分类方式。价值观因个人主观差异而不同，所以无法直接进行比较，价值观量表的出现让价值观得以量化。

1）奥尔波特价值观量表

奥尔波特价值观量表是美国心理学家 G. W. 奥尔波特（G. W. Allport）等人在 1931 年编制的，用于测评个人人格中的价值观。其包括六个价值维度：政治型、经济型、理论型、社会型、艺术型、宗教型。

如表 2-2 所示，该量表总共有 45 个项目，第一部分 30 道选择题，每题 2 个选项，第二部分 15 道选择题，每题 4 个选项，共 120 个选择答案。每种价值类型 20 个。要求在每个选择答案上打分，将这些分数相加并校正，获得 6 个总分。由此可绘制成剖析图以反映被试在上述 6 种基本价值观上的相对强度。

表 2-2　奥尔波特价值观量表[①]（第二部分节选）

题　目	选　项
1. 你认为一个好的政府应致力于？	a. 为老、弱、病、残群体提供更多帮助 b. 发展生产贸易 c. 保证公民信教自由并提供必要条件 d. 提高国家在世界上的威信和地位

---

① 奥尔波特价值观量表[EB/OL]. (2016-04-19). https://wenku.baidu.com/view/186d6fcd6c85ec3a86c2c518?aggId=773c19d4360cba1aa811da4a&fr=catalogMain_text_ernie_recall_backup_new:wk_recommend_main3.

续表

题　目	选　项
2. 你认为一个忙碌了一周的商人最好把星期六的时间用来？	a. 去听新学科系列讲座 b. 去听关于形势与政策的报告 c. 去听音乐会 d. 去参加宗教活动
3. 如果你能改变某些城市公立学校的教育政策，你将？	a. 鼓励学习音乐、美术 b. 鼓励研究社会问题 c. 添加实验报告 d. 增加实用性课程
4. 你喜欢什么样的同性朋友？	a. 有效的、勤勉的、注重实际的 b. 深信人生是命运注定的 c. 有组织领导才能 d. 对艺术和情感很敏感
5. 当你去影剧院时，你通常喜欢看？	a. 有关伟人（政治家、国家元首）生活剧目 b. 像芭蕾舞那样富于想象的剧目 c. 表现人类友爱与痛苦的剧目 d. 根据某些还在争论的观点拍摄的科教片

2）罗克奇价值观量表

米尔顿·罗克奇（Milton Rokeach）于 1973 年编制罗克奇价值观量表，在国际上被广泛使用。罗克奇的价值系统理论认为，各种价值观是按一定的逻辑意义联结在一起的，它们按一定的结构层次或价值系统而存在，价值系统是沿着价值观的重要性程度连续形成的层次序列。

如表 2-3 所示的罗克奇价值观量表提出了两类价值系统。终极价值观指的是个人价值和社会价值，表示存在的理想化终极状态和结果，是一个人希望通过一生而实现的目标。工具价值观指的是道德或能力，是达到理想化终极状态所采用的行为方式或手段。

表 2-3　罗克奇价值观量表[1]

终极价值观	工具价值观
舒适的生活（富足的生活）	雄心勃勃（辛勤工作，奋发向上）
振奋的生活（刺激的、积极的生活）	心胸开阔（开放）
成就感（持续的贡献）	能干（有能力、有效率）
和平的世界（没有冲突和战争）	欢乐（轻松愉快）
美丽的世界（艺术和自然的美）	清洁（卫生、整洁）
平等（兄弟情谊、机会均等）	勇敢（坚持自己的信仰）
家庭安全（照顾自己所爱的人）	宽容（谅解他人）
自由（独立、自主的选择）	助人为乐（为他人的福利工作）
幸福（满足）	正直（真挚、诚实）
内在和谐（没有内心冲突）	富于想象（大胆、有创造性）
成熟的爱（性和精神上的亲密）	独立（自力更生、自给自足）

---

[1] ROKEACH M. The nature of human values[M]. New York: Free Press, 1973: 358-362.

续表

终极价值观	工具价值观
国家的安全（免遭攻击）	智慧（有知识、善思考）
快乐（快乐的、休闲的生活）	符合逻辑（理性的）
救世（救世的、永恒的生活）	博爱（温情的、温柔的）
自尊（自重）	顺从（有责任感、尊重的）
社会承认（尊重、赞赏）	礼貌（有礼的、性情好）
真挚的友谊（亲密关系）	负责（可靠的）
睿智（对生活有成熟的理解）	自我控制（自律的、约束的）

3）施瓦茨价值观量表

1987年施瓦茨（Schwartz）等人在罗克奇价值观量表的基础上，进一步开发出施瓦茨价值观量表。在心理学领域，施瓦茨价值观理论具有核心地位，其建构的个体基本价值观模型具有跨文化普遍性，且有相应的测量工具。如表2-4所示，施瓦茨价值观量表描绘了世界范围的价值观地形图，包括自我超越、自我提高、保守、对变化的开放性态度等4个维度的10个普遍的价值观动机类型，并揭示它们之间的结构关系。

表2-4 施瓦茨价值观量表[①]

维　　度	动机类型	内　　　容
自我超越	普遍性	为了所有人类和自然的福祉而理解、欣赏、忍耐、保护。例如：保护环境、公平
自我超越	慈善	维护和提高那些自己熟识的人们的福利。例如：帮助、原谅、忠诚、诚实
自我提高	权力	社会地位与声望、对他人以及资源的控制和统治。例如：社会权力、财富、权威
自我提高	成就	根据社会的标准，通过实际的竞争所获得的个人成功。例如：成功的、有抱负的、有影响力的
保守	传统	尊重、赞成和接受文化或宗教的习俗和理念。例如：奉献、尊重传统、谦卑、节制
保守	遵从	对行为、喜好和伤害他人或违背社会期望的倾向加以限制。例如：服从、自律、礼貌
保守	安全	安全、和谐、社会的稳定、关系的稳定和自我稳定。例如：国家安全、清洁、互惠互利
对变化的开放性态度	自我定向	思想和行为的独立——选择、创造、探索。例如：创造性、好奇、自由、独立
对变化的开放性态度	刺激	生活中的激动人心、新奇的和挑战性。例如：冒险、变化的和刺激的生活
对变化的开放性态度	享乐主义	个人的快乐或感官上的满足。例如：愉快、享受生活

施瓦茨发现有三种东西影响着价值观的改变：年龄、重大事件、人生阶段。

2. 自我分析

认知心理学研究证明，有三大因素对我们的学习效率和学习方式有主要影响：能力、知识背景和学习动力。通过对三者进行分析可以帮助个体更加清晰地认识和了解自己。

1）能力分析

中国职业生涯教育专家古典在《你的生命有什么可能》[②]中提到了"能力三核"的概

---

① SCHWARTZ S H.Universal in the content and structure of value: thoretical advances and empirical tests in 20 counties[M]//ZANNA M P. Advances in experimental social psychology. San Diego,CA:Academic Press, 1992: 1-65.

② 古典. 你的生命有什么可能[M]. 长沙：湖南文艺出版社，2014.

念，如图 2-2 所示，能力由浅入深分为三个部分，分别是知识、技能和天赋。知识通过学习而得，指对某个领域的规律、原理、概念或做事流程的理解和掌握。我们阅读的书籍、遵循的流程就是知识。技能通过练习而得，指能够熟练操作和完成的一系列动作，是个体能操作和完成的技术。比如：写作、解决问题、英语、信息搜集、时间管理等。天赋是一种与生俱来的能力，是个体内化于心、无意识使用的技能、品质和特质，具有强烈的个人特色，比如乐观、幽默感、直觉。

图 2-2 "能力三核"概念

知识具有"隔行如隔山"的特点，技能可以在不同职业领域迁移，天赋则可以在生活各个方面延伸。能力可以组合也可以拆分，拆分出来的技能、天赋可以迁移到新的领域继续修炼。

由于每部分的点不同，因此评价和衡量标准也各不相同。知识用广度和深度作为评价标准，特点不同，因此评价和衡量标准也各不相同。知识用广度和深度作为评价标准，一般通过学习而得，常常通过考取证书等转化而来。技能用熟练程度作为评价标准，某项技能的熟练程度越高对该知识的掌握能力会更强。由于天赋有强烈的个人特色，所以无统一评价标准，一般是先天优势或者通过长年累月的经验积累而得。

2）知识背景分析

知识背景可以帮助学习者以更快的速度掌握更多的知识和技能。越了解什么，掌握相关知识和技能就越容易。因此，天赋和技能是可以迁移的。

能力迁移不仅有好处也有坏处。在心理学中有一对相对概念：正迁移与负迁移。如果两个技能输入一致，输出也一致，就很容易正迁移，但是如果两个技能输入一致，输出不同，甚至相反，就会形成负迁移。

羽毛球和网球是一个负迁移的例子，看似很容易切换，其实不然。很多羽毛球选手学网球比初学者更加困难。羽毛球用手腕发力，而网球则需要手腕绷直，手臂发力，仅仅这一点就让羽毛球和网球互相干扰得非常严重，一个人很难同时学这两种球。

蛙泳和蝶泳就是正迁移的例子，蝶泳就是蛙泳派生出来的——都是腰部发力，动作对称。最明显的区别就是蛙泳是用蹬的，而蝶泳是用波浪式的打水。蛙泳水下换手，蝶泳空中移臂。如果能把蛙泳学好，则蝶泳就比较容易学会。

3）学习动力分析

动力影响行为，在学习过程中，学习动力扮演着至关重要的角色。它直接影响个体对学习的积极性和主动性。进行学习动力分析有助于个体更好地激发积极的学习愿望、建立更强的学习动力，提高他们的学习热情，最终取得更好的个人发展。因此，学习动力不仅是影响学习行为的关键因素，也是实现成功学习的重要组成部分。通常情况下，我们认为有三种因素会影响学习动力。

（1）价值。当我们认为某个事物有价值，对它的态度就会越积极，学习动力也就越强。例如，个体把目标的价值看得越高，由目标激发的动力就越强，在学习过程中发挥的力量就越大。相反，个体认为目标的价值不大，由此激发的力量就越弱，在学习过程中发挥的力量越小。

（2）信心。信心不足与动机不足是绝对的因果关系。随着学习者信心的增加，学习动机也会加强。不过，过度自信也会使动机减弱。如果学习者觉得"这太简单了，我甚至连试都不用试"，则动机指数会骤然下降。

（3）情绪。如果没有情绪，我们的学习动机会直线下降。潘克赛普的观点解释了情绪对个体的重要性。个体在寻找事物根源的过程中，会使得有关愉悦感受的多巴胺水平上升，从而产生愉悦感。这也说明，个人感受会影响我们的情绪，也能影响学习和工作的气氛。积极的学习和工作氛围可以改善人们的情绪，从而提高其学习和工作的动机。轻浮的、狂躁的情绪会对学习动机产生不可预知的影响。积极的情绪会让人开朗、乐观，不会反复无常或者过度兴奋，从而激发学习兴趣。

2.1.3 目标的调整

在调整目标的过程中，首先要定期梳理自己的价值观和资源，价值观相对稳定，一年确认一次，而视野范围则可以半年进行一次升级。其次做好评估，小心切换，价值观的强大也需要实力和信心的支持。要花时间做好个人评估慢慢确认这个价值观，先在安全的领域慢慢"养大"自己的价值观，然后在一个稳妥的地方切换回来。最后要在一流的圈子里打开视野和竞争力。越是大体量的价值观—视野—目标模型，越是需要更多的资源和能量去调整。这些建立在经济、脑力、心力之上。视野越广阔，越容易发现自己的人生目标；越强的竞争给人越多磨炼和积淀，在找到目标的时候，有能力随时移动过去。

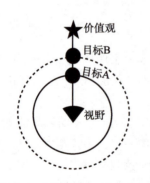

图 2-3 视野变大，拉高目标

1. 视野变大，拉高目标

如图 2-3 所示，当视野变大，以前的目标 A 就不再能满足你，你需要重新根据自己的资源设定新的目标 B。从 A 到 B 的路径才会让你重新获得动力十足的人生。

2. 价值改变，调整目标

如图 2-4 所示，随着年龄、阅历、人生阶段的不同，价值观也会慢慢改变。比如一个人有了孩子，常常会把价值观从成就转为稳定，这个时候他的注意力就从"再冒一次险"变成"稳定地获得收入，少加班"。公司的创业前期，组织价值观往往是"高速增长"，到了中、后期则是"组织发展"，这也会让组织在不同阶段重用不同的人才。如果我们能阶段性地复盘和订计划、梳理价值观、重新盘点资源，就能制定出阶段性让你兴奋的新目标。

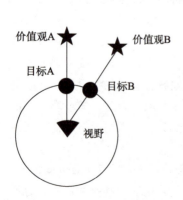

图 2-4 价值改变，调整目标

2.1.4 战略性学习与焦虑型学习

战略指的是在自身资源条件限制下确立的具体目标,以及为实现该目标所设计的路径、计划与策略。在确定好个人目标并进行客观的自我分析之后,就要开始进行学习活动。我们将有目标引导的学习称之为战略性学习,这种学习方法能帮助我们更有条理地获取知识和技能,能够更有效地解决实际问题。缺乏目标引导的学习称为焦虑型学习,就像在迷失中虚度时间,充满焦虑和不确定性。理解这两个相对的概念,有助于我们更好地建立终身学习的战略观。终身学习是一个不断成长的过程,战略性学习将成为成功的有力工具,帮助我们更高效地解决现实中遇到的问题。

1. 焦虑型学习及应对方法

"现阶段做的事情不是我想做的,而我想做的事情现阶段又做不了",这是大部分人在现实中会遇到的问题,这种情况往往会导致人们陷入焦虑状态。在该状态下,人们思考的方向不是"我的目标是什么,怎么做才可以改变现状",而是"快点学点什么吧"。在缺失目标导向的情况下,个体呈现出的漫无目的、盲目跟风的学习行为,被称为焦虑型学习。[①]

焦虑型学习反映的便是目前社会中人们普遍关注的"内卷化"现象。德国哲学家康德于 1790 年在《判断力批判》一书中首次提到内卷化,将其定义为事物不断重复向内复杂化发展的过程。在今日,对"内卷化"的解读是指为了争夺有限资源,同行间竞相付出,导致个体收益努力比下降。焦虑型学习的背后是非理性的内部竞争使人们逐渐失去了在对象化的存在中寻找自身意义的能力,以及"剧场效应"之下的群体性模仿对个性发展的空间的阻碍。[②]

非理性的内部竞争是指投入远远大于所需成本,收益却没有得到任何提高的行为,该行为会引发人们的自我焦虑和内卷化[③]。正常情况下,花费 5 个单位的成本就可以得到的收益,现在有的人为了增加自己的得到收益的概率,投入大于 5 个单位的成本。于是大家都开始增加自己投入的成本量。人类学家项飙把内卷化描述为一种"不断抽打自己的陀螺式的死循环",他在人类学视野下,在非理性竞争的大框架内理解"内卷化",指出内卷化现象是人类社会的例外现象,它的背后是高度一体化的缺乏退出机制的竞争[④],正是这种非理性竞争机制导致焦虑型学习的出现。

"剧场效应"也被称为观影效应,该效应从大众视角对"内卷化"作出了更为直观的解释。法国思想家卢梭最早使用"剧场效应"一词来描述社会关系[⑤],现阶段,"剧场效应"常被用来解释社会中出现的"焦虑""内卷化"等社会竞争现象[⑥]。在一个大型剧院里,观

[①] 焦虑性学习[EB/OL]. (2022-02-21). https://zhuanlan.zhihu.com/p/470045281.
[②] 赵洁. "自我异化"与人的复归:"内卷化"的实质、成因和纾解[J]. 理论导刊,2021(10):101-105.
[③] 赵洁. 基层"内卷"的现实困境、内生动力及破解之道[J]. 领导科学,2021(22):74-77.
[④] 人类学家项飙谈内卷:一种不允许失败和退出的竞争[EB/OL]. (2020-10-22). https://www.thepaper.cn/newsDetail_forward_9648585.
[⑤] 冯永刚. 公民道德建设中的"剧场效应"及其社会治理[J]. 思想理论教育,2020(9):52-57.
[⑥] 赖盈盈. 规制"剧场效应"缓解教育焦虑——访贵州师范大学心理学院副院长、副教授罗禹[J]. 当代贵州,2021(51):54-55.

众们正沉浸在电影的精彩演绎中,屏幕上的画面引人入胜。然而,正在观众们最为投入的时刻,一位观众突然站起身来,遮挡了周围观众的视线。后面的观众们被迫也站起身来,从坐票变成了站票,观影局面发生了翻天覆地的变化。渐渐地,越来越多的人站了起来。然而,由于个人身高不同,不是每个人都能清晰地看到屏幕上的画面。有人感到自己的视线不够高,便纷纷站到椅子上,其他人看到后也效仿着这种做法,这种连锁反应导致观影的成本逐渐升高。"剧场效应"说明了"内卷化"具有如下特点。

(1)社会总效用不变,甚至降低(观众的整体观影感受会降低)。

(2)参与竞争的个体越来越多(站立观影的观众越来越多)。

(3)个体为达到最佳效果采取一系列非理性行为(站在椅子上观看电影)。

焦虑型学习的本质原因是缺乏清晰的目标和不客观的自我认知。资源是有限的,为争取尽可能多的资源,人会沉迷于"内卷"、迷失在内耗中,过多聚焦于自我利益,陷入一种无目标、无方向的盲目学习。同时,由于非理性的内部竞争,个体较多关注与周围人的对比,缺少理性客观的自我剖析,反而选择通过自我压榨以取得相对安全感。当收获没有质的正增长,付出变成了极大的精神内耗和劳动浪费时,个体会逐渐感到希望渺茫或无望。对此,可采取以下方法进行应对。

1)设定整体目标和阶段性目标

克服焦虑型学习首先要设定整体目标。学习在寻求功利的结果之外,还需要关注自身。牺牲的时间和金钱都是投入在自我的提高成长中的,自身也在学习的过程中趋于完善,变成更好的自己。

其次要设定阶段性目标,让自己感受收获和成长,对现状的影响更加有益。如果你做一件事很久都看不到结果,一般很难坚持。如果把目标拆解,阶段性地完成目标,让自己看到正反馈,就更容易坚持下去。因此,你也可以利用正反馈来自我激励。比如睡前再回顾一下今天所学的单词,如此熟悉,就应该去感到今天的收获,看到了正反馈,就会有更大的动力坚持下去。

2)时刻激励自己

摆脱焦虑型学习往往需要更强的心理素质,激励自己是实现个人目标和克服生活中挑战的关键。首要之务是通过深入自我分析,真实客观地了解自己。其次,需要提高自我效能感。每一次成功都会增加自我效能感,鼓励我们更进一步。另外,积极的自我对话是激励自己的有力工具。我们应该时刻告诫自己,鼓励自己克服挫折,保持积极态度。这种内在的激励能够帮助我们战胜负面情绪和困难,坚定前行。最后,我们需要保持持续的动力。激励自己是一项长期的任务,但它可以成就伟大事业,助力我们实现梦想并追求更好的自己。

3)注重过程,评估阶段性目标,检验阶段性成果

焦虑型学习的人,总是把自己有限的认知资源(注意力)分配给过去和将来,而不是现在或当下。这就导致注意力总是关注糟糕或危险的事物,即要么在懊恼过去发生的事,要么在忧惧未来将发生的事。所以总是顾此失彼,对当下正在发生的事并不给予关注。适当将"必胜"变为"努力"是一个很好的心理暗示和方向调整,努力是自己范围内可控的,做好自己可控的,有助于停止焦虑、去除杂念,只有投入和专注才可能得到理论上的最好结果。

正是内卷化的环境才导致越来越多的人人生定位不清，自我价值模糊，因此产生焦虑型学习。同时，"内卷化"的出现，也再次说明了战略性学习对个人发展是十分必要且有意义的。

2. 战略性学习的内涵与意义

战略性学习是个体为实现其人生目标及战略所采取的与学习相关的所有行动，能够帮助个体实现全局的和长远的发展。能够先确定目标，然后根据自己的目标制定长期规划，以实现这些目标的过程就是自我成长摆脱焦虑的过程。所以，在应对焦虑型学习的过程中，我们其实悄然切换到了战略性学习的状态。

战略性学习有助于个体应对实现目标过程中的各种挑战。它使个体能够将注意力集中在逐个击破困难上，逐渐攻克每个难关，直至最终目标达成。与焦虑型学习不同，战略性学习通过明确的目标和规划帮助个体避免无所适从和消极情绪的困扰。这种学习方式让个体更加了解自己、清晰目标，同时更有信心和动力追求自己的目标和梦想，也更加高效地应对现实生活中的各种挑战。

战略性学习的意义有以下几点。

1）学会取舍，集中精力

战略性学习可以帮助我们在向目标前进的道路中，作出取舍，把有限的注意力和资源投入最想实现的目标中去。有人想有更高的学历，有人想成为公务员，有人想学滑雪，有人想一口气跑 10 公里……一生中，随着机遇和挑战出现，新的目标会越来越多，而旧的目标大概率会被束之高阁。渐渐地，当个体决定下一步要做什么的时候，就不得不在一堆雄心壮志中做一番挑拣，集中精力。

2）聚焦问题，横扫焦虑

战略性学习可以帮助个体分清问题的主要矛盾和次要矛盾。在确定目标后，会花大量的时间来收集数据和信息，研究自己面对的竞争压力。大量的数据和信息可能让个体陷入"什么都知道，但是什么都不知道"的尴尬局面，竞争压力可能让个体陷入焦虑和不必要的情感内耗。战略性学习可以帮助个体识别并击破困难，看清自己究竟需要什么样的信息，找到改善前进方向的最优解。

3）克服惰性，改变惯性

行百里者半九十，大部分目标的实现都需要一番劳苦以及锲而不舍的精神。当个体确定了目标，并围绕它制订好计划时，勤奋和坚持是再容易不过的捷径了。惰性会让个体安于现状，停滞不前。惯性会让个体变得教条，缺乏创新。战略性学习并不是大刀阔斧地对以前全盘否定，而是根据不同目标，有针对性地对战略进行调整，这不是浪费时间，而是让个体接下来全速奔跑的时候更加顺畅、更少迟疑的最佳方法。

2.2 组织战略管理的流程与分类

管理者通过组织的战略规划设定不同层级的组织战略。战略规划是指为了使公司内部的优势和劣势与外部的机会和威胁相匹配，从而帮助组织维持竞争优势的一种总体性规划。战略规划者会问这样几个问题:"作为一家企业而言,我们现在身在何处?我们要去哪里?"本节将介绍组织战略管理的流程,以此制定出相应的战略规划,再根据不同的组织战略分类引导组织从目前所在的位置到达它希望到达的目的地。

2.2.1 组织战略管理的流程

组织战略管理的流程指的是通过将组织的能力与其外部环境要求进行匹配来确定、执行和评估组织战略的过程。

图 2-5 概括了组织战略管理的流程。

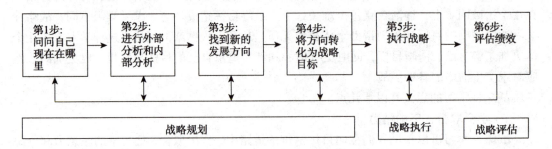

图 2-5 组织战略管理的流程[①]

第 1 步:问问自己现在在哪里。战略管理的逻辑起点是回答"作为一名企业管理者来说,我们现在的位置在哪里?""我们现在销售的产品是什么?我们的竞争对手是谁?"这两个问题。要想给出答案,管理者首先需要界定组织现在的业务和使命,其次要重点关注组织的竞争战略和竞争优势。以此来清晰地定位组织所处位置。

第 2 步:进行外部分析和内部分析。管理者可以通过 SWOT 分析来整理和组织关于公司内部的优势、劣势以及面临的机会与威胁。SWOT 分析由对优势和劣势的内部分析以及对目前存在或预期的机会和威胁的外部分析组成。内部分析试图定义公司的优势和劣势。它着重检查金融资本、实际资本和人力资本的可用数量和质量。外部分析通过检查运行环境来确定目前存在或预期的机会和威胁。这既包括组织服务的客户和全球市场、促进组织发展的技术、未曾利用或未被充分利用的有才能的员工等潜在机会,也包括经济发展中的各种变数、人才和领导短缺、新竞争对手出现等潜在威胁。通过进行内部分析和外部分析能够有效平衡组织自身的优势、劣势及其所面临的机会、威胁。图 2-6 展示了 SWOT 分析通用例子。

第 3 步:找到新的发展方向。在进行机会、威胁、优势、劣势的分析和审视之后,由于管理者会面临通过综合考虑组织目前需求来重新制定战略选择的处境,因此需要管理者列出合理范围内的所有战略选择方向,通过比较,选择符合组织面临的外部机会和威胁以及内部优势和劣势的新目标,明确进一步发展方向,为制订新的战略目标做铺垫。

第 4 步:将方向转化为战略目标。进行了战略选择之后就要将新选定的方向转化为可

---

① 德斯勒. 人力资源管理[M]. 刘昕,译. 14 版. 北京:中国人民大学出版社,2017.

行的战略目标。这个过程将宏大的愿景和理念细化为具体、可操作的任务和目标。战略方向指明了前进方向，而战略目标则为组织发展路径提供了清晰的蓝图和行动指南。

第 5 步：执行战略。执行战略就是将战略目标转化为行动，这意味着要在实际中聘用或解聘员工、建立或关闭工厂、增加或淘汰生产线。通过运用组织新的顶层战略目标制定出目标层级、政策和程序来实现这点。

第 6 步：评估绩效。在实践中，战略并非总能按照计划按部就班地实施，为了检验战略达成的效果，要对绩效进行评估，从而选择是否要继续沿用这个战略还是采取新的战略。

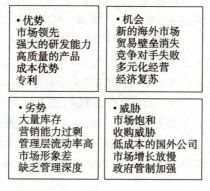

图 2-6　SWOT 分析通用例子

2.2.2　组织战略的分类

组织战略的层级如图 2-7 所示[1]，在实践中，组织战略一般分为三个层级，分别为集团战略、竞争战略和职能战略。集团战略是指以实现成长和管理业务部门为目标的组织总体发展方向，通常表现为组织理念或哲学。竞争战略是公司目标、政策和行动计划的结合，目的是使各个部门在各自的市场中更加富有竞争力，影响着组织中人力资本、金融资本的

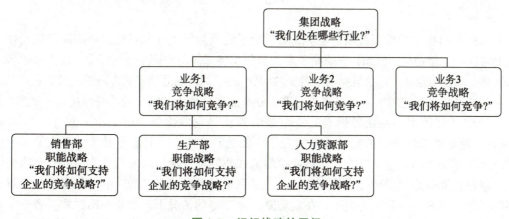

图 2-7　组织战略的层级

---

[1] 何辉. 组织战略与人力资源战略的关联性研究——基于战略人力资源管理权变观和资源观的比较分析[J]. 科技管理研究，2010，30(14)：166-171.

使用。职能战略是指业务单位内主要职能的履行，包括研究与开发、营销、生产、财务和人力资源。其中，人力资源战略是指有关人力资源管理的重要的决策模式，特别是那些表明主要管理目标和实现目标的途径的决策，通过各个模块的政策和流程支撑战略，实现总体目标。

1. 集团战略

集团战略所要解决的问题是："我们将要进入哪些业务领域？"集团战略确定了公司的所有业务投资组合以及各业务模块之间的关系。如表 2-5 所示，在集中化（经营单一业务的）战略下，一家公司仅提供一种产品或产品系，开展且通常只在一个市场上开展经营。例如老干妈公司，该公司仅生产辣椒酱相关产品，产品范围十分狭窄。多元化战略意味着公司将通过增加新的产品线来进行扩张。百事公司所采用的是多元化战略，在自己的饮料业务之外又增加了薯片和燕麦业务，甚至还增加了服装业务。它的产品范围较为广泛。纵向一体化战略的意思是，公司通过自己生产原材料或直接出售自己的产品等方式进行扩张。比如苹果公司开办自己的苹果专卖店。实行业务整合战略的公司会缩减自身的规模，比如 IBM（国际商业机器公司）出售 ThinkPad 生产线。采取地理扩张战略的公司则会通过进入新的地理区域来实现市场的扩大，比如小米公司就把部分业务转移到了国外。

表 2-5 集团战略

类型	定义
集中化战略	通常在一个市场提供一种产品或产品线
多元化战略	公司将通过增加新的产品线来扩张
纵向一体化战略	企业通过生产自己的原材料或销售自己的产品来扩张
业务整合战略	通过整合战略公司缩小了规模
地理扩张战略	随着地域扩张，公司通过将业务转移到国外开拓新的区域市场

2. 竞争战略

竞争战略也称为经营战略。竞争战略明确了应当如何培养和强化公司的业务单元在市场上的长期竞争地位。例如，它明确了麦当劳公司将如何与肯德基公司竞争，或者奔驰公司如何与宝马公司竞争。竞争战略所要解决的问题是："如何通过确定顾客需求、竞争者产品及该企业产品这三者之间的关系，来奠定该企业产品在市场上的特定地位并维持这一地位？"

管理者可运用一些比较标准的竞争战略来获得竞争优势。迈克尔·波特（Michael Porter）提出的三种竞争战略。成本领先战略便是其中之一，它意思是用低于竞争对手的单位成本增加市场份额，成为某个行业中的低成本领袖，沃尔玛便是这方面的一个典型例子。差异化战略是第二种可选的竞争战略，意思是尽可能使自己的产品和服务（如质量和品牌形象）有别于行业中的对手。在实施差异化战略的情况下，企业试图在购买者非常看重的产品或服务特性方面占据独一无二的行业地位，比如安卓和 iOS。聚焦战略使管理者只关注某个特定的购买者群体或者地区市场，致力于开拓出一个细分市场，比如外星人笔记本，采用这种战略的企业为客户提供他们无法从多面手型竞争对手那里获得的产品或服务。美国市场学者李维特认为[①]有时产品模仿像产品创新一样有利,因此提出了跟随型战略。跟随型战略重视快速复制,比如达利园。虽然不能取代行业领导者,但是因为他们不需要承担新产品的创新投入,也同样可以获得很高的利润。表2-6展示了这四种竞争战略。

表 2-6　四种竞争战略

类型	定义
成本领先战略	用低于竞争对手的单位成本增加市场份额
差异化战略	使自己的产品和服务(如质量和品牌形象)有别于行业中的对手
聚焦战略	只关注某个特定的购买者群体或者地区市场
跟随型战略	产品模仿像产品创新一样有利

3. 职能战略

每个部门都应该在业务战略规划的框架内运行。这层战略与资源的使用效率最大化相关,解决的是"我们如何支持业务层战略"这一问题,同时确定了各部门为实现战略目标所必须做的事。例如,王老吉在与加多宝的竞争过程中,采取了差异化的竞争战略,通过品牌改造找到凉茶市场缺口,为实现这一战略王老吉公司的人力资源、广告、市场、销售等部门都必须参与该业务单元新的高质量使命相一致的活动。图2-8便展示了组织职能战略应该如何设定。

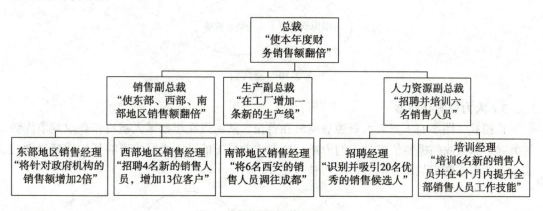

图 2-8　组织职能战略的设定

4. 人力资源战略

要获得和保持自己的核心竞争优势,其中非常重要的一点是通过有效的人力资源管理去达成组织的目标。一方面人力资源战略必须与企业战略整合在一起,通过对人员的有效管理去帮助组织实现目标;另一方面通过从人力资源管理的角度对组织战略进行补充。由此,现代人力资源管理的目标已变成"成为企业的战略伙伴"。

战略意味着有多重选择,在人力资源管理中意味着要根据组织的战略目标,从多重选择中作出决策。人力资源战略要与组织中的其他部门和资源配合协调,由于人力资源战略

---

① 谭建伟,陈昌华,姜喜臣. 市场领导者的跟随战略[J]. 区域经济评论, 2007(12): 38.

受到组织战略的影响，同时人力资源管理的每项工作又会对组织中的其他部门产生作用，因此，在制定人力资源战略时要充分认识到实施某项人力资源战略而可能出现的情况，从而形成协同效应。

资源观点认为组织战略与人力资源战略互为影响和约束，这种影响和约束按程度又可以划分为三种类型[①]。

1）对话型

该模式（图 2-9）认为组织战略决定人力资源战略，但同时也承认双向沟通和存在争论的必要性。有时，组织战略要求缺乏可行性，这就需要讨论其他备选方案。

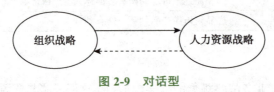

图 2-9　对话型

2）整合型

该模式（图 2-10）认为组织中的人员而不是实施组织战略的方法才是获取竞争优势的关键所在。这意味着，人力资源战略不仅是实现组织战略的手段，还是组织战略的最终结果，人力资源战略因此变得非常重要。

图 2-10　整合型

3）人力资源导向型

该模式（图 2-11）把人力资源战略放在首位，其焦点在于如果人被视作获取竞争优势的关键，那么我们需要依靠员工的力量，这意味着员工的潜力无疑将影响任何战略规划的实现，所以在制定战略方向时员工将被考虑在内。

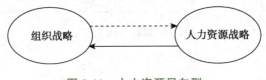

图 2-11　人力资源导向型

2.3　战略性培训

2.2 节对组织战略的管理流程和分类进行了详细介绍，可见战略性的观点渗透到人力

---

① 何辉. 组织战略与人力资源战略的关联性研究——基于战略人力资源管理权变观和资源观的比较分析[J]. 科技管理研究, 2010, 30(14): 166-171.

资源管理的各个方面，人力资源战略是指有关人力资源管理的重要的决策模式，特别是那些表明主要管理目标和实现目标的途径的决策，通过各个模块的政策和流程支撑战略，实现总体目标。并且各个部门的职能战略也由每个模块的子战略进行支撑，包括招聘战略、培训战略、薪酬战略等。培训作为人力资源管理中重要的一环，战略性培训的开发就显得更为重要。与以往培训相比，战略性培训更强调组织的使命、愿景、价值观与战略协调一致，要求管理者树立全局观念，在了解组织运作原理和各个部门之间关系的基础上，提高员工与组织使命及战略要求相一致的能力，以实现组织职能与发展目标。

2.3.1 战略性培训的内涵

战略性培训是公司为实现其经营战略采取的与学习相关的行动。如图 2-12 所示，战略性培训首先由领导层制定公司总体目标与战略计划。然后问："我们需要员工什么样的知识、技能和行为来实现这些目标和战略？"最后问："具体来说，我们应该确定什么样的招聘、选拔、培训和其他人力资源政策和实践，以培养员工所需的技能和行为？"

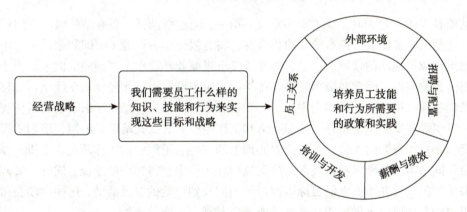

图 2-12　战略性培训的内涵

1. 战略的重点是学习

学习不仅对个体发展起到至关重要的作用，也是员工职责的一部分。在有的组织中，领导、同事以及培训人员都积极帮助员工增加新技能、拓宽视野。这种帮助增加了学习的价值以及对于企业发展的重要性。因此，在意识到学习的战略意义后，许多组织努力成为学习型组织。学习型组织是指提倡终身学习，鼓励员工不断尝试学习新知识并与他人分享，同时通过学习拥有适应与变革能力的组织。

在一个学习型组织中，培训被视为创造人力资本系统的一部分。华为公司采取多项培训举措鼓励员工不断学习，通过创建在线学习平台和学习云服务，为员工提供全球 170 多个国家和地区的优秀课程。通过轮岗换位和人才流动的方式，鼓励员工尤其是高层不断学习，了解公司内部各个部门的工作，旨在达到创造人力资本的目的。

如表 2-7 所示，学习型组织有以下几个特点。

表 2-7 学习型组织的特点

特　点	解　释
互助的学习环境	员工在表述工作思路、提出问题、与管理者争论以及承认错误时拥有安全感
	不同的功能视角和文化视角都可以被欣赏
	鼓励员工承担风险、创新、探索未经检验的和未知的事物，例如尝试新工艺以及开发新产品和服务
	鼓励员工回顾公司的发展历程
清晰的学习流程和实践	实现知识创新、宣传、分享和应用
	发展创造、捕捉和分享知识的体系
管理者的模范带头作用	管理者积极提问并倾听员工的心声，鼓励对话和辩论
	管理者愿意思考不同的观点
	管理者将时间投入问题认定、学习过程、实践以及绩效审计中
	管理者主动进行自我提升，并提供学习支持

2. 战略性学习与培训对组织的意义

战略性学习与培训对组织有很多意义。第一，通过帮助员工提高绩效以实现组织战略目标。这种关联确保员工拥有学习的积极性，将有限的学习资源（时间和金钱）集中在直接帮助组织取得成功的领域。第二，能够持续重视商业环境中不可预测的因素。由于组织难以提前预测问题，因此要根据需要安排学习。组织可利用工作经验和在线学习、移动学习等培训手段帮助员工获取经营中所需的知识和技能。第三，隐性知识很难通过传统培训获得，组织需要支持基于指导、社交网络和工作经验的非正式培训。第四，培训不仅需要物质资源和技术资源的支持，而且需要心理上的支持。组织中的工作环境应有助于学习，管理者和同事需要鼓励学习以及帮助员工找到在工作中获得知识的途径。同样，管理者需要理解员工的利益和事业上的目标以便帮助他们找到合适的发展活动，这些活动会帮助他们在组织中其他岗位上做好成功的准备或者应对现有工作的增加。

2.3.2　战略性培训的开发过程

战略性培训的开发是指组织在进行内、外部环境分析的基础上，为获得长期的竞争优势而形成的人员培训目标以及为了实现该目标而制订的整体的、全局性的培训行动计划。

图 2-13 展现了战略性培训的开发过程模型。从模型可以看出，战略性培训的开发过程的第 1 步，确定经营战略；第 2 步，人力资源战略的落实；第 3 步，识别战略性培训与开发策略并支持已选择的战略；第 4 步，将这些培训与开发策略转化成具体的战略性培训

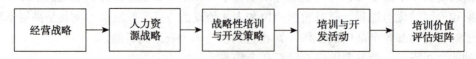

图 2-13　战略性培训的开发过程模型

与开发活动；第 5 步，确定培训价值评估矩阵。

1. 确定经营战略

如 2.1 节所述，开发一项新的经营战略或改变一项现有经营战略通常包括五个部分，第一部分是组织使命，它是对组织存在理由的陈述，包括顾客服务的信息、组织存在的理由、组织的作为、顾客得到的价值、组织运用的技术。组织使命通常伴随着对组织愿景和价值的陈述。愿景是组织未来想要实现的蓝图，价值是组织代表的利益。第二部分是组织目标，即组织想要在中长期实现的计划。第三部分和第四部分为内部分析和外部分析，通过 SWOT 分析对目前组织的优势、劣势进行详细分析并且检查组织面临的机会和威胁。第五部分为组织战略性选择，代表可以实现组织目标的最好战略。在完成 SWOT 分析之后，组织拥有的所有信息，需要考虑形成一些可供选择的经营战略并且作出战略性选择。通过回答"去哪里竞争？""怎样竞争？""拿什么竞争？"三个问题，基于实现公司目标的能力，对可供选择的战略进行比较。

2. 人力资源战略的落实

组织战略决定了人力资源管理的方向与目标，人力资源管理是组织战略实施的关键因素。不同组织战略决定了不同组织关键能力，而不同的组织关键能力决定人力资源的选育用留工作的指导思想与关键点。同时组织战略决定了当前与未来组织的人才总需求，这个总需求是人力资源管理的总目标所在。组织战略实施后要实现预期目标，除了资金、技术等资源，最关键的是要有匹配的人力资源去做，特别是关键技术人才与领导干部，从某种程度上来说，人力资源战略的落实水平决定了组织战略制定质量和实施效果。

2.2.4 节中介绍了组织战略与人力资源战略之间的关系，因此培训与开发的负责人要对组织战略和人力资源战略及两者之间的关系有深刻的领会。要考虑到通过培训使员工在某方面的技能或能力有所提高。如果回到工作岗位后没有让其发挥该技能或能力的机会，培训效果就会大打折扣，所以在培训之前要做充分的培训需求评估，认真落实人力资源战略。表 2-8 详细描述了竞争战略、员工角色行为与人力资源战略选择的关系。

表 2-8 竞争战略、员工角色行为与人力资源战略选择[1]

竞争战略	员工角色行为	人力资源战略选择
差异化战略	高度的创造性行为 较长期的行为导向 相对较高水平的合作与相互依赖行为 中度关心质量 中度关心产量 中度关心过程和结果	工作设计要求个体间的紧密合作与相互作用 绩效评价更多反映长期业绩和群体业绩 工作设计要求员工开发多种技能以便能够在企业中的其他职位上使用 报酬系统强调内部公平而不是外部或市场公平 工资水平不高，但鼓励员工持股，允许员工对工资组成有更多的自由选择权 宽泛的职业路径设计，注重员工多种技能的开发

---

[1] SCHULER R S, JACKSON S E. Linking competitive strategies with human resource management practices [J]. Academy of management executive, 1987, 1(3): 207-219.

续表

竞争战略	员工角色行为	人力资源战略选择
聚焦战略	较为重复且可预测的员工行为 长期或中期的行为导向 中等水平的合作与相互依赖行为 高度关心质量 中度关心产量 高度关心过程 采取低风险的行为 对组织目标的实现有承诺	相对固定且明确的工作描述 在中等的工作环境下员工参与决策的水平高 绩效评价以短期和结果导向为主,评价标准既包含个人标准,也包含群体标准 平等对待员工,员工安全有保障 向员工提供密集的、持续不断的培训与开发活动
成本领先战略	较为重复且可预测的员工行为 相当短期的行为导向 员工自主行为或个人行为 中等关心质量 高度关心产量 主要关心结果 采取低风险的行为 对稳定有较高的舒适度	相对固定且明确的工作描述 工作设计和职业路径设计均很狭窄,鼓励专业化和高效率 短期、结果导向的绩效评价 制定薪酬政策时密切关注市场工资水平 极低水平的员工培训与开发活动

3. 识别支持战略的培训与开发策略

在落实人力资源战略之后,便要制定战略性培训与开发策略。战略性培训与开发策略是指组织为实现其经营战略采取的与学习相关的行动。战略性培训与开发策略依据组织所处行业、目标、资源以及能力不同而有所变化。开发策略的基础是组织对商业环境的理解、对发展目标和资源的掌握情况以及对其潜在培训和开发选择的洞察力。它们为组织的具体培训与开发项目指明了方向,同时,也展示出培训是如何帮助组织实现目标的。

组织制定战略与真正实施战略之间还存在一段距离。为了让战略尽可能成功实施,学习专家需要帮助管理人员,以确保战略性培训策略及培训项目与经营战略保持一致,并为培训项目正常进行提供必要的财政资源和支持。

如何确保组织的培训与开发策略同其经营战略相关呢?除严格落实人力资源战略外,表 2-9 展示了组织在制定战略性培训与开发策略中需要回答的问题。为了帮助组织得到这些问题的答案,培训师需要阅读组织年度报告、战略计划、业绩报告,并进行分析。要理解经营战略及其对培训的影响,最有效的方式是邀请管理者一同参加培训和员工发展会

表 2-9 制定战略性培训与开发策略需要回答的问题

1. 公司的愿景和使命是什么?说说经营战略的战略驱动。
2. 公司应具备怎样的能力来应对经营战略和商业环境带来的挑战?
3. 哪种类型的培训与开发最能吸引、留住和培养公司成功所需的人才?
4. 哪些能力是公司取得成功和实施经营战略的关键?
5. 公司是否制订了相关计划让高管、经理、员工和客户清楚培训和经营战略之间的联系?
6. 公司的高层管理团队是否公开支持培训与开发计划?
7. 公司提供的培训与开发机会是否既针对个人也针对团队?

议，并就组织经营战略发表自己的想法。此外，对于拥有多个部门的组织，培训师必须清楚每个部门的业务，包括一个部门如何衡量有效性、监控模式和职能报告，以及部门面临的挑战，如供应链管理、新产品开发、竞争压力、保修等问题。

4. 提供与战略性培训相关的培训和开发活动

组织在选择有关其经营战略的战略性培训策略之后，便要着手计划具体的培训和开发活动，以确保之前制定的策略能够成功实现。这些活动包括：使用与新技术相关的开发策略、让固定的员工越来越多地参与培训、缩短开发时间，以及开发新的培训内容。

京东为了打造无界零售，成为服务全社会的零售基础设施服务商，需要对外界进行组织开放。如今，京东在人才培训及管理的举措上已经迈出了坚实的一步。京东发起并创立了 TELink 人才生态联盟，处于人才生态联盟中的成员可以进行工作经验与培训的共享，甚至是在员工之间进行轮岗。联合利华、红星美凯龙、沃尔玛、宝洁、惠普等知名企业已经加入人才生态联盟，开发出了新的培训形式。新东方的核心竞争力就是教师，为此，新东方成立了专门的教师培训部，抓住一切机会培训教师，提高教师的素质。此外，新东方还将教师派往海外，使教师能较为全面地认识到外国的教育思想与教学方式，同时也能亲身体验并感受到中外文化的不同，这对于提升教师的教学技巧，尝试不同的教学方式，拓宽教学眼界，都有很大的益处。新东方旨在让越来越多的员工可以参与丰富多样的培训，从 2006 年就开始打造的师培项目，已累计输送了超过 6 000 名优秀教师到海外名校学习。

5. 培训价值评估矩阵

通过识别和运用矩阵可以确定培训与开发活动是否真正有助于推动经营战略实施以及目标实现。识别和运用矩阵体现在留住员工的措施、提升客户服务水平、检查生产效率和质量等方面。认识到培训的成果和业务矩阵之间的差异是很重要的。通常情况下，培训项目评估涉及测量培训人员的满意度，评估改进见习的知识、技能和能力，或者评定该培训是否影响业务结果。在培训评估结果中矩阵更注重绩效成果而非其他成果，它们是与战略业务相关的措施。

一些公司使用平衡计分卡作为评估企业各个方面的标准。平衡计分卡是一种绩效测量工具，它能帮助管理者从内外部客户、员工和股东的角度考察整个公司或各个部门的绩效。平衡计分卡从四个方面衡量公司绩效：

（1）客户（时间、质量、性能、服务、成本）；
（2）企业内部（影响客户满意度的过程）；
（3）创新与学习（工作效率、员工满意度、持续改进）；
（4）财务（盈利、增长、股东价值）。

矩阵可能被用来评估培训对平衡计分卡的作用，包括接受培训的员工比例、培训成本等。

2.4　经营战略与培训策略

不同的学者对竞争战略有着不同的分类，在 2.2.2 节中迈克尔·波特将竞争战略分为成本领先战略、差异化战略和聚焦战略，美国市场学者李维特根据市场特点提出了跟随型竞争战略。丹尼尔·温特兰德（Daniel Wentland）基于多家企业的个案研究，提出了战略性员工培训模型。该模型指出，实施战略性培训有三个阶段：宏观组织阶段，微观组织阶段，实施、反馈和评价阶段。在宏观组织阶段，组织战略被整合在培训过程中，战略计划发生在组织集团、业务、职能和运作的所有层面，而培训也需要在这四个层面上与组织战略紧密结合。在微观组织阶段，组织从不同岗位的工作如何支持组织战略角度出发制定员工的培训项目，更注重任务分析。温特兰德借助 4P（产品、渠道、促销和价格）来说明如何决定战略性培训的内容。在该模型中，产品指的是培训内容，渠道指的是培训在哪里进行，促销指的是沟通有关培训的信息，价格指的是与培训有关的成本。一旦培训内容确定，就可以进入实施、反馈和评价阶段。该模型提出的分析框架如图 2-14 所示[①]。

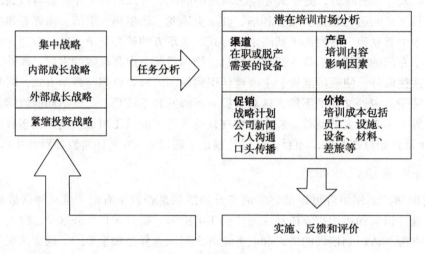

图 2-14　战略性培训模型

2.4.1　经营战略与培训策略的匹配

1. 集中战略

集中战略侧重于提高市场份额、降低成本，或使产品和服务保持鲜明的市场定位，要求员工以更严谨的态度工作，具有相对稳定的行为方式，能长期集中精力做好一项工作。由于这类战略的目标是以质量取胜，并不要求员工具有相同的生产率，因此需要加强对员工工作行为的控制，减少缺勤和员工流失，强调员工行为的稳定性和重复性。在培训时要更注重质量控制和工作监督，促使员工掌握所需技术，并且能够理解工作中严格控制的意义，从而乐于接受工作控制，防止出现行为的不确定性和随意性。

2. 内部成长战略

内部成长战略侧重于新市场和新产品的开发、革新以及合资。例如，美国大陆航空公

---

① WENTLAND D. The strategic training of employees model: balancing organizational constraints and training[J]. SAM advanced management journal, 2003, 68(1): 56-63.

司和美国联合航空公司的合并造就了全球最大的航空公司。

3. 外部成长战略

外部成长战略强调通过发展更新的经销商和供应商，或收购企业，使公司进入新的市场领域。例如，照明产品和飞机发动机的生产商通用电气公司收购了经营电视通信的美国广播公司。

4. 紧缩投资战略

紧缩投资战略强调经营的财务清算和业务剥离。例如，花旗集团接管了陷入财务困境的音乐公司 EMI（电子与音乐工业公司），随后将该公司出售给了环球和索尼。

2.4.2 经营战略对培训的影响

根据 2.3 节的内容可知，经营战略会对培训产生影响，具体来说，经营战略将会对培训产生以下影响。

（1）决定培训数量。根据经营战略调整现有以及将来工作技能培训的数量。

（2）区分培训需求。应明确是基于员工的特殊需要而开发的培训还是基于团体、单位和部门的需要而开发的培训。

（3）明确被培训团体。明确培训是局限于员工中的特定团体（如被认为具有管理才能的人）还是面向全体员工。

（4）清晰培训目的。明确培训是一种经过设计或者经过管理的常规化系统，还是仅用于解决当前问题，或作为应对竞争对手而自主开发的策略。

（5）了解培训重要性。与其他人力资源管理实践（比如选人和激励）相比，我们对培训的重视程度如何。

表 2-10 详细描述了四种经营战略——集中战略、内部成长战略、外部成长战略和紧缩投资战略，并强调了每种战略对培训活动的启示。

表 2-10 经营战略对培训活动的启示

战略类型	重　点	如 何 实 现	关 键 事 项	培训的影响
集中战略	1. 扩大市场份额 2. 削减运营成本 3. 开创或维护利益市场	1. 提高产品质量 2. 提高生产率或革新技术流程 3. 定制产品或服务	1. 技能交流 2. 现有劳动力的开发	1. 团队建设 2. 交叉培训 3. 特殊项目培训 4. 人际交往技能培训 5. 现场培训
内部成长战略	1. 市场开发 2. 产品开发 3. 创新 4. 合资 5. 兼并 6. 全球化	1. 推销现有产品/增加分销渠道 2. 拓展全球市场 3. 调整现有产品 4. 开发新的或不同的产品 5. 通过联合企业扩张 6. 识别和开发管理人员	1. 创造新的就业岗位和任务 2. 创新 3. 人才管理	1. 产品价值的高质量传达 2. 文化培训 3. 发展重视创造性思维和分析的组织文化 4. 工作中的技术能力培训 5. 管理人员接受反馈和沟通方面的培训 6. 协调冲突的技巧培训

续表

战略类型	重点	如何实现	关键事项	培训的影响
外部成长战略	1. 横向一体化 2. 纵向一体化 3. 集中多元化	1. 收购在产品市场链上处于同一位置的公司（新市场准入） 2. 收购能供应或购买产品的企业 3. 收购与本公司完全不同的企业	1. 整合 2. 冗余 3. 改组	1. 评估被收购公司员工的能力 2. 整合培训系统 3. 整合公司的策略与程序 4. 团队建设 5. 培育共享文化
紧缩投资战略	1. 削减开支 2. 转产 3. 业务剥离 4. 债务清算	1. 降低成本 2. 减持资产 3. 创收 4. 重新制定目标 5. 出售所有资产	效能	1. 激励、目标设定、时间管理、压力管理和交叉培训 2. 领导力培训 3. 人际沟通培训 4. 再就业援助 5. 求职技巧培训

2.5 企业办学与培训外包

当组织通过培训实现经营目标时，会出现传统培训无法满足组织战略需求的问题。此时，组织通常选用企业办学和培训外包的模式，当组织开始重视人力资本并且将培训视为创造和分享知识的学习系统的一部分之后，这些模式将会被采纳。

2.5.1 企业办学

为了增加集中培训的优势，许多大学采用企业办学模式，由于客户群不仅包括员工和管理者，而且包括公司外部的利益相关者，如社区学院、大学、中学和小学，因此企业办学模式与其他模式有所不同。企业办学可以通过帮助克服困扰培训部门的历史问题而为公司的学习提供很多优势。如图 2-15 所示，企业办学可以节约培训成本，使学习利益最大化；根据业务需求制定个性化的培训策略，使学习更具战略性；通过整合培训需求策略实施战略；对员工学习效果和预计结果进行评估，同时有效地利用新的培训方法和技术；通过提供培训活动，在全公司范围内传播最佳学习实践，与其他利益相关者（团体）建立伙伴关系。

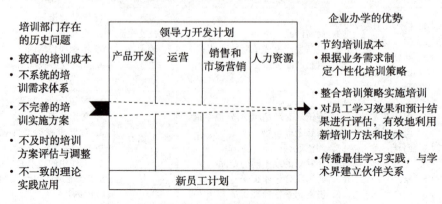

图 2-15 企业办学模式

例如华为大学，每年培训的新员工接近 2 万人。华为大学做新员工培训有一个比较清晰的定位，称作"刷颜色"的过程。华为大学有一个非常庞大的教师队伍，兼职教师的队伍覆盖了 70%以上的公司管理层，每年的面授培训量接近 20 万人。华为大学提出的定位是基于集团战略，作为人才与组织的使能器，传承文化、提升能力、总结萃取知识资产，助力公司持续的商业成功。并根据企业人才培养特点制定了领导者发展领导者、从实践中来到实践中去、绩效结果导向、向艰苦地区倾斜的培养价值观。用其独特的案例分析法，旨在培养一批又一批管理团队"后备军"。

2.5.2 培训外包

培训外包指一个外部服务公司管理组织的培训与开发项目并负全责，或者接管全部或大部分的公司培训，其中包括管理、设计、实施和发展。企业选择培训外包的原因在于：①可节省成本；②可节省时间使公司集中精力研究经营战略；③可提升适应性以及培训的准确度；④渴望获得内部培训达不到的更好的效果。

尽管一些公司外包培训，但是大多数公司只外包一些小项目，而不是全部的培训与开发职能。其原因有两个：①外包供应商不能满足公司需求；②公司希望维持对各方面培训的管理。

被外包的培训有以下特点：①通常情况下，不会给组织增加任何价值的培训项目；②组织拥有有效培训项目并且重视培训，但是该培训是超出员工能力的特殊培训或某些迅速变化的特定培训。表 2-11 列出了公司在培训外包时需要考虑的问题。

表 2-11　公司在培训外包时需要考虑的问题

1. 公司内部培训部门的能力如何？员工是否知道公司会提升自己所需的培训技能，或者是否需要借鉴其他公司的培训技能？
2. 公司内部培训部门能否承担额外的培训职责？
3. 培训对公司战略是否关键？是否专有？
4. 公司是否重视培训机构？
5. 培训内容是否迅速变化？
6. 外包培训者是否被看好？
7. 你是否明确公司当前培训项目的优缺点？
8. 公司是否要外包全部培训项目？
9. 公司总经理是否努力使培训对公司的影响最小化？公司是否接受发展技能和天赋的责任？
10. 内外部培训相结合是不是最佳解决方法？

开篇案例参考答案

即测即练

学习与培训需求分析

学习目标

★ 了解学习需求分析的内涵和方法；
★ 了解学习需求分析确定的原则；
★ 理解培训需求分析的定义及其重要性；
★ 掌握培训需求分析中组织分析、人员分析和任务分析所扮演的角色；
★ 了解培训需求分析的方法及其优缺点。

开篇案例

三门公司（以下简称三门）是一家著名互联网公司，该公司以创新和高科技产品与解决方案而闻名，其业务遍布全球，涉及IT（信息技术）、无线电、微电子、通信、能源、云服务等领域。

三门能发展成为跨国科技企业中的一颗璀璨明星，与其对人才的重视有很大关系。三门认为，市场竞争日趋激烈，在颇具灵活性和长期性的商务活动中，知识和技术必须不断更新、换代，才能跟上商业环境以及新兴技术的发展步伐，所以三门特别重视对人才的培训。公司每年将占利润1/5左右的经费用于员工培训，创造了独具特色的培训体系。

三门完善的培训体系得益于其科学、准确的需求分析。在三门，培训工作首先要考虑组织的需求，即要从组织的发展战略与目标出发来拟订培训计划。为适应技术进步和管理方式的变化，三门不仅充分调动组织内部资源，鼓励员工在内部学习会上分享工作技巧，而且根据公司当前生产、经营和应用技术的需要设置短期专项培训班，培训课程内容每年都有20%以上的调整。三门希望员工通过培训与学习，最终达到能够帮助组织解决实际问题，以及提高为组织服务能力的目的，因此管理者非常支持培训活动的开展。

其次，三门的培训计划还充分考虑员工的个人发展需求。公司的人力资源管理部门通过"与员工的谈话"来了解员工的愿望，结合公司需要，经过客观分析，认真确定每个员工未来发展领域和方向，并会同员工一起拟订切实可行的培训计划，认真组织实施。将培训工作与员工个人发展计划结合起来，能够使员工意识到培训与自己的未来发展息息相关，从而大大提高培训的效果，实现公司和员工的共同发展。

三门根据各岗位所需的知识、技能和能力，结合专项培训需求调查问卷的结果，为不同岗位、不同专业技术水平的员工提供不同主题、不同难度的专项培训，真正做到因材施教，切实为员工解决工作中遇到的实际问题。正是基于这样充分的培训需求调查分析，三门形成了有针对性的培训计划，创造了独具特色的培训体系并取得了显著成效。

请仔细阅读以上案例并回答下面的问题：
1. 三门在培训需求分析过程中使用了哪些方法？
2. 三门分别从哪几个层面进行了培训需求分析？每个层面需要把握的重点有哪些？

引 言

三门通过对不同层级的员工开展系统调研，并结合组织的整体战略对组织整体的培训需求进行全面分析，为后续开展高效且富有针对性的培训奠定了坚实基础，使三门在知识、技术不断更新迭代的时代，紧跟商业环境以及新兴技术的发展步伐。缺失培训需求分析的培训是盲目的，往往达不到预期的培训效果。培训需求分析是确定培训目标、制订培训计划、具体实施培训的前提条件和进行培训评估的基础，是培训工作及时、有效开展的重要保证。

同时，全面客观的学习需求分析也对学习起到了重要的铺垫作用。个人学习需求分析通过对知识、技能、禀赋三个维度的分析让我们掌握自己当前客观真实的水平，清晰的人生目标让我们有明确的努力方向，当我们找到当前状态与预期目标之间的差距，便可以判断学习是否必要，进而明确我们需要进行哪些学习、如何去学等问题。

接下来我们将详细讲解个人学习和组织培训中应当如何进行需求分析。本章共五小节。3.1 节主要围绕学习需求分析，讲解学习需求分析的重要性、产生的原因和定义，"能力三核"的概念和能力萃取的方法，并围绕学习需求分析的三个方法展开讨论，最后着重讲解学习需求的确定。后四节主要针对组织培训需求分析进行讲解：3.2 节介绍了培训需求分析的重要性、产生原因、定义及实施程序；3.3 节详细介绍了培训需求分析的内容，主要包括组织分析、人员分析和任务分析；3.4 节列举了多种培训需求分析的方法，并对其优缺点进行分析；3.5 节讲解了如何进行培训需求确认。

3.1　学习需求分析

3.1.1　学习需求分析的重要性

在之前的学习中我们已经了解，学习的意义在于提升个体幸福感和实现人生目标。而学习需求分析作为学习的第一步，起到了至关重要的作用。接下来我们将首先从学习需求的重要性、产生的原因以及定义三个方面对学习需求分析进行整体了解。

在纷繁复杂的社会中，任何颠覆原有认知的行为都可以称为学习。由于我们的时间和精力都是有限的，所以我们应该对学习方向和内容加以筛选，只有那些有助于我们实现人生目标、提升幸福感的学习才是真正必需的。这就需要我们根据自身的人生目标和现阶段的综合能力，对自己的学习需求进行分析。学习需求分析存在如下作用。

1）确定学习是否为解决问题的最佳方式

生活中我们会遇到各式各样的问题，学习作为众多解决问题的方法之一，有时未必是我们的最佳方案。例如，当我们计划与朋友一起周末自驾游时，"鼓励自己报名学习驾驶机动车"不失为一种解决方案，但是比起让自己短时间内考取驾照，向有驾驶经验的朋友寻求帮助反而更加安全可靠。

因此，学习需求分析的功能首先就是去判断学习是否为解决问题的最佳方式。只有当学习是解决问题的最佳方式时，我们才能通过学习让自己更加接近目标，而不会南辕北辙。

2）确认方向、促进目标落地

学习需求分析让给我们能够聚焦于自身现状与预期目标间的差距，从而明确我们未来将要努力的方向。拥有了清晰明确的努力方向，我们未来的每一分努力都能成为实现梦想的助推器，我们每一步都在朝着预设的目标迈进，进而促进目标的最终落地。

3）防止"内卷"（非理性的内部竞争）

近年来"内卷"这一网络流行语在各场合频繁出现，"内卷"一般用于形容某个领域中发生了过度的竞争，导致人们进入互相倾轧、内耗的状态。内卷的英文为 involution，与之对应的是 evolution，即演化。直观地说，内卷就是"向内演化"。更宽泛一点说，所有无实质意义的消耗都可称为内卷。[①]

从人类学角度来考察，"内卷"代表着事物发展到一定阶段，复杂而精细的再分工并没有实质性的进步，只是内在重复的一种文化或社会发展的停滞现象。与学术意义上的"内卷"有所不同，大众传媒语境下的网络热词"内卷"，不仅是对一种制度和文化的现状描述，也是对个体或者群体在非理性内部竞争之下行为和处境的情感表达，它更多的是一种自我焦虑的呈现。[②③④]

合理有效的需求分析可以让我们的注意力聚焦于自身的人生目标、致力于缩小现状与目标间的差距、将时间和精力花费在自己真正需要的事务上，避免因焦虑而产生的无目的、无意义的努力，从而减少不必要的竞争。

3.1.2　学习需求产生的原因

在大学学习期间，我们会为了获得学位而产生很多短期学习需求，比如需要学习专业课知识获得必修课学分、需要通过计算机考试获得第二课堂学分等。当我们把目光放长远，以生命的长度来考虑学习需求时，便可以发现学习需求的产生原因多种多样，总体来说，以下三种原因是需求产生或者变化的主要来源。

1）目标变化

如前所述，处于不同的人生阶段，我们对世界的认知也不同，而价值观产生的变化也将使得我们的目标不断地更新和调整。因此，我们的学习需求也受到了影响。例如，当人生目标由成为"斜杠青年"转变为做一名合格的"在地青年"时，我们将不再聚集于拓展个人领域，而是考虑如何将自己和家乡的资源与世界连接起来，我们所需努力的方向产生了巨大变化，我们的学习需求也将随之转变。

2）环境变化

当我们进入新的环境、经历不同的事情，我们的学习需求也将产生变化。其中包括学习环境、工作环境、家庭环境等方面的变化。比如，在不同环境进行考研复习会对学习需求产生不同的影响，选择住校、在安静的图书馆复习可能受到身边同学的感染，学习更加专注，因此我们需要平衡好学习与休息；而选择在家里复习，居住环境更熟悉舒适、能够

---

① 现在流行的"内卷"，从 34 年前就开始被误读[EB/OL]. (2020-10-22). https://baijiahao.baidu.com/s?id=1681232824109756719&wfr=spider&for=pc.
② 赵洁. "自我异化"与人的复归："内卷化"的实质、成因与纾解[J]. 理论导刊，2021(10): 101-105.
③ 徐英瑾. 数字拜物教："内卷化"的本质[J]. 探索与争鸣，2021(3): 57-65, 178.
④ 刘世定，邱泽奇. "内卷化"概念辨析[J]. 社会学研究，2004(5): 96-110.

休息得更好，我们则需要考虑如何调动自己的学习积极性。由此可见，环境的变化将对我们的学习需求产生不同程度的影响，将环境因素纳入学习需求分析也同样重要。

3）身份变化

随着年龄的增长，我们所扮演的角色也在不断变化，而角色变化则将进一步对我们的学习需求产生影响。例如，学生和"打工人"所需要的能力并不全然相同，作为学生需要更快地将课本中的专业知识内化为自己可理解、易牢记的内容，而"打工人"则更需要将自己完成的工作以专业的方式表达出来，比如撰写年终总结；再如，当我们由单身状态变成他人的男朋友或女朋友时，我们不仅要懂得合理地表达自己的情绪，还需要学会关注、理解对方的情绪，而这也就导致了我们的学习需求产生巨大变化。

3.1.3 学习需求分析的定义

学习需求分析，是指在设计与规划未来学习任务之前，通过多种方法和渠道对自己及所处环境进行全方位分析，从而确定自己当前状态与预期目标之间的差距，判断学习是否必要以及需要进行哪些学习、如何去学的过程。

图 3-1 为我们展示了学习需求分析的三种不同情况。当我们的目标不清晰时，我们就会有无数想要完成的事情，它们就像朝向不同方向的力，将我们的精力分散在不同的事务上，无法集中，如图 3-1 左侧图所示。当我们有了明确的目标，我们也就找到了需要努力的方向，此时我们需要判断学习是不是达成此目标的最佳解决方案，如果答案是肯定的，那么我们还需要准确分析自己当前的现状，以免出现眼高手低的情况，如图 3-1 中间图所示。当我们既拥有了明确的目标，又充分了解了自己的现状，那么目标与现状之间的差距便是我们的学习需求，此时我们便可以据此确定我们需要学习的内容、寻找适合自己的方法以及预期自己获得的成果，如图 3-1 右侧图所示。

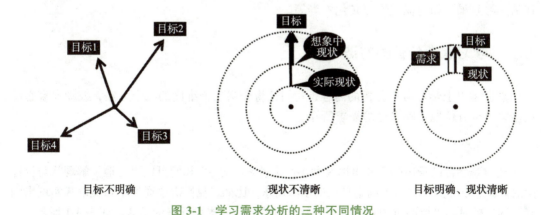

图 3-1 学习需求分析的三种不同情况

3.1.4 学习需求分析的内容

有了对学习需求分析重要性、产生原因的了解，接下来将介绍学习需求分析的内容。

在第 2 章的学习中，我们已经知道如何明确自己的人生目标，下面我们将针对个体能力进行综合分析，以便找到现状与目标间的差距。

1. 自我分析

在前面的章节中我们学习了"能力三核"的概念，即能力主要包括知识、技能和天赋三个部分。接下来我们通过讲述成就故事的方式进行自我分析，以便更加全面翔实地了解自己当前的水平。具体方法分为两个步骤。

（1）需要回忆并讲述一件自己做得不错的事情，可以是工作、学习、生活中的小事。比如，竞选学生会主席的演讲、一场篮球比赛中的绝杀球等。

（2）思考并萃取故事中所使用到的能力，并且给它赋予一个可被理解的名字。此处可参考日本职业生涯专家大久保幸夫《12 个工作的基本》中的 12 项基本能力：反应力、亲和力、乐观力、目标发现力、持续学习力、语境理解力、专业建构力、人脉开拓力、委任力、商谈力、传授力、协调力。

2. 差距分析

在对未来目标和当前能力都充分分析后，最重要的就是将目标与现状进行对比，找到两者之间的差距。将自己目前已经掌握的多种能力进行汇总整理后，看看哪些已拥有的能力可以被迁移、运用到当前的学习中。同时，将已掌握的能力与实现自己目标所需的各项能力进行比对，思考自己所欠缺的部分具体是什么。

需求分析中最重要的就是，分析并判断学习是不是实现最终目标的最优解。如果是缺乏学习目标、欠缺学习动力等原因，那么学习就不是其最佳方案；学习能够帮助我们实现那些需要通过丰富与提升自身的知识和技能才能达成的人生目标。在此基础上，我们还应该进一步思考：为实现目标我们需要进行哪些学习，是尽快牢记更多的知识点还是重复练习某一项技能？我们应该如何去学，是选择报名参加学习班还是购买书籍进行自学？如何评估学习效果、如何促进学习转化？等等。

3.1.5 学习需求分析的方法

掌握了以上学习需求分析的内容，我们还将介绍三个维度的三个方法，鼓励大家通过更多渠道全方位地了解自己的需求所在。

1. 观察法

通过观察自己身边的人和事以及利用网络搜索等方法，我们可以更好地了解现状与目标间的差距，以此更加客观地确定自己的学习需求。比如，我们需要通过学习英语来实现出国旅行的目标时，雅思的听力和口语评分标准就能给我们提供很好的参考，如表 3-1 所示。

2. 问询法

通过询问家人、老师、领导的生活经历和经验，可以让我们对自身需求有更加多维度、更加广泛的认识和理解。比如，当我们需要通过考取驾照实现自驾游的目标时，向拥有较长驾龄的家人询问驾驶技巧可以更好地了解自己与目标间的差距。

表 3-1　雅思考试口语成绩描述

等级分	标准
9	该分数段的考生通常能够以正常语速流利地进行口头表达，极少出现重复或自我纠正。如有犹豫，是在寻找思路，而不是在搜寻词语或语法形式。讲话很有条理，观点明确，表达连贯，话题阐述非常充分。能够运用十分丰富的词汇手段讨论各类话题，用词自然、准确，符合语言习惯。能够准确运用十分丰富的语法结构，仅有极少错误，但合乎常理。发音自然、清晰且非常易于理解
8	该分数段的考生通常能够以正常语速流利地进行口头表达，偶有重复或自我纠正。如有犹豫，通常是在寻找思路，而不是在搜寻词语或语法形式。讲话有条理，观点明确，表达连贯，话题阐述充分。能够运用十分丰富的词汇手段讨论各类话题，用词自然、准确，符合语言习惯，偶尔出现用词错误；如有必要，能够很好地变换措辞。能够运用十分丰富的语法结构，多数语句表达正确，只是偶有错误。发音整体上自然、清晰，只是偶有小的问题。发音通常易于理解，其口音对内容理解的影响非常小 8.5 分的考生能够更好地运用和展示这些口语技能
7	该分数段的考生通常能够轻松进行口头表达，语音清晰、内容详尽，会有些重复、自我纠正或因搜寻词语或语法形式出现犹豫。讲话大体上有条理，观点大体明确，表达整体上连贯。能够运用丰富的词汇手段讨论广泛的话题，能够使用一些不常见的词汇或习语，尽管并非始终准确无误。如有必要，能够很好地变换措辞。能够使用多种语法结构，虽有一些错误，但表达通常正确。发音大体上自然、清晰，偶有问题。发音通常易于理解，其口音对内容理解的影响不大 7.5 分的考生能够更好地运用和展示这些口语技能
6	该分数段的考生通常能够进行详尽的口头表达，会因重复、自我纠正或因搜寻词语或语法形式时的犹豫致使表达有时不够清晰、流利。讲话大体上有条理，观点表达大体连贯，但会出现一些错误。有足够的词汇量进行话题讨论，内容清晰、详尽，虽会经常出错，通常能够很好地变换措辞。能在有限范围内使用简单和复杂的语法结构。使用较为复杂的结构时，可能会经常出错，但其语言通常易于理解。发音清晰、有效，但可能存在问题。虽然有时单词发音不清晰，但通常易于理解

资料来源：雅思考试中文官方网站。

3. 朋辈讨论法

与同学、朋友的交流和沟通也是找到目标与现状差距的好办法。比如，为了在专业课上拿到较高的分数，向学长学姐请教、讨论课程的学习重点和难点可以更好地分析当前的学习状态。

3.1.6　学习需求的确定

通过上述方法，我们已经罗列出了大量的学习需求，下一步我们将进行学习需求的筛选和确定。在确认学习需求前，我们首先应当思考自己能否判断哪些学习是有用的。当我们基于有限认知判断时，那些我们还不知道的、可能对我们来说有用的知识，就会被我们的"有用标准"排除在外。而这将使我们陷入达克效应（图 3-2）所描述的认知偏差——能力欠缺的人在自己欠考虑的决定的基础上得出错误结论，但是无法正确认识到自身的不足、辨别自身错误的行为。因此，在做需求筛选前我们应当尽可能地扩大知识面，帮助自己尽可能多地了解该领域。

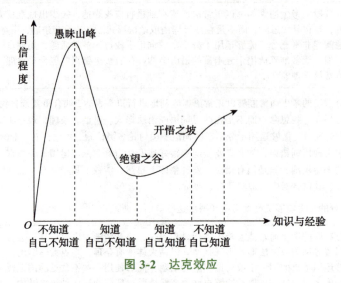

图 3-2　达克效应

接下来，我们将通过"四象限法则"对需求进行筛选和排序，最终将最重要、紧急的需求落到书面上。参考图 3-3，我们可以将目前明确的需求按照重要紧急、紧急不重要、不重要不紧急、重要不紧急四个维度进行分类，并据此进行排序，在后续的学习中优先考虑满足排名靠前的需求。

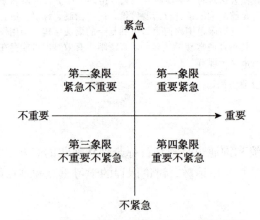

图 3-3　学习需求分析的重要——紧急四象限

完成排列后，最重要的便是将明确的需求付诸笔端。一方面，能够使需求更加清晰化、具体化；另一方面也方便了在未来的学习中不断回顾、检查和更新我们的学习需求。

3.2　培训需求分析

相较于仅以自己为核心的需求分析，组织培训的需求分析则需要将更多因素纳入考虑，作为组织的培训师不仅要确保培训符合组织发展战略、获取管理层的认可和支持，还要关注员工自身的培训意愿。有了对学习需求的认识，接下来我们将对组织培训中的需求分析进行深入学习。

3.2.1 培训需求分析的重要性

当组织在经营过程中遇到各种挑战时，如增强员工动力、改变员工态度、加强组织凝聚力、重新设计工作流程等，管理者可能首先会想到通过培训解决大部分问题。然而培训并不是能够解开所有难题的"万能钥匙"。如果管理者要求解决员工绩效不合格问题，那么针对这一问题的解决方案可能与培训有关，也可能与培训无关。因此，培训需求分析最关键的任务是确定培训是不是解决问题的最佳方案。

图 3-5 显示了培训需求分析涉及的三种类型，以及从培训需求分析中得出的培训原因和结果。图左侧罗列了组织运行和发展过程中可能遇到的诸多不同的"压力点"，包括新法规的出台、员工基本技能的欠缺、员工工作业绩不合格、新技术的产生和应用、内部或外部顾客的培训要求、顾客偏好的变化、新产品的开发或改进等。这些"压力点"表明进行组织培训是必要的，但是"压力点"的存在并不能说明培训就是解决问题的正确途径。

举一个例子，假设一名卡车运输司机的工作是向医疗机构输送麻醉气体。这个司机错误地将麻醉气体的输送管线与一家医院的氧气供应管线连在了一起，从而导致这家医院供应的氧气受到了污染。这个司机为什么会犯这个错误呢？问题出在哪里呢？原因也许是这个司机缺乏连接麻醉气体管线的正确知识，或者是他对最近经理拒绝他的加薪要求不满，抑或是连接气体供应管线的阀门没有标识。然而，只有知识的缺乏是可以通过培训来解决的，其他"压力点"则需要通过与司机的冲动行为（解雇司机）或工作环境设计（提醒监管者和司机进行检查以确保所有工作场所的阀门和线路都能被合理贴上标签）有关的办法来解决。

培训需求分析的结果为组织培训中的大多数步骤提供了重要的信息输入。如图 3-4 所示，培训需求分析过程可以获得谁需要培训和受训者需要哪些培训等方面的信息，包括他们需要通过培训掌握的知识和技能、需要改变的行为方式以及其他需要完成的任务和工作要求。培训需求分析还可以决定组织是否要将培训外包，即是从供应商或顾问那里购买

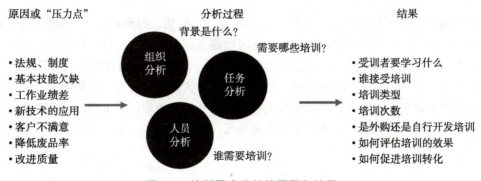

图 3-4 培训需求分析的原因和结果

培训，还是利用内部资源自行开发培训。同时，培训需求分析还提供了可以用来评估培训效果、促进培训成果转化的信息。[①]

3.2.2 培训需求产生的原因

培训需求来自多种不同因素，较为常见的原因包含以下三种。

1. 工作内容变化

组织处在不断变化发展的环境之中，不同岗位的工作内容也会相应地发生变化，为了适应这种变化，培训需求随之产生。

2. 人员调整

无论员工原来从事何种工作，只要他进入一家新的组织，踏入新的工作领域，为了尽快地进入工作状态，实现较好的工作业绩，培训就是他们的首要选择。

3. 绩效欠佳

实现既定的或更优异的绩效是组织所希望的，但部分员工出于各种原因，其现有状况和应有的状况之间会存在一定的差距，并由此产生了相关的培训需求。

3.2.3 培训需求分析的定义

培训需求分析，是指组织在设计与规划各项培训活动前，采用各种方法和技术对组织、员工和任务进行分析，从而确定培训是否必要以及需要什么样培训内容的过程。

3.2.4 培训需求分析的实施程序

培训需求分析中，实施过程是一个谨小慎微的过程，需要调研细致、计划严谨才能保证结论合理有效。实施程序主要分为以下几点。

1. 培训前期准备

培训前期准备可以总结为"一建立、二沟通、三反馈、四调研"。一是建立员工背景档案和培训档案，也被称为培训台账，并随时增添或删改内容。二是与各部门的受训人员及其负责人保持密切联系以保证访谈和培训进程顺利。而且主动与组织高级管理人员访谈，便于落实下一步的培训发展战略。三是向培训负责人反映情况，收集需求并反馈，主要包括访谈中收集个人需求，然后汇总汇报。四是开始准备培训需求调查，在将上述资料汇总后，将列出的组织战略层级的培训方向与部门负责人交谈沟通，部门负责人再落实给员工等。

[①] 诺伊. 雇员培训与开发[M]. 徐芳, 邵晨, 译. 6版. 北京：中国人民大学出版社，2015.

2. 制订调查计划

（1）在前期的准备工作完成之后，就要开始制订培训需求调查计划。培训需求调查计划包括制订培训需求调查工作的行动计划、各项工作的时间进度。一般情况下，组织每年的培训计划将在 1 月前后发布实施，因此培训需求计划一般在上年的 10 月开始进行制订。

（2）确定培训需求调查工作的目标，尽量提高可信度。因为培训调查数据大多是自下而上的收集程序，因此主观的因素影响较大。

（3）选择合适的培训需求调查方法，不同的部门和对象有其合适的调查方法。这里要注意的是，业务繁杂而且多地办公的组织最好不要采用会谈的方式；专业技术型的组织最好不要采用观察法，但是可以采用问卷调查或个别会谈的调查方法。

（4）确定培训需求调查的内容，这里要注意的是，调查内容的角度不要太单一，而要有多个，便于从各方取证，否则只会浪费时间和资金。比如培训预算、项目、培训对象、内容等。

3. 实施调查工作

实施培训需求调查工作在调查计划确定好之后便可着手开始。

（1）提出培训需求建议或愿望。可以通过分层级采集的方式，如可以开会将组织层面的培训发展战略布置给各部门负责人。

（2）调查、申报、汇总需求建议。将培训需求计划报告给培训负责人，编制培训预算初稿，对培训项目进行具体分类，如管理类、技术类、市场营销类、外语类、重点培训项目类等。

（3）分析培训需求。这里主要关注员工现状、存在问题和期望，需要通过协商的办法，根据组织层级、组织部门层级、岗位层级三个方面进行沟通访谈。

（4）汇总培训需求意见，确认培训需求。接着开始实施初步计划和预算方案。

4. 分析与输出培训需求结果

在培训需求调查的计划实施结束之后，会得到一系列的员工、组织部门、组织的培训需求数据，以及已有现状和问题、可望实现的绩效。这一步需要对结果进行分析和输出，主要以分析报告为结果。此阶段需要做到以下几点。

（1）对培训需求调查信息进行归类、整理。

（2）对培训需求调查信息进行分析、总结。

（3）根据紧急程度、个别需求或当前未来需求进行分析。

（4）撰写培训需求分析报告，这需要以调查信息为依据。

3.3 培训需求分析的内容

诺伊分析方法是企业管理家 R. A. 诺伊（R. A. Noe）[①]提出的分析方法，它包括组织

[①] NOE R A, Trainees' attributes and attitudes: neglected influences on training effectiveness[J]. Academy of management review, 1986, 11(4): 736-749; NOE R, COLQUITT J. Planning for training impact[M]//KRAIGER K. Creating, implementing, and managing effective training and development. San Francisco: Jossey-Bass, 2002: 53-79.

分析、人员分析以及任务分析三个要素（图3-5）。在进行培训需求分析、制订培训规划时，可以将调查收集的数据分门别类，分别归入组织、人员、任务这三个层面，然后从这三个层面上进行具体、详尽的分析，以获得所需的信息。

图 3-5　培训需求分析内容

由于培训需求评估的目标是明确培训是否必要、谁需要培训、哪些任务需要培训这样一些问题，因此将管理者、培训者（包括培训管理者和指导性设计师）和员工都纳入需求评估过程是十分重要的。传统上，只有培训者参与需求评估过程。但随着培训日渐成为辅助公司实现战略目标的工具，中高层管理者都应参与需求分析过程，如表3-2所示。

表 3-2　高层、中层管理者及培训者在培训需求分析中关注的重点

类　　别	高层管理者	中层管理者	培　训　者
组织分析	培训对实现我们的经营目标重要吗？ 培训会对我们的经营战略起到怎样的支持作用？	我愿意花钱搞培训吗？ 花多少钱？	我有资金来购买培训服务吗？ 管理者会支持培训吗？
人员分析	哪些职能部门和经营单位需要培训？	哪些人需要接受培训，是管理者、专业人员，还是核心员工？	我怎样确定需要培训的员工？
任务分析	公司拥有具备参与市场竞争所需的知识、技能和能力的员工吗？	有哪些工作领域内的培训可以大幅提高产品质量或客户服务水平？	哪些任务需要员工接受培训？ 完成该任务需要哪些知识技能、能力和其他因素？

表3-2列出了高层管理者、中层管理者和培训者感兴趣的有关组织分析、人员分析和任务分析的一些问题。高层管理者从组织发展前景的战略角度来看待需求分析过程，而不是局限于特定的工作。他们加入需求分析过程的目的在于，明确培训与其他人力资源活动（如甄选、薪酬）相比在组织内扮演的角色。也就是说，高层管理者要判断培训是否与组织的经营战略相关——如果相关，属于哪种类型的培训。高层管理者还要决定哪些职能部门需要培训（人员分析），组织劳动力是否具备必要的知识、技能和能力来实现战略目标并保持市场竞争力。

中层管理者则更关心培训将如何影响本部门财务目标的实现。因此，中层管理者的组织分析的重点在于明确：①他们将在培训上投资多少；②哪种类型的员工需要培训，比如是工程技术人员，还是直接参与产品生产和服务提供的核心员工；③什么样的工作培训能提高产品质量，改进客户服务。

培训者应考虑培训与组织经营战略的协调一致。但是，培训者的主要关注点在于通过需求分析来获得他们管理、开发和支持培训项目所需的信息。其中包括：决定是外购还是自行开发培训项目，明确哪些工作任务需要员工接受培训，确定中高层管理者对培训是否有兴趣并愿意提供支持。

虽然高层管理者常常要负责审查培训是否符合组织战略，然后提供适当的资金支持，但他们一般不负责决定哪些员工需要培训，哪些任务需要员工接受培训以及完成这些任务需要哪些知识、技能、能力和其他要素。这是核心专家所扮演的角色。核心专家可以是员工、管理者技术专家、培训者，甚至可以是顾客或供应商。他们熟悉：①包括所需执行的任务在内的培训事项；②完成任务所需的知识、技能和能力；③必要的设备；④执行任务所需的条件。核心专家需要对培训所涉及的内容有充分的了解，而且能够从实际出发，在分配培训课程的时间时优先考虑关键内容。同时，核心专家必须掌握与公司的业务相关的信息，并且对公司的设备、产品等有一定的了解。

关于究竟哪些类型的员工应参与需求评估，并没有一个统一的原则。但是，在评估过程中从在职人员中抽取一定的样本是很重要的。因为他们对各项工作最了解，而且如果需求评估过程中没有来自他们的声音，那么他们将会成为培训过程中很大的阻碍因素。在职人员是指目前正从事工作的员工。

3.3.1 组织分析

组织分析通常要考虑培训的背景。在进行组织分析时需要考虑：组织的战略导向、管理者和同事对培训活动的支持以及培训资源的可获得性。

1. 组织的战略导向

组织的战略导向影响着组织领导层对组织培训的重视、培训的频率和类型，以及组织培训职能部门的组建形式。如果想实施高绩效工作系统和打造高绩效团队，那么在培训上的开销及所提供的培训数量要高于采用传统职能分工的组织。同时经营战略还会影响培训的类型。

2. 管理者和同事对培训活动的支持

组织的培训除了需要战略导向做支持，还要看组织的管理者和其他同事对培训活动的态度和支持。这方面主要体现在：组织员工是否愿意向受训者提供有关如何在工作中有效利用培训中学到的知识、技能、行为方式的信息，并为受训者提供在实际工作当中应用培训所学内容的机会。[1]如果同事和管理者不采取支持的态度或行为，那么员工就很难将培

---

[1] ROUILLER J, GOLDSTEIN I. The relationship between organizational transfer climate and positive transfer of training[J]. Human resource development quarterly, 1993, 4(4): 377-390; NOE R, COLQUITT J. Planning for training impact[M]//KRAIGER K. Creating, implementing, and managing effective training and development. San Francisco: Jossey-Bass, 2002: 53-79.

训成果运用到实际工作中。

3. 培训资源的可获得性

组织的培训需要一定的培训资源，这类资源是从外部获得还是内部支持，这也是组织分析需要关注的要点。在培训资源可获得的情况下还要考虑培训资源的获得成本，即为这类培训资源的支出是否有足够大的价值？组织主要有三种办法获得培训资源：第一，组织可根据自身拥有的人员和专业水平，以及预算约束，利用内部专家培训所有相关人员。第二，组织为节约成本可通过测试和抽样的办法来考核员工的实际能力，将那些没有通过测试的人或者在样本平均水平之下的人调动工作，或者让中上水平的员工参加培训。选择这种战略说明组织更愿意将资源分配到人员甄选和安置上，而不是用于培训。第三，由于缺乏时间或专业能力，组织也可选择从专业机构那里购买该项目的培训服务，这种方式减轻了组织内部的工作压力，但是也会带来一定的外聘培训支出。

3.3.2 人员分析

如前文所述，培训需求的产生主要源于工作内容变化、人员调整和不能达成绩效三个方面。例如法规、制度的调整和新技术的应用会导致员工工作内容或工作方式的转变，新产品的开发和客户要求的提升就会要求员工提高现有工作绩效水平或者完成新的工作任务。因此，人员分析有助于了解谁需要培训，也就是说，通过分析员工目前实际的工作绩效与预期的工作绩效来判定培训是否有必要进行。同时，进行人员分析也有助于确定员工是否做好受训准备。受训准备包括两个条件：①员工具备学习培训内容并将其应用于工作的必要个体特征；②工作环境有利于学习且不会干扰工作绩效的实现。

影响员工绩效和学习的因素主要包括以下五个方面：个体特征、工作输入、工作输出、工作结果和工作反馈。其中，个体特征指员工的知识、技能、能力和态度。工作输入是指一些告诉员工应该干些什么、怎样干和何时干的具体指导，以及帮助员工完成工作的各种资源，包括设备、时间和资金。工作输出指工作绩效水平。工作结果指员工由于业绩良好而得到的激励。工作反馈指员工在开展工作时收到的信息。[①]我们可以用访谈和问卷调查的方法来衡量个体特征、工作输入、工作输出、工作结果和工作反馈。

个体特征、工作输入、工作输出、工作结果和工作反馈还会影响学习动机。学习动机是指受训者学习培训项目的内容的欲望。大量研究表明，学习动机与培训中知识的获得、行为方式的改变或技能的提高密切相关。[②]

除了个体特征之外，管理者还应在员工参加培训前考虑工作输入、工作输出、工作结果和工作反馈等因素，它们有助于判断培训是不是解决绩效问题的最佳途径。这些因素也与员工的学习动机有关。下面我们将描述每个因素与绩效和学习的关系。

---

① Rummler, G. In search of the holy performance grail[J]. Training and development, 1996, 50(4), 26-31.
Reinhart, C. How to leap over barriers to performance[J]. Training and development, 1996, 54(1), 20-24.
Rummler, G., & Morrill, K. The results chain[J]. Training and development, 2005, 59(2), 27-35.
② Milibank, D. Marriot tightens job program screening[J]. The wall street journal, 1997, July 15, A1, A12.

1. 个体特征

个体特征包括基本技能，自我效能，对培训需求、职业兴趣和目标的认识及其他特质，这些是员工在培训与开发项目中有效完成他们的工作或学习所需的。个体特征还包括员工的年龄和代际特征，这可能会影响他们喜欢的学习方式。

1）基本技能

基本技能是指员工完成工作和学习培训所需的技能。基本技能包括认知能力及阅读能力。

（1）认知能力。研究表明，认知能力会影响学习效果和工作绩效。认知能力包括三个方面：语言理解力、定量分析能力和推理能力。语言理解力指一个人理解并使用书面和口头语言的能力。定量分析能力指一个人解决数学问题的速度和准确率。推理能力指一个人发现解决问题的途径的能力。研究显示，认知能力与所有工作的成功都有相关性。随着工作变得越来越复杂，认知能力对于工作的成功也就显得越来越重要。

（2）阅读能力。阅读水平过低会阻碍培训项目中的学习和绩效。培训正式开始前，应对培训中所使用的材料进行评估，以保证它们没有超过工作需要的阅读水平。

2）自我效能

自我效能是指员工对自己能够胜任工作或有效地学习培训内容的一种自信。工作环境会对许多过去没能圆满完成工作的员工构成压力，培训环境也可能会对那些没接受过一定时间的培训或正规教育，或者根本没接受过教育，抑或没有参加过专门项目培训的员工构成压力。例如，培训员工使用计算机辅助生产设备，就可能产生一种潜在的压力，特别是对那些害怕新技术，并且对自己掌握计算机应用技能的能力缺乏信心的员工。研究表明，自我效能与培训项目的绩效水平是相关的。员工的自我效能水平可通过下列方法来提高。

（1）让员工了解培训的目的是试图提高绩效水平而不是发现员工能力上的缺陷。

（2）在真正实施培训前尽可能多地向员工提供有关该培训项目和培训目的的信息。

（3）向员工展示现在与他们处在类似岗位上的同事们的培训成果。

（4）向员工提供反馈，告诉他们学习进展得很顺利，他既有能力也有义务克服在培训中遇到的任何学习困难。

3）对培训需求、职业兴趣和目标的认识

为激励员工参加培训项目的学习，必须使他们清楚地意识到自己的技术优势和劣势，以及培训项目与克服这些弱点之间的联系。管理者要让员工了解他们参加培训项目的原因，还要就培训与克服技能弱点或知识缺陷之间的联系同员工进行沟通。这些可以通过与员工开展绩效面谈、举办职业生涯开发讨论会，或让员工完成一项有关自身技能优势和不足及职业兴趣和目标的自我评价来实现。

如果可能的话，让员工自己选择参加哪一个培训项目，并且让他们明白实际的培训任务是如何确定的，这样可以让他们的学习动机最大化。几项研究指出，让员工自己选择参加什么样的培训项目并尊重他们的选择有利于实现学习动机的最大化。如果给员工选择的权利但并不尊重他们的选择，那么只会削弱员工的学习动机。

4）年龄和代际特征

生物学研究表明，从 20 岁到 70 岁，人的某些智力能力可能减弱。人们处理信息的短时记忆能力和速度随着年龄的增长而下降。然而，年龄增长所带来的经验，可以弥补记忆力和思维敏捷度的损耗。虽然思维敏捷度和记忆力的损耗稳步减少，但年老时记忆力的减退要快得多，因为其精神资源比在年轻时消耗更多。

不同代际的员工存在着诸多差异。"千禧年一代"和"Y一代"是指1980年后出生的人。他们乐观，喜欢工作和学习，懂技术，欣赏多样性。"X一代"指的是1965—1980年出生的人。"X一代"看重反馈和灵活性，不喜欢受到严格监督。他们一生都经历与父母、家庭和城市有关的改变。"X一代"看重他们的工作和生活之间的平衡。"婴儿潮一代"出生于1946—1964年，他们有竞争力，能吃苦，注重所有员工受到公平对待。

每一代人可能对于学习环境的布置、指导的类型和学习活动有特殊偏好。例如，传统主义者喜欢稳定的、有序的培训环境，而且希望指导者提供专门知识。但"X一代"更喜欢自我导向的培训环境，这让他们可以进行尝试和接受反馈。因此，将学习者的年龄和代际特征当作个体分析的一部分非常重要。

2. 工作输入

员工对工作环境的两个特点——条件限制和社会支持——的感知是工作绩效和学习动机的决定因素。条件限制包括缺乏适当的工具设备、材料与供应品、预算支持及时间。社会支持指管理者和同事提供信息反馈和帮助的意愿。如果员工有完成工作必备的知识能力、态度和行为方式，但缺乏适当的工具和设备，那么他们的绩效水平也不会高。

3. 工作输出

在工作中，员工经常出现绩效较差或达不到标准要求的情况，这可能是因为员工不知道他们应达到什么样的绩效水平。例如，他们可能没有认识到质量标准与个人所要提供的服务的快慢和程度有关。员工可能具备执行任务的知识、技能和态度，但由于他们不知道绩效标准而导致绩效水平不理想。对绩效标准缺乏认识属于沟通问题，它不属于培训可以"修补"的问题。

了解工作需要对学习是很重要的。受训者需要弄清楚他们应该在培训项目中学到哪些特定内容。在培训计划中，为了确保受训者掌握适当水平的培训内容，受训者还应该了解对他们的熟练程度的期望水平。例如，就一项任务而言，熟练程度与员工完成任务的好坏有关；而对于知识，熟练程度可能与一次笔试分数有关。

4. 工作结果

如果员工认为奖励不具有激励作用，那么即使他们具备必要的知识、行为方式、技能和态度，他们也不愿达到绩效标准，而且工作小组的行为准则也不会鼓励员工达到绩效标准。

工作结果还会影响培训项目的学习效果。激励系统，如提供电影票兑换券、超市礼品卡或者可用于支付未来培训课程的积分点，可能对于激励某些员工参加并完成培训课程是有用的。然而，激励员工参加培训并从中学习的最有效的方式之一是交流关于培训的个人观点。例如，它将怎样帮助改善他们的技能、职业或处理他们在工作中遇到的问题？但是有一点需要额外注意，管理层传递的有关潜在收益的信息必须是真实的。如果培训项目不能满足员工期望，那么它只会削弱他们的学习动机。[①]

5. 工作反馈

如果在工作中没有人就工作绩效的达标情况向员工提供反馈意见，则会导致绩效问题的出现。若员工知道自己应该做什么（工作输出），但不知道做得怎么样，培训可能不是解决这类问题的最好办法。员工应该得到具体的、详细的关于工作是否有效的反馈。对于那些达到标准要求的员工，也要经常给予反馈，不能一年只做一次绩效评估。

6. 明确培训是不是解决问题的最佳方案

如前文所述，要判断是否需要通过培训来解决工作绩效问题，管理者应该对该项工作执行者的个体特征、工作输入、工作输出、工作结果和工作反馈进行分析。该如何做分析呢？管理者应该评价以下内容。

（1）绩效问题是否很重要，公司是否有由于生产率下降或顾客流失等原因而蒙受巨大损失的可能。

（2）员工是否知道应如何有效地工作。也许他们以前很少接受或根本没接受过任何培训，或者所接受的培训是无效的（这属于个体特征问题）。

（3）员工能否掌握正确的知识和行为方式。可能员工虽接受过培训，但他们在工作中不经常或根本就不运用培训所学的知识、技能等（这属于工作输入问题）。

（4）绩效预期是否明确（工作输入），是否存在实现绩效的障碍，比如不合适的工具或设备。

（5）绩效优秀的员工是否会获得满意的回报，业绩差的员工是否得不到奖励。例如，如果员工对自己获得的薪酬不满意，那么他的同事或工会可能就会鼓励他放慢工作速度（这属于工作结果问题）。

（6）员工能否获得有关他们工作绩效的及时、有意义、准确、建设性和具体的反馈（这属于工作反馈问题）。

（7）是不是其他解决办法——如重新设计工作或给员工调换工作岗位——成本太高，或者不现实。

综上所述，在员工缺乏完成工作的知识和技能且其他条件允许的情况下，培训是必需的。如果员工具备执行任务的知识和技能，但工作输入、工作输出、工作结果或工作反馈不足，培训也许就不是解决问题的最佳方案。例如，如果员工绩效差是由于设备问题导致的，就不能通过培训来解决这个问题，而应该及时对设备进行修理；如果员工绩效差是由于缺乏信息反馈导致的，也不需要对员工进行技能培训，而应让他们的经理接受如何给予绩效反馈的培训。

3.3.3 任务分析

任务分析是诺伊分析方法的重要组成部分，也是人力资源管理的重要成分。任务分析主要是指将合适的人放在合适的位置上，同时还要对他们进行培训，以满足工作岗位的要求。

[①] HICKS W D, KLIMOSKI R J. Entry into training programs and its effects on training outcomes: a field experiment[J]. Academy of management journal, 1987, 30(3): 542-552.

任务分析包括确定重要的任务，以及需要在培训中强调的员工完成任务所需的知识、技能和行为。任务分析的最终结果是对工作活动的详细描述，包括员工执行的任务和完成任务所需的知识、技能和行为。

任务分析包括以下四个步骤。

（1）选择待分析的工作岗位。

（2）列出工作岗位所需执行的各项任务的基本清单，将工作分解成职责和任务。可以通过访问并观察熟练员工及其管理者等方式获取相应信息。

（3）确保任务基本清单的可靠性和有效性，让核心专家（在职人员、管理人员等）以开会或者接受书面调查的形式回答有关工作任务的问题。可能问到的问题类型包括：执行该任务的频率如何？完成各项任务需要多长时间？这项任务对于成功完成工作有多重要？学会完成这项任务有多困难？是否要求新雇员完成这项任务？

进行需求分析的人员或委员会要给不同指标确定计分标准以决定一项任务是否应包括在培训计划中。那些重要、经常执行和难度较大的任务需要进行人员培训，那些不重要且不经常执行的任务则无须进行人员培训。其中的难点在于要判断：那些非常重要但不经常执行也不难掌握的任务是否应包括在培训内容之中；是不是只要是重要的任务，不论是否被经常执行，也不论难度如何，都应包括在培训内容中。

（4）一旦工作任务确定下来，就要明确胜任各项任务所需的知识、技术或行为。设置好该岗位的最优标杆，以便让员工明确工作的确切标准为何，并且通过培训的方式使员工不断向最优标准靠近。这类信息可通过面谈和问卷调查的方法来收集。

3.4 培训需求分析的方法

了解了培训需求分析的流程和框架，下面将详细讲解在培训需求分析过程中可能使用到的具体方法。没有哪一种方法是绝对优于其他方法的，所以通常会综合运用多种方法来进行培训需求分析。各种方法在信息类型和信息详细程度上有所不同。

3.4.1 观察法

1. 观察法的定义

观察法是指从旁观者的角度，到员工实际的工作岗位上进行长时间、多角度的细致观察，以获取员工工作状况和需求数据。过程中也可以与员工进行一对一的交流沟通，了解他的问题和需求。对某一类岗位实施工作观察法的时候，最好找一位对这类岗位比较熟悉的人一起，以便快速了解岗位。

2. 观察法的优缺点

观察法的优点主要包括以下两点。

（1）不妨碍被观察对象的正常工作和集体活动，将对工作的干扰降至最低。

（2）通过观察能够最直观、最直接地了解到岗位的实际情况，所获得的资料能够更准确地反映实际培训需求。

观察法的缺点主要包括以下两点。

（1）观察者只有熟悉被观察者所从事的工作程序和工作内容，才能做好观察工作，因此观察员要具备熟练的观察技巧。

（2）被观察者的行为方式有可能因被观察而受到影响。如果被观察者对观察者的观察行为有所察觉，可能会故意作出假象，致使观察结果产生偏差。

3. 观察法的改进方法

基于观察法存在的上述两大缺点，在运用观察法调查培训需求时，可以采取以下两种改进方法。

（1）尽量采用隐蔽的方式进行观察，并进行多次重复观察，以提高观察结果的准确性。

（2）采用摄像或录像技术记录员工的表现，然后观看录像，从而发现问题。

3.4.2 访谈法

1. 访谈法的定义

访谈法是指访谈者根据与受访人面对面的交谈，从受访人的表述中发现问题，进而判断出培训需求的调查方法。

访谈可以分为结构性和非结构性，正式和非正式等不同类型。

结构性访谈是指访谈者以标准的模式向所有的受访人提出同样问题的方式；非结构性访谈是指访谈者针对不同的受访人提出不同的开放式问题，以获取所需信息的方式。正式访谈是指调查研究者事先有计划、有准备、有预约的访谈，访谈对象通常是预先选择好的，并在与访谈对象预约的时间和地点进行访谈；非正式访谈是指调查研究者随时随地进行的、无预约、无准备的访谈。

2. 访谈法的优缺点

访谈法的优点主要包括以下三点。

（1）得到的资料全面、真实，能够了解问题核心，有效性较强。

（2）能够得到自发性回答，进而发现一些未曾预料到的问题。

（3）可以根据访谈的实际情况，对访谈问题加以修改。

访谈法的缺点主要包括以下三点。

（1）受访人容易受到访谈者的影响，只提供他认为你想听到的信息。

（2）需要投入较多的人力、物力、时间，访谈涉及的样本容量小。

（3）可能会给受访人带来不便。

3. 开展访谈的流程

通过访谈法收集培训需求分析信息时，可以按照如下流程执行。

确定所需信息—确定受访对象和人数—准备访谈提纲—告知受访人相关情况—实施访谈—整理并分析结果。

3.4.3 问卷调查法

1. 问卷调查法的定义

问卷调查法是最为常见的获取需求数据资料的方法。问卷调查法是指通过预先设计的调查问卷收集培训需求信息的调查方法。这种方法是设置一个标准化的调查问卷，让员工根据调查问卷进行打分或选择。调查问卷的对象可以是某一类人，也可以是某一个人。调查问卷的形式可以是纸质的问卷，也可以是电子的问卷，还可以通过电话调查。

2. 问卷调查法的优缺点

问卷调查法的优点主要包括如下四点。
（1）可以在短期内向大量的人员进行调查，资料的来源比较广泛。
（2）成本低、节省调研人的时间，可大规模开展。
（3）被访者回答问题时更加自然。
（4）易于对数据资料进行归纳总结。
问卷调查法的缺点主要包括如下四点。
（1）难以保证调查问卷结果的真实性和准确性。
（2）填写问卷的人可能并不能了解调查问卷背后的真实意图，培训师没有办法去澄清问题，容易造成人们在填写的时候产生误解。
（3）问卷编制周期较长。
（4）限制被调查者表达意见的自由，只能提供与问题直接相关的信息。

3. 问卷形式分类

调查问卷形式包括开放式、探究式和封闭式三种，具体详见表3-3。

表3-3 调查问卷形式的分类

类型	特征	作用
开放式	采用"什么""如何""为什么"和"请"等提问方式，回答时不能用"是"或"否"来简单应对。例如，"你为什么参加此培训"	发掘对方的想法和观点
探究式	更加具体化，采用"多少""多久""谁""哪里""何时"等提问方式。例如，"你希望这样的培训多久举行一次"	缩小所收集的信息范围
封闭式	只能用"是"或"否"来回答的提问方式	限制所能收集信息的范围

4. 调查问卷设计流程

调查问卷的设计流程一般包括如下内容。
列出所需了解的事项清单—将列出的事项转化为问题—设计问卷—编辑问卷并形成

问卷初稿—就问卷初稿进行讨论和完善—模拟测试—完善问卷初稿形成正式问卷—调查实施。

3.4.4 小组讨论法

1. 小组讨论法的定义

小组讨论法是成立一个关于培训需求分析的专题小组，在小组内部正式或非正式地讨论培训需求。小组讨论法中的小组成员最好针对某一类人群或某一类问题进行聚焦，选择聚焦在某一个层级的人员。如果要把不同层级的人混在一起讨论，培训师要注意谈论过程中对主题和节奏的控制和把握。

在讨论过程中要注意明确问题，最好利用录音笔，并在访谈过程中做好文字记录，以备后续进一步整理分析。

2. 小组讨论法的优缺点

小组讨论法的优点主要包括以下三点。

（1）小组成员之间在访谈过程中可以沟通、讨论，减小对同一信息理解上的误差。

（2）能够通过头脑风暴快速地查找、发现问题，通过过程中的意见碰撞，在聚焦问题的同时能够快速地形成解决方案。

（3）能够在讨论现场集中表达不同的观点、发现无法预料到的问题。

小组讨论法的缺点主要包括以下两点。

（1）组织成本较高，要花费较多的时间、财力和物力。

（2）公开场合有一部分人不愿意表达自己的看法和观点，这可能导致收集到不同的观点不够全面。

3. 小组讨论法的开展步骤

小组讨论法的开展步骤可参考如下流程。

召集小组成员，向他们说明组织或员工的现实情况及存在的问题等——小组成员对问题的产生原因或相关情况进行讨论，寻找可能的解决办法或对情况进行界定、分析（说明：在开展小组讨论时，可以采用头脑风暴法、组织对照法、刺激法、塑造法等多种方法，以增强效果）——汇总讨论结果，最终判断培训是否为解决问题或改变现状的有效方法。

3.4.5 绩效差距分析法

1. 绩效差距分析法的定义

绩效差距分析法是指培训师在分析组织成员及成员现状与理想状况之间差距的基础上，确认和分析造成差距的原因，并最终确定培训需求的方法。其适用于员工绩效与理想状况出现差距的情况。

2. 绩效差距分析法的优缺点

绩效差距分析法的优点主要包括以下两点。
（1）能及时找到解决问题的方法，制定出的措施具有针对性。
（2）以绩效为导向，对绩效问题的改变针对性强。
绩效差距分析法的缺点主要包括以下两点。
（1）不易把握整体轻重缓急，易失去方向性。
（2）员工可能会对绩效评估产生抵触，或感到不安。

3. 绩效差距分析法的流程

运用绩效差距分析法收集培训需求分析信息时，我们可以参照如下流程。

发现并确认造成绩效差距的原因—进行预先分析—收集资料—寻找绩效差距，进行需求分析—确认培训内容。

3.4.6 关键事件法

1. 关键事件法的定义

关键事件法是指培训师通过分析对员工或者客户产生较大影响的事件，及其暴露出来的问题，从而确定培训需求的一种方法。其适用于客户投诉、重大事故等较大影响事件出现的情况。

2. 关键事件法的优缺点

关键事件法的优点主要体现在其易于分析和总结。
关键事件法的缺点则主要体现在以下两点。
（1）一些关键事件的分析过程往往是比较复杂的，可能很难短时间内得出结论，也很难短时间内实现有效的改善。
（2）事件具有偶然性，易以偏概全。

3. 关键事件法的流程

访问员工在工作中遇到的重要事件—分析事件发生的原因及员工处理欠缺的方面—确认培训内容。

3.5 培训需求的确认

培训需求分析后的重要步骤，是培训需求确认的环节。培训部门对通过各种调查方法所获得的培训需求信息进行汇总、分类后，形成了组织的初步培训需求，此时培训需求的种类和数量可能会比较多，但组织资源有限，先满足哪类培训需求，再满足哪类培训需求？组织应当动用较多的资源重点解决哪类培训需求？对于哪类培训需求组织只需要动用较少的资源甚至可以忽略？培训需求确认，正是分类确定所有培训需求的重点和优先级的过程。培训计划的制订必须用确认过的培训需求。对于某一类具体的培训需求的重点和优先级选择，需要考虑该需求对组织的重要程度和紧急程度。

3.5.1 培训需求确认的要点

对组织来说，重要程度高的、紧急程度高的培训需求应当优先满足、尽快满足；其次是重要程度较高，但紧急程度较低的培训需求；再次是紧急程度较高，但重要程度较低的培训需求；最后是既不重要也不紧急的培训需求。

培训师对培训需求进行分析和判断是培训需求确认的第一步，组织培训需求的最终确认需要组织相关管理者和最高管理层审核后确定，最终培训师要形成培训需求分析报告作为需求分析的最终产出。培训需求分析报告中要写清楚培训的预计划或规划，包括组织各部门管理者为了满足培训需求、达到培训需求的效果，需要作出哪些努力，需要做哪些具体工作。要明确这部分，可以让培训师在提交培训需求分析报告时与相关管理者沟通确认。

此环节有三点注意事项。

1. 充分沟通

培训师在初步完成培训需求分析报告后，不要马上进入组织正式的审批流程，最好先与各部门的管理者或曾经参与培训需求调研的相关人员确认报告中的信息是否准确，理解是否到位。这个过程不仅可以起到查漏补缺的作用，而且能够加深培训师和各部门管理者之间的沟通和理解。

2. 提出建议

培训需求分析报告可以体现培训师对培训无法解决问题的建议解决方案。如果培训师对此项没有把握的话，则不需要硬提建议，只需要列出培训需求调查过程中发现的问题即可。

3. 组成培训需求分析小组

培训需求确认的环节，一般需要组织"一把手"负责，分管人力资源管理的副总、人力资源总监、相关部门的负责人以及培训部门全体成员等组成培训需求分析小组，共同分析及讨论相关培训需求的信息，最终确定适合组织战略需要、符合组织实际情况的"培训内容"和"针对对象"。

3.5.2 培训需求分析报告

在完成了员工培训需求调查和确认后，就要将培训需求调查分析的结果撰写成正式书面报告。需求分析报告一般包括报告摘要、需求分析实施的背景、开展需求分析的目的和性质、概述需求分析实施的方法和流程、培训需求分析的结果、对分析结果的简要评析和参考意见以及附录。举例如下。

摘要：由于组织去年销售业绩未达成，或将影响组织未来五年发展的目标落地，因此组织管理者计划对销售部门率先进行培训。培训需求分析专员对销售部门进行了为期一个月的培训需求调查，现将分析结果撰写成报告，以作为 2023 年度开展销售培训的参考和依据。

一、培训需求分析实施背景

销售部门连续三个季度未能实现组织既定的销售目标，对组织未来五年的战略目标落地造成了巨大影响，组织管理者决定购买外部培训课程全面提升销售部门的工作能力。2023 年 1 月，培训需求分析师对组织中销售人员进行了年度培训需求调查，了解到目前组织中大部分销售人员任职时间较短，对工作了解较浅、缺乏相关工作经验。通过需求调查分析，培训需求分析专员将销售心态和销售技巧的提升列为他们需要培训的重点内容之一。

二、调查对象及总体概况

调查对象：销售部门全体员工（共计 103 人）。

通过调查可知，组织中销售人员以女性为主，学历层次主要是大专，大部分员工在本组织任职时间较短且没有销售经验，未能达成绩效主要是由于缺乏销售相关知识和有效沟通技能，绝大多数员工对培训抱有积极态度，希望通过培训提升销售技能。

具体而言，从学历上看，销售人员主要由大专毕业人员组成，约占组织销售人员的 79.6%；男女比例较为不平衡，男女员工的比例约为 28.8% : 71.2%，以女性为主；年龄层次上，19～28 岁员工占 87.4%，共 90 人，可以看出本组织销售人员以"80 后""90 后"为主；在"在本组织任职时间"一栏内，53.4% 的人任职未满一年，约 22% 的员工仍在试用期；在"是否有销售经验"一栏中，32.6% 的人回答从未做过销售；在回答"是否对销售有信心"时，66% 的人表示"没有足够的信心"；在回答"如何看待自己的销售业绩"时，约有 46% 的人表示"完成每月的销售任务很困难"，只有 15% 的人回答可以按时或超额完成销售任务；在回答"您在销售中面临的最大困难是什么"时，有 72% 的人认为，目前的最大困难是"不知道如何有效沟通"；在回答"您认为系统的销售训练能否提升销售技能"时，有 70% 的人选择"能"。

三、调查方式及主要内容

1. 调查方式

1）观察法

通过对销售部门日常工作为期一周的近距离观察，培训需求分析专员整理汇总了业务员的大概工作流程及重点工作任务。

2）访谈法

人力资源部经理作为培训需求分析的主要负责人，先与销售部门的 15 名业务员进行了面谈，详细了解了在工作过程中员工主要面临的困难，之后又与销售部门的经理和主管分别就这 15 人的工作表现进行了沟通。

3）问卷法

结合培训需求分析专员对培训部门工作的观察和人力资源部经理与业务员面谈过程中了解到的员工遇到的工作难点，培训需求分析团队设计撰写了针对组织销售部门的培训需求调查问卷。本次调查共发出 120 份问卷，收回有效问卷 103 份。

2. 调查主要内容及其分析

1）销售人员任职情况

参与访谈的 103 名销售人员的任职情况如表 3-4 所示。

表 3-4 销售人员的任职情况

项　　目	经理	主管	业务员
人数/人	5	16	82
所占比例/%	4.85	15.53	79.61

由表 3-3 可以看出，组织培训对象主要分为销售管理者和业务员，而业务员是培训的最重要对象。

2）岗位任职时间

由调查问卷的结果可知，有一半以上的销售人员在组织工作不到一年时间，且有 1/5 的员工仍处于试用期，如表 3-5 所示。

表 3-5 销售人员任职时间

项　　目	1 年以下	1~2 年	2 年以上
人数/人	55	38	10
所占比例/%	53.4	36.9	9.7

3）绩效完成情况

有接近一半的员工难以完成当月销售任务，且大部分的销售人员没有进行过系统的培训。

对于难以完成绩效的员工，首先要确保他们充分了解本岗位工作任务，应该干什么、怎样干以及何时干。并且保证在完成绩效后，他们将获得满意的收益。

对于从来没有从事过销售工作的员工，组织应提供销售基础知识的培训并组织专门的人员进行辅导，结合他们目前的销售实践，让他们了解如何有效地销售。

4）工作难点

从问卷统计结果来看，在销售技巧的相关问题中，以下几个问题比较突出，如 21.05% 的人"不知如何处理客户异议"，其他的问题依次是"不知道在销售中如何沟通""不知道如何处理客户关系""不知道如何成交""不知道如何有效地介绍产品""不知道如很好地接近顾客"。

四、培训计划建议

针对本次调查问卷显示的这些实际情况，建议组织分别对销售管理人员和销售人员展开培训。对销售管理人员主要培训的课程是销售队伍的建设和管理、如何管理下属、如何指导下属等，并且需要有计划、有步骤、分阶段进行培训。针对销售人员，建议组织进行如下课程的培训（表 3-6）。

表 3-6　销售人员培训课程计划一览

课 程 名 称	主 要 内 容
发现顾客的 N 个地方	告诉销售人员如何寻找潜在顾客
如何接近顾客	告诉销售人员应该如何去接近不同性格的顾客
如何进行产品介绍和演示	告诉销售人员应该从哪几个方面对顾客进行产品演示
如何消除顾客异议	列出客户异议的类型，并逐个给予解决办法
如何成交	通过培训告诉销售人员成交的时机和方法
如何与顾客进行有效沟通	举例说明如何和顾客进行销售沟通
建立良好的顾客关系	通过售后服务构建良好的顾客关系
销售目标管理	告诉销售人员如何进行目标管理
管理自己	告诉销售人员如何规划自己，如何进行时间管理

开篇案例参考答案

即测即练

自学自测　扫描此码

04

高效学习法

学习目标

★ 了解费曼学习法；
★ 理解 GREAT 学习法及原理；
★ 掌握学习方法的两种辅助工具；
★ 理解持续学习的四条路径。

开篇案例

2023年，福建学生方思童取得710分的高考高分。不同于传统的"天才论"和"禀赋论"，方思童成功的秘诀在于其成熟的学习方法和坚定的执行能力。

在求学过程中，方思童没有一味地追求更高的分数，而是更关注于对知识的理解与应用，有意培养自己的综合能力和通识素养。在高手如云的理科竞赛班，相比于其他同学，方思童学习新知识的速度并不算快，但一段时间之后，她对知识的理解和掌握却更为深入，后来居上。这一"反差"有赖于她良好的通识素养，集中表现为强大的跨学科联想、迁移和化归的能力。早在高一的时候，她就发现，不同学科并不是一条条平行的水流，而是相互联通的支流，交叉融合，并最终汇集到培养综合素质和通识能力的干流上。具体来说就是，语文和英语语料素材的积累互通，生物和地理在环境研究中的联动，数学和物理在公式和方法上的互相证实等。

在优势科目的巩固发展上，方思童的学习策略在于探索深度。除了吸收课上所学内容，她还经常主动检索和积累。她认为任何学科都可以找学术期刊进行粗浅阅读，培养自己的信息素养，比如英语寻找外刊文章、检索听力、阅读资源，语文在社科期刊上提炼观点、在作文杂志上积累素材。关于记忆所学，她会将素材摘抄在笔记本上，并在上学路上给家长讲述近期搜集的素材，从而加深记忆、挖掘应用场景。因此在考试中，她总能灵活运用这些素材，使她写作和阅读理解部分的表达更具深度与独特性。

在弱势科目的学习赶超上，方思童认为要保证它的广度，做到熟练度无可指摘、知识点全部掌握。掌握知识点并不是死记硬背公式和概念，而是深入理解背后的原理，从基础出发，将史地政、物化生的知识相互关联，通过推导公式掌握各个理论和实验现象之间的联系，多总结模型和思维方法。例如做完一道数学题之后，首先比对标准答案，检查思路和书写两个方面；其次要考察题目的背景，由背景出发联想到类似的题目和模型，做到善于反思和推广。

理论与实践结合，坚持以教促学。在熟练运用知识后，方思童不仅能够独立解决各类复杂问题，还能够将这些知识以简单易懂的方式传授给同学们，帮助他人提升学习成绩。

不难看出，方思童之所以能够取得高分，不仅在于她刻苦努力的个人品质，还在于她成体系的学习方法，从获取积累、融合转化到输出概括，每个环节都秉持着自己的标准与策略。她的故事告诉我们，个人能力的提升不仅是天赋的体现，还是一种学习方法和策略的运用。

请仔细阅读以上案例并回答下面的问题：

1. 方思童是如何学习的？
2. 你高中的学习方法在大学期间还适用吗？
3. 你认为是应该先学习方法还是先学习知识？为什么？

引 言

在开篇的案例中，我们了解到了方思童的学习方法。你在高中时期是否有自己的学习体系呢？进入大学后，面对课程众多、信息量大、自主性强的学习环境，你的学习方法有何变化？面对新知识的海洋，你应该如何开始，从无知到精通需要经历哪些步骤？你是有意识地运用学习策略，还是自由发挥？你现在的学习方法效率高吗？毕业后，你可能不再面临考试和科研的压力，但在这个科技、发明、应用和模式层出不穷的社会，你的学习方法是否仍然适用？

"磨刀不误砍柴工"，面对未知的变化，只有持续学习，才能为我们提供持久且可持续的能力。诺贝尔经济学奖得主赫伯特·西蒙（Herbert Simon）教授曾说"学习方法胜过学习内容"，强调了学习方法的重要性。方法是获取新知的载体，就像在前进的路上自带加速器，赋予我们在不同领域中不断获取新知和适应变化的能力。通过学习新知，我们可以持续更新自己的"CPU（中央处理器）"，确保我们始终处于"最新版本"。

因此，学习方法应该优先于知识本身被学习。一套有意识的、系统的、稳定的学习方法可以减小学习者之间由于学习风格、学习形式和学习步骤的差异而产生的学习效果差异。本章将从学习方法入手，结合思维记忆的原理，首先介绍两套成体系的学习方法：GREAT 学习法和费曼学习法；然后介绍两种学习方法的辅助工具：思维导图和记忆辅助法；最后，我们将分析持续学习的四条路径，探讨如何使学习持续进行的方法。

4.1 费曼学习法

享誉全球的诺贝尔奖得主、天才物理学家、纳米技术之父、量子电动力学的创始人理查德·菲利普斯·费曼（Richard Phillips Feynman），不仅精通多门语言，还在音乐方面有着颇深造诣。他 13 岁就学完微积分；高中毕业之后进入麻省理工学院；24 岁加入曼哈顿计划天才小组，助力研发原子弹；33 岁在加州理工学院期间，因其幽默生动、不拘一格的讲课风格深受学生欢迎；47 岁获得诺贝尔奖。费曼被认为是爱因斯坦之后最睿智的理论物理学家，也是第一位提出纳米概念的学者。

费曼之所以能在众多领域取得如此伟大的成就，源于其自创的费曼学习法[1]，如图 4-1 所示。他曾言"高效能的学习既是有趣的，同时它的方法也是有迹可循的"，费曼对输出思维极其推崇，认为输出就是最强大的学习力，能将知识复述给初学者，才是学全；同时，费曼对简化思维格外重视，强调找出问题的要害，把复杂知识简单化，将高深知识用平实的语言表述出来，才算学透。费曼学习法的科学性在于它符合大脑的认知规律，能够帮助学习者对新知识的学习从混乱走向有序，从被动记忆走向主动理解的状态。

---

[1] 尹红心，李伟. 费曼学习法：用输出倒逼输入[M]. 南京：江苏凤凰文艺出版社，2021.

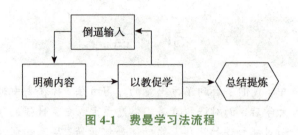

图 4-1　费曼学习法流程

4.1.1　明确内容

在费曼学习法中，明确内容是学习路径中的关键一环，这不仅会提高我们的学习效率，也会帮助我们更深入地理解和掌握知识。我们可以通过"寻找资源""判断优劣""制订计划"三个角度来切入。

（1）寻找资源是明确内容的第一步。在信息爆炸的时代，我们可以从各种渠道获取学习资源，包括书籍、网络课程、论文、报告、讲座等。这些资源为我们提供了丰富的知识，帮助我们建立起对某一领域的全面理解。然而，信息的多样性也带来了一个问题，那就是如何从海量的信息中找到最适合自己的学习资源。这就需要我们学会筛选和评估资源。

（2）判断优劣是明确内容的关键。我们需要根据自己的学习目标和学习水平，判断哪些资源最适合自己。一般来说，高质量的学习资源应该具有以下特点：内容准确、逻辑清晰、易于理解、与学习目标相关。此外，我们还可以通过查看其他学习者的评价和反馈，来帮助我们判断资源的优劣。

（3）制订计划是明确内容的重要环节。一个好的学习计划应该明确学习的目标，设定合理的时间表，包括预习、复习和练习的时间。在制订计划时，我们应该考虑到自己的学习习惯和节奏，以保证计划的可行性。此外，我们还应该定期评估和调整学习计划，以适应学习进度和学习效果的变化。

4.1.2　以教促学

在明确目标并学习相关知识后，通过复述输出和教授他人，我们可以最有效地检验学习成果。费曼学习法的核心理念是"以教促学"，它强调"如果不能简单地向外行解释一件事情，那么还不算真正弄懂它"。同样，中国西汉礼学大师戴圣的"教学相长"理念也强调了输出知识是一种相互促进的过程。

埃德加·戴尔（Edgar Dale）的研究成果"学习金字塔"用具体的数字展示了学习者采用不同学习方式后，在两周内能记住多少学习内容（学习内容平均留存率）。学习内容平均留存率低于30%的方法通常是个人学习或被动学习；而学习内容平均留存率超过50%的方法则是团队学习、主动学习和参与式学习。由此可见，主动学习效果更佳，其中教授他人的学习内容平均留存率高达90%，如图4-2所示。输出的第一步是复述所学所理解的知识，使听者能够理解。我们可以从教学时的停顿以及听者的反馈中检查自己的学习效果。

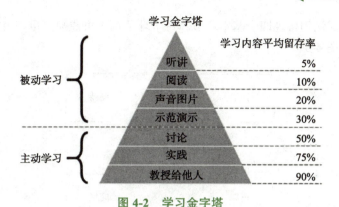

图 4-2　学习金字塔

输出的第一步就是复述所学所理解的知识，进而让听者能够理解。我们可以从教学时的停顿以及听者的反馈中，检查自己的学习效果。

第一次输出时，可以分为三个阶段。

（1）凭印象复述。开始复述时，尝试讲述印象最深的内容，如独特观点、有趣案例和独特论证等。不必担心说得是否准确，要大胆地表达自己的印象。然后回顾并比对原知识，统计哪些讲得对，哪些偏离了原意。根据统计结果，整理相关知识点，进行二次学习和比对。

（2）复述中提出问题。在初步复述印象后的十几分钟内，再次将第一次复述的内容记录下来，并回顾刚刚学习过的内容。有意识地将它们与自己已知的知识相结合，进行对比、怀疑和分析，尝试用自己的逻辑将它们融合在一起。如果不能，针对这些知识点提出问题，写下一系列的"为什么"。解答这些"为什么"后，才能将知识变成自己的，并向他人输出转述。

（3）复述中加入自己的观点。在复述所学内容的过程中，一边说一边对比检查，并加入自己的观点，实现新知识与已有知识的衔接。例如，在学习了如何维修汽车发动机后，将其与自己开车时总结的经验结合起来，为过去的疑问找到答案，并对汽车有了更深的见解。当你在新知识的基础上形成了自己的观点时，才算达到了"以教促学"和"教学相长"的目的。

4.1.3　倒逼输入

在向他人复述知识时，我们可能会因为记忆错误或理解偏差而遇到困难。这会迫使我们回到最初的学习目标和内容，找出那些"以为掌握了，但实际上不甚了解"的知识漏洞，回到最基本的知识点，重新学习和理解。这就是所谓的"倒逼输入"的过程。通过这种方法，我们可以系统地整理知识框架、加强知识内容，直到能够清晰流畅地表达和讲述专业知识。

这种方法的直接好处是提高了对特定内容的"留存率"。在记忆研究中，科学家认为记忆是过去经验在大脑中的反映，它不仅是神经活动，还是一种复杂的心理活动。尽管神经细胞承担着记忆的主要责任，但人的心理活动却影响着记忆的最终效果。记忆的形成包括识记、保持、回忆和再现四个基本环节，每个环节都不可或缺，也都由神经细胞和心理活动共同完成（图4-3）。

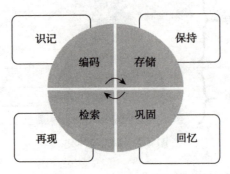

图 4-3　知识的记忆流程①

（1）识记—编码。大脑并非无差别地接收外界刺激，而是在识记信息时进行编码，精确地识别和记录信息，挑选出应该被记忆的内容。大脑主要依靠经验和感知来判断要选择哪些作为编码对象。例如，在阅读一本书时，读者会重点记忆那些有趣、专业且能解决问题的内容，这取决于个人的经验和阅读时的感知。识记是通过对信息的感知在大脑中留下印象的过程，是记忆的开始，也是关键部分。科学家发现，有意识记忆的成功率较高，无意识记忆的成功率较低。提高记忆效果的最直接方法是促进"有意识记忆"，加强大脑对信息的第一印象，使大脑主动地开启记忆程序。

（2）保持—存储。存储信息是大脑形成神经回路的过程，使神经元的连接更加紧密并产生定式。我们的感官系统在获取信息后，先将其存储在"感觉区"，此时属于短时记忆，也称为第一印象，等待大脑加工处理，然后将信息传入"海马区"。在这里，海马神经细胞回路网络受到连续刺激，增加了突触的结合时间，信息停留时间被延长，从而产生"第一级记忆"。以一个例子来说明，当你看到一个不熟悉的词汇，随后转去做其他事情，对这个词的记忆就停留在"感觉区"，它属于第一印象。如果不采取进一步行动，大脑很快会遗忘或搁置这个词。但如果你打开搜索引擎，找到这个词的词条，浏览几眼，了解大致内容，此时就达到了"第一级记忆"。随后，你认真阅读内容，寻找自己需要的部分，便会进入"第二级记忆"。神经学专家认为，蛋白质参与了这个阶段的信息处理，使大脑对其真正重视起来，并在后续使用这些信息。当你继续详细了解相关内容，并反复阅读和做笔记时，大脑的记忆机制会推动产生神经回路网络。知识如何转化为记忆呢？新的突触联系不断增加，联系越多，记忆就越牢固，知识在大脑中就会更长时间地保持和存储。

（3）回忆—巩固。我们所学到的知识如果不进行复习，很可能会被遗忘。输出实际上是一种高质量的复习过程，有助于巩固记忆和提炼核心知识。通过有针对性的、反复的输出，长期记忆甚至可以转化为永久记忆，使我们终身受益。我们在日常生活和工作中能够自如运用的知识，大多源于长期记忆或永久记忆。例如，在花费 20 分钟向朋友介绍刚读

---

① 尹红心，李伟. 费曼学习法：用输出倒逼输入[M]. 南京：江苏凤凰文艺出版社，2021.

过的人力资源管理书籍时，你可能会讲述大约 2 500 字的内容。这些内容包括概述、作者的权威性、关键知识点、适用人群、应用领域等，涵盖了听众的关注点。在回答朋友的问题时，你对这本书的理解也会变得更加深入。

（4）再现—检索。当我们需要输出知识时，大脑将开启管理知识的新模式——从单向的输入转变为同步的输出和输入。输出知识时，我们的大脑内要准确地再次呈现神经元反映的信息，指导合成信息蛋白并把知识再现出来。在这个过程中，我们还要从大脑中找到信息，检索那些关键的部分。比如，你用一个月的时间读完了一本人力专业的书，有人过来请教："我也报考人力专业，你读的这本书怎么样，能跟我讲讲吗？"你会发现自己的角色瞬间发生了改变，从一个单纯的学习者变成了传授者。过去学到的人力专有名词，此时要将它们一一检索，浓缩成可以简洁阐述的版本，但又必须包含书中最重要、精彩的内容。为了完成这个任务，大脑不得不进行一次紧急动员，检索有关这本书的所有信息，不仅再现，还要二次组合。从记忆学的角度，这会让我们的长时记忆保持得更为牢固，对知识的理解也会更上一层楼。"温故而知新"就是再现和检索在大脑中起到的作用。

4.1.4　总结提炼

将复杂的知识点简化并用最易理解的语言讲解给一个完全不懂的小孩，这是一种极好的学习方法。这个过程可能会涉及其他的概念和知识框架，可以借助思维导图等图像记忆工具，将冗长的叙述高度精简，将自己的思维体系拆解到最简单的程度。

这种简化后的知识能更有效地在大脑中转化为长期记忆，从而影响我们的思维和决策。这些精简的知识点也像索引一样，当我们需要使用这些知识时，可以在大脑中快速找到并调取相关信息。

4.2　GREAT 学习法

本节将深入探讨 GREAT 学习法[1]，这是一种科学的学习方法，与费曼学习法相似，都提供了完整的学习路径。该方法的创始人陈丽娴，是京东集团前人才发展专家，拥有 20 年的培训从业经验。她专注于成人学习和发展领域，并且长期在互联网企业的繁荣环境中工作，服务过的企业包括腾讯、字节跳动、顺丰、招商银行、中信、华润、万科、宝马、壳牌、福田汽车等。

陈丽娴开创的 GREAT 学习法，通过逐步深化对知识的理解和掌握，有助于形成知识的复利效应。这套学习法为学习者提供了一条科学的学习路径，使得每一位学习者都能更高效地学习。GREAT 学习法的具体施行步骤为获取新知、反思联结、跨界交互、吸收重构、转化输出，如图 4-4 所示。

---

[1] 芭蕉这么学习，GREAT！——让知识产生复利的学习法[M]. 北京：中国工信出版集团，2021.

图 4-4　GREAT 学习法

4.2.1 获取新知

学习的起点始于获取新知识，而基础知识的积累是形成知识复利的关键。这就像银行存款，本金越多，收益也就越大。同样，一个人积累的知识越多，知识的联结和复利效应的机会也就越大。在获取新知的过程中，有两个重要的建议："有用的无用"和"刻意的有意"。

在当今信息爆炸的时代，我们已经摆脱了"车马慢，书信远"的信息匮乏，反而，许多学习焦虑正源于"信息过载"。我们应该全盘接受所有信息，还是对"无用"的信息视而不见？实际上，我们对"有用"或"无用"的判断，都是基于我们已经掌握的知识。那些可能对我们有用，但我们还未知道的知识，可能会被我们的"有用标准"排除在外。因此，从某种意义上说，你掌握的已知信息越多，被你排除的未知也就越多。这种大量的知识储备反而可能限制你，让你陷入自我设定的"是"的圈层中，陷入重复的循环。打破这个循环的最佳方式就是扩大知识面，发现更多的未知领域，从而激发学习动机，进入新的领悟阶段。这就涉及达克效应，这是一种认知偏差现象，指的是能力不足的人基于自己的欠考虑的决定得出错误的结论，但他们无法正确认识到自己的不足，也无法辨别自己的错误行为。这些能力不足的人常常沉浸在自我营造的虚幻优势中，高估自己的能力和水平。

因此，在获取知识的过程中，不要过分追求所谓的"有用"。有时候，看似无用的知识能激发有用的想法，从而使无用的知识变得有用。这样的连锁反应使得无用知识也具有一定的价值。

学习者在选择知识时可能陷入有用与无用的误区，而在时间安排上，也可能走向另一个极端——过度努力的填鸭式学习。实际上，那些期末考试后奋力记笔记的"笔记侠"往往分数不如课堂上积极发言的"发言帝"。我们的大脑有专注模式和发散模式两种，它们在学习过程中起着不同但同等重要的作用。专注模式让我们集中精力处理紧密关联的任务，利用理性、连贯和分解的方法直接解决问题；而发散模式则让我们放松注意力，让思维自由漫游。这种放松状态使大脑不同区域有机会相互联系，从而不断产生创意和灵感。

在学习中，我们需要为新知识留出一些刻意的空间，让新知识有机会进入我们的视野。与其刻意规划学习内容，不如刻意规划学习路径和时间，让一些知识无意中进入我们的生活。在认识到无用知识的价值，并刻意安排学习时间和途径后，我们需要做的就是积累大量知识。永远不要高估自己的记忆力，要及时记录那些瞬间看到的信息和脑海中闪过的念头，做到无心发现，有心积累。善用智能软件和便利贴建立自己的移动知识库，如果觉得某个知识很重要，就真正地记录下来，写下来或画出来。

4.2.2 反思联结

在广泛吸收新知识后，我们已经积累了一定的知识。然而，这些新知识仅仅被储存在我们的脑海中，尽管我们可以流畅地复述它们，但它们与我们并没有实质性的联系。我们似乎拥有了这些知识，但并未真正掌握它们。只有将新知识与过去的知识和实践经验相结合，这些新知识才能真正为我们所用。这种将新知识与旧知识和实践经验相结合的学习过程，我们称为反思联结。

在反思联结的过程中，新旧知识的碰撞会打破我们的认知舒适区。面对这种差异，我们会通过回顾、内省、复盘和反思，找出新知识与我们的理念和行为的差异，这会激发我们的好奇心，从而自然地产生学习的动力。在反思过程中，我们首先需要解构知识的基本组成部分。这种纵向的知识解构是一种更深层次的学习反思，包括核心观点、理论依据、案例故事和应用工具。同时，在具体的情境中进行反思可以带来更真实的细节还原和具体行动（图 4-5）。

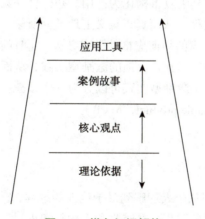

图 4-5 纵向知识解构

例如，无论你是在阅读一本书、听一堂课或阅读一篇文章，作者都会传达核心内容和观点。这些核心内容和观点，如同一级的标题，是我们在反思中首先提取的部分。比如，一本关于如何激励员工的书可能会告诉你有两种激励方法：物质激励和精神激励。其中，物质激励包括工资、奖金、股权激励等，而精神激励则包括表彰、提供荣誉、培训机会、挑战性的工作机会等。这些观点的解构使你能够直观且容易地理解。然后，你需要进一步挖掘这些观点背后的理论支撑或来源。比如，上述两种激励方式背后的理论是赫茨伯格（Herzberg）的双因素理论。这种解构可以帮助你理解"为什么"，从而能够举一反三，拓展出更多的方法。

4.2.3 跨界交互

学习不仅是一个人的冥思苦想,还是一个涉及人际交互的过程。这种交互可以打破个人经验视角的局限,带来全新的思考角度和视野。同时,跨学科的交互不仅能够开发大脑的潜力,还能汲取并整合多领域知识的精华。在商业领域,有一种观点常被提及:"打败行业领头羊的,通常不是行业的第二名,而是一个从跨界行业杀出来的黑马。"这是因为跨界可以整合两种或多种优秀的经验和思想,从而催生出更优秀的解决方案。因此,成为一个成功的跨界选手,前提是拥有多元的知识体系和强大的整合能力。

在人际交互中,来自不同背景、不同学科、不同年龄的人能够带来完全不同的视角和交互方式。这种多元化的交互可以极大地丰富我们的认知和理解。此外,知识的跨界整合也是至关重要的。优秀的学习者擅长从不同领域中发掘共性,将相通之处整合升华,从而实现知识的复利效应。我们通常更习惯于在一个知识领域中进行纵深挖掘,而对于横向跨界的训练和方法却了解甚少。

4.2.4 吸收重构

经过"以自身实际反思联结"和"与跨界互动产生复利"两个环节,我们对新知有了深刻具体的理解,是时候将其吸收重构化为己用。知行合一只是浅层次的学会,吸收重构是指"知—行—再知"的过程,从而真正意义上地掌握所学、纳新结晶。

我们开始实践运用新知识的初期应格外讲究方法。此时的实践与完全掌握知识后的驾轻就熟不同,而是从实践中得到正反馈的激励型实践,从而为下一次实践与获取新知树立信心,建立增强回路。对于激励型实践可以分为三个步骤:场景练习—反馈纠正—输出最小可行产品(minimum viable product,MVP)。

4.2.5 转化输出

转化输出是一种将知识从个人理解到赋予他人的过程,它也可以被视为一种从改变个人思维世界到改变现实世界的过程。在吸收和重构新知识后,这些知识已经在我们的大脑中形成了一个升华和闭环的过程。通过向他人输出这些知识,我们可以从他们的反馈中进一步加深对知识的理解和掌握。

在《最高学以致用法》一书中,作者将"真正促使生活发生改变的关键在于输出"作为学以致用的基本法则,并强调了输出的重要性。书中提道,输入与输出的理想比例应为3∶7。这说明,转化输出的步骤至关重要,我们可以通过输出的过程并借助外界的反馈来进行自我修正和记忆强化。

在转化输出的过程中,学习者通过自我梳理和澄清,将隐性的知识和经验提炼成显性的公示套路,从而形成实用的工具,这将更有利于我们向他人传授知识。同时,我们应该坚持多练多写,无须长篇大论,微博、朋友圈、公众号等都可以作为我们输出知识的平台。

当我们真正开始写作时，会发现我们的想法和实际表达出来的文字之间存在差距。这种差距并非源于我们的写作技巧，而是反映了我们对知识理解的深度。

4.3　学习方法的辅助工具

在理解和体验了学习过程，以及初步构建了全面的学习方法之后，本节将介绍两种高效的学习思维工具。在学习过程中综合运用这些思维工具，将它们作为学习的载体，以此来制定出适合自己的学习策略。

4.3.1　思维导图

思维导图是一种图形化的思维工具，由世界著名的心理学家、教育学家托尼·博赞（Tony Buzan）提出。其常被用于组织和表示思维过程中的观点、概念、关系和信息。思维导图以中心主题为核心，通过分支和关联来展示相关的子主题或思想，形成一个类似于树状结构的图示。这一思维工具能帮助人们更清晰地理解信息，提升学习、创新和解决问题的效率。思维导图具备三个主要原则：中心点、关键词和图形化。

1. 中心点原则

中心点原则是指只有一个中心点，但可以有好多个分中心点。按照托尼·博赞的准则，一个思维导图只允许有一个中心点，即最核心的部分，而其他所有的关键词都从这个中心点分散出来。阅读一本书的过程，就像在攀登一座山，到达山顶之前，你无法了解山的全貌，这就是"当局者迷"的道理。如果你想全面了解，就需要跳出局限，从旁观者的角度来审视全局。从局内人变为旁观者是一个漫长的过程。如果在阅读一本书或学习一门学科后，你还无法找到一个中心点，那就说明你还没有登上山顶，还没有成为一个旁观者，对整个知识体系的理解还不够深入。

中心点原则实际上反映了两种学习观：一种是自下而上的，另一种是自上而下的。当你拿到一本书时，可以先把握文章的整体脉络，然后再填充细节，这是自上而下的方式。你也可以逐步寻找中心点，最后从这些中心点向上寻找它们共同的中心点，这就是自下而上的方式。这两种方式并无优劣之分，甚至有时需要交替使用。

2. 关键词原则

关键词原则的核心在于总结思维的关键点和借助词组形式进行表达。关键词代表的是一个关键点，是思维导图的一大特征。这个关键点可以是知识点或者是思维的节点，我们的知识结构就是由一个个的知识点构成的，而我们在思考的过程中要想厘清思路，也要找到思维的节点，然后把一个个节点串起来。一个优秀的学习者总是善于找到关键点，而思维导图就是通过简短的词汇绘制关键点，来帮助我们学习和思考。关键词原则的精髓在于概括思维的核心要点，并通过词组的形式进行有效表达。

关键词作为思维导图的显著特征，代表着一个关键点。这个关键点可能是知识点，也可能是思维的节点。我们的知识结构由众多这样的知识点构建而成。在思考过程中，为了厘清思路，我们需要找到这些思维节点，并将它们有序地连接起来。

一个优秀的学习者总是擅长发现这些关键点。而思维导图则通过简洁的词汇来描绘这些关键点，从而辅助我们的学习和思考过程。为了更深入地理解和应用关键词原则，我们可以采取以下策略。

（1）提炼关键词。在学习或阅读过程中，试图提炼出最能概括和代表某个知识点或思维节点的词汇。

（2）坚持简洁明了。关键词应当简洁明了，避免使用冗长的句子或过于复杂的词汇。简单的词汇更容易记忆和理解。

（3）厘清逻辑组织。将关键词按照逻辑和层次进行组织，形成一个清晰的知识结构。这有助于我们更好地把握知识体系的脉络。

通过运用关键词原则，我们可以更有效地梳理知识结构，提高学习和思考的效率。

3. 图形化原则

图形化原则强调的是思维的层次化和可视化。一般来说，我们将图形视为一种自然的认知工具。思维导图不仅是思维逐渐细化的过程，也是知识结构逐步构建的过程。在思维导图中，各层级之间存在包含关系，这种层级关系体现了由主到次的思维方式。在思维导图中，层级之间的联系通常用线条表示。此外，同级或跨级之间也可能存在某种联系，这也可以通过实线或虚线来表示。最终，我们要绘制出的图形并非简单的文字叙述，而是对视觉化思维的一种典型表现。

值得强调的是，思维导图的形式多种多样，无论是线段还是泡泡，无论是纸质还是线上，无论图标是否美观，都只是思维导图的一种表现形式。真正重要的是思考的过程，只要能帮助我们发散思维、记忆知识、让他人听懂，那么这就是一种具有指导意义的学习形式。为了更好地利用图形化原则，我们可以采取以下策略。

（1）创新使用图形和颜色。在绘制思维导图时，可以创新使用图形和颜色来突出关键词，增强视觉效果和记忆效果。

（2）利用层级关系。通过明确的层级关系，我们可以更好地理解和记忆知识。

（3）利用线条表示关系。通过线条，我们可以清晰地表示出各个知识点之间的关系。

（4）尝试不同的形式。无论是纸质还是线上，无论是线段还是泡泡，都可以尝试，找到最适合自己的形式。

通过运用图形化原则，我们可以更有效地梳理知识结构，提高学习和思考的效率。

4.3.2 记忆辅助法

记忆辅助法，指的是人们通过视觉和空间来强化自身的记忆。事实上，人类的记忆力并无显著差异，每个人都拥有强大的视觉和空间记忆系统。有些学习技巧需要这些系统的支持，一旦运用起来，你便不必仅仅靠生硬的重复来强记知识。相反，而是通过一种充满趣味、便于记忆、富有创造性的方法，让你的视觉、听觉、触觉更容易接受和记住信息。

这些技巧不仅能释放工作记忆的空间，还能以一种奇特但逻辑清晰的方式帮助你分类记忆，从而更轻松地强化长期记忆。

例如，如果你参观一所陌生的房子，你会很快对家具的摆放、房间的布局、配色方案，甚至浴室橱柜里的备用药物有一个印象。在短短几分钟内，你的大脑就会获取并保留上千条新信息。即使几周后，你对房子的设计记忆仍然清晰。这是因为你的大脑天生就能记住地点这样的大体信息。无论古今，记忆高手都利用这种记忆手段，充分发挥了他们与生俱来的强大视觉空间记忆能力。我们的祖先没有记忆大量人名、地域、数字的需要，但他们必须记住如何在打猎三天后找到回家的路，记住营地南边的岩石陡坡上哪里能收获成熟饱满的蓝莓。因此，这种"记住物体位置和样貌"的高级能力就固化在了我们的记忆系统中。

记忆辅助法就是利用这种能力，通过激发视觉联想建立越来越多的神经联结。这种方法需要你回想一个熟悉的空间，比如自己家的布局，然后把它当成视觉形象的记事本，用来存储你想要记住的概念形象。只需在脑海中走过这个地方，你就能找到你想要记住的东西。例如，解剖学顶级教授特雷西·马格兰（Tracey Magrann）就将记忆宫殿法用于记忆由五层组织构成的表层皮肤。他想象最深的地下室就是最底层，从地下室（最底层）到屋顶（表层），需要沿着楼梯往上走。在楼梯上，满是仙人掌刺（棘细胞层）。在厨房，有人把砂糖撒了一地（颗粒层）。然后继续上楼，去楼顶前要停下来抹点防晒霜（透明层）。最后，你在楼顶享用一根玉米（角质层）。

记忆辅助工具，无论是助记图像、顺口溜，还是假想的"宫殿"，之所以有效，是因为它们能在你分心时帮你集中注意力。虽然起初你编造的字面含义十分可笑，但它们能让你注意到意义对记忆的重要性。总的来说，记忆法让你的学习更有意义、印象更深，也更具趣味性。

4.4 持续学习的四条路径

我国先秦思想家、教育家荀子曾有"不进则退，不学则殆"之训，这个朴素的终身学习观念强调了在不断变化的环境中，持续学习和保持进取心的重要性，其不仅能够使人们更好地适应时代变迁，也能推动个人的全面发展。1972年，联合国教科文组织出版发行《学会生存》一书，首次将终身学习作为描述未来社会形态的概念，引发了全球范围内的广泛关注。如本书第1章所述，终身学习是指社会每个成员为适应社会发展和实现个体发展的需要，贯穿于人一生的持续学习过程。

终身学习不仅是一种积极的生活态度，还是新时代的基本生存素质。大学教育可以使我们系统地获取知识，但在科技日新月异的今天，仅靠在校园里获得的知识并不能满足个人终身发展的需求。实际上，我们在学校里所获得的知识仅占所需知识的一小部分，更多的知识需要我们在离开学校后，在社会实践中不断学习和探索。

学习是人类的内在财富，成为终身学习者是人们追求高质量生活的重要组成部分。成功的终身学习者都有着一套完整的个人知识管理系统，他们不仅知道如何设定目标，如何消化和吸收知识，还能保持学习、提升认知、改变行为的路径持续运转。这样的正向推动能够帮助学习者养成终身学习的习惯，从而在知识的海洋中不断前行，实现自我提升和成长。

4.4.1 因果链

在个体的学习旅程中,目标设定、学习过程、认知提升和行为改变这四个环节相互交织,形成了一种紧密的因果关系链条(图4-6),这构建了个体学习的基本路径。如第2章所述,每个人的人生目标和价值观念各不相同。例如,施瓦茨价值观量表中的成就型价值观人群,他们追求在竞争中取得个人成功,因此他们的学习过程往往以此为目标。同样,当我们面临问题需要解决时,解决问题的目标也会驱动我们去学习。

图4-6 因果链

认知[①]是指人们获得知识或应用知识的过程,或者说是信息处理的过程,这是人的基本心理过程。在因果链条中,认知包括对新知识的感知、理解和分析,进而推动知识的内化、反思和转化,逐步构建起行为的理论指导。随着认知水平的提升,个体的行为也会发生相应的转变,逐渐朝着有利于实现目标的方向发展。学习为个体提供了一套全新的工具箱,使其能够更灵活地应对环境的变化和挑战。

最终,通过持续学习、认知升级与行为调整,个体逐渐接近其设定的目标。这个过程不仅是简单的线性发展,也像是一个循环的自我驱动系统。达成目标并不意味着学习的结束,反而会激发个体寻求新的目标,从而启动新一轮的学习循环。因此,这种以目标为导向的学习路径,不仅反映了个体在知识获取和认知演化过程中的内外协同,也展示了个体在学习路径中不断完善和提升的内在驱动力。

4.4.2 滞后效应

基于上述因果链条,从目标的设定到最终目标的实现,行为确实发生了变化。然而,在行动转化为最终效果之间,往往存在一定的滞后效应(图4-7)。在这个过程中,个体通过明确的目标设定激发学习动机,然后通过不断吸收知识和提升认知,逐步接近目标。但是,在行为转化为实际效果的过程中,通常会有一定的延迟。

图4-7 滞后效应

例如,小明的目标是在三个月内减掉10斤,以达到健康的状态。首先,他收集了关于健康饮食、锻炼和睡眠的知识。随着学习的深入,他对饮食和运动的认知逐渐加深,并为自己制订了每日锻炼和饮食计划。然后,他需要逐步调整饮食、逐渐增加运动强度,并

---

① 彭聃龄. 普通心理学[M]. 北京:北京师范大学出版社,2010.

建立规律的作息时间。这些行为的实施需要时间，身体各项指标不会立即改善，体重也不会瞬间减轻。因此，在实现目标的过程中，个体的努力和行为通常会出现一定的滞后，这是整个学习路径中一个值得关注的重要现象。

在滞后效应中，学习者需要克服困难，甚至反复尝试和及时调整策略，以便将新获得的认知转化为实际行动。这一现象要求我们更好地理解学习与行为之间的相互作用，并在实践中保持足够的耐心和毅力。正如古人所说："驽马十驾，功在不舍。"我们所做的每一件事都会逐步累积，并在某个时刻放大。学习也是如此，它从来不是一蹴而就的事情，而是需要经历从量变到质变的过程，才能逐渐显现出成果。

4.4.3 调整认知

从目标设定开始，通过学习和认知阶段，逐步实现行为改变，最终达成目标，形成了一条相对连贯的学习路径。然而，在认知与行为之间可能会出现冲突（图 4-8），这种认知失调现象会干扰学习路径，导致停滞在行为阶段，需要我们及时调整认知。

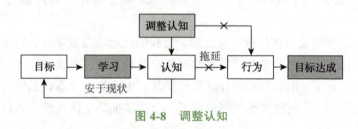

图 4-8 调整认知

认知失调理论[①]是由社会心理学家利昂·费斯廷格（Festinger L. A）在 1957 年首次提出的。该理论的核心观点是，当个体发现自己的行为与先前的认知不一致，或前后认知产生矛盾时，会产生不适和不愉快的情绪。为了消除这种不一致性并缓解压力和紧张情绪，个体会调整认知或行为。然而，在现实生活中，由于外界环境的干扰和个体对舒适区的依赖，许多人更倾向于选择调整认知这一更便捷的方法来说服自己安于现状，从而避免采取进一步的行动。

以办理健身卡为例，根据认知，我们应该每周锻炼两次。然而，由于天气等原因，我们往往无法前往健身房。在这个过程中，"应该去健身房"的认知与"不想出门锻炼"的行为产生冲突。为了解决这一冲突，我们可能会说服自己改变认知："下雨天在家多睡一会儿，补足睡眠也是健康的，少去锻炼一次无妨。"

了解认知失调理论后，在面对认知与行为的冲突时，我们应勇于接受挑战，克服困难，并将其视为成长的机会。此外，可以定期回顾和评估自己的学习路径，发现成就的同时，也关注可能导致认知与行为冲突的因素。通过积极应对、意识到问题、制订计划，并保持决心和信心，我们可以逐步克服冲突，实现学习路径的畅通。正如古人所说："路漫漫其修远兮，吾将上下而求索。"

---

① FESTINGER L. A theory of cognitive dissonance[M]. Redwood City, CA: Stanford University Press, 1957.

4.4.4 增强回路

学习的增强回路包括认知升级与达成目标后的两条正反馈回路（图4-9），这些回路促使学习者不断设定新目标并实现持续进步，形成一个自我激励的良性循环。

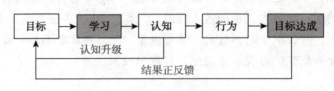

图4-9 增强回路

第一条正反馈回路发生在认知升级之后。个体通过学习获取新知识和信息，这些知识与原有的认知结构产生冲突，引发认知失调。为消除这种不协调，个体会更新原有认知模式，将新知识融入更精确的认知框架中，促使心智成长。这为完成目标提供了持续动力，形成了"目标—学习—认知升级—再确立目标"的内部变化驱动的第一条增强回路。

第二条正反馈回路发生在目标达成之后。当我们展示学习成果时，例如读完一本书并写下笔记，或在社交媒体上分享书评，我们可能会收获关注、点赞和好评。这些正反馈激励我们继续阅读和分享，形成学习路径的良性循环。无论是自我意识到的认知升级还是外部正反馈带来的激励，这两种情况共同形成了一个持续推动个体在学习和目标实现路径上前进的健康关系。

第一条正反馈回路是以一种内在的认知升级驱使着我们持续学习，获得他人的正向反馈则是我们持续学习的第二动力。我们可以使用一些方法来保持这两条增强回路，并有效对抗滞后效应和认知失调。

分享是效益涌现的触发器，敢于发声才能让自己被看见。在移动互联网时代，我们可以通过各种平台分享所学所感，找到一种属于自己的表达创作方式，构建学习的增强回路。在多个平台上创造多条反馈增强回路，虽然它们的增强效应各异，但叠加起来会持续增强。学习者可以找到增强效应最大的回路，持续投入时间和精力，提升自己的能力。

然而，分享学习成果时，可能会遇到消极反馈，这可能导致学习者停止学习。因此，我们需要正确看待反馈。当外界反馈未达到预期时，我们应不断调整、持续行动，相信坚持会带来收获。

了解因果链、滞后效应、调整认知和增强回路后，我们会发现优秀的人就是不断将自己置于增强回路中，开始一个又一个增强循环，使学习动机不断增强。

总的来说，学习的增强回路是一个复杂而有力的系统，它可以帮助我们更好地理解学习过程，并找到提升学习效率和效果的方法。只要我们能够有效地利用这些回路，我们就能够在学习的道路上不断前进，不断提升自己，最终实现我们的学习目标。

开篇案例参考答案

即测即练

扫描此码 自学自测

组织培训方法

学习目标

★ 理解组织培训方法的分类;
★ 掌握每种培训方法的含义及使用场景;
★ 掌握不同培训方法的优缺点及其适应性;
★ 理解数智化培训方法的重要价值。

开篇案例

朗坤酒店在46个地区经营了800多家酒店，企业希望它的9 000名员工在任何一家酒店都能够提供最好的客房、酒店氛围和礼貌的服务。朗坤的文化强调持续改善，经营理念强调照顾到员工和客户的感受，并且保持酒店一尘不染、井然有序。这就意味着培训对于每位员工十分必要，对于企业的成功起到极其重要的作用。

酒店会根据每一个员工的工作量身定制个人的培训计划。这有助于他们将注意力集中到每一个工作细节之处，从而完美胜任工作。朗坤使用不同的培训方法来帮助员工学习进步，包括基于讲授式培训、研讨式培训、游戏法培训、角色扮演和网络培训。企业进行这样的培训是为了让员工的学习变得有趣，同时通过交流和分享想法加强学习效果。

朗坤常用的培训方法是角色扮演法，在引导员工进行前台实操的同时帮助他们了解如何提供优质服务。培训中包括了不同的服务场景和突发情况，以此考验员工的协作能力和应变能力。在角色扮演培训中，不同小组有不同的场景任务，任务要求各小组对本场景下员工怎样提供最好服务的问题进行思考和实践。在前台工作的员工实操性强，在客户服务培训方面往往比培训师更专业，因此在员工培训中会让老员工扮演培训者的角色。朗坤对客房清洁员工采用视频培训方式，当他们需要学习如何解决在工作中经常遇到的问题时，可以使用酒店为每位员工提供的便携式DVD（数字化视频光盘）进行视频学习。

比如，员工携带DVD开展清洁工作，在自己尝试清洁之前先观看DVD学习，他们可以根据自己的学习进程选择快进或者回看。视频可以用英语或西班牙语等不同语言，以适应不同母语的员工。朗坤也会采用游戏法培训，号召不同职务、不同职级的员工一起参与，包括维护人员、前台人员、客房保洁人员和监督人员等。游戏的目标是增强员工间的凝聚力和团队协作意识，同时让他们认识到彼此沟通以及时共同解决客户问题的必要性。游戏中会给受训小组一张客房的照片，要求员工们指出哪些小细节存在问题。比如，如果电视遥控器的电池没电了，而负责的员工在清扫房间时并没有检查它是否能正常工作，那么下一个入住的客人可能因无法使用而产生不满。

当然，酒店也为新上任的经理提供培训。新任经理需完成为期18天的现场培训，此项培训由其他酒店有经验的经理担任培训者。现场培训项目结束后，新任经理还需完成为期四天的培训课程，课程由企业培训师和公司高管主讲，在课程学习的过程中，新任经理要制订一份针对自己负责酒店的工作计划。

请仔细阅读以上案例并回答下面的问题：
1. 朗坤酒店组织培训的目的是什么？
2. 朗坤酒店培训方法有哪些？他们的优缺点都是什么？

引 言

朗坤酒店在进行组织培训时,使用了几种培训方法组合的形式,以确保酒店的客房保洁人员、维护人员和前台人员能够为用户提供优质服务。对于现实生活中的大多数公司或组织来说,组织培训同样十分必要,培训需尽可能覆盖所有员工,且培训要易于开展,开放与培训的成本都需要进行整体考虑。

任何组织在思考如何进行培训前,都需要明确组织培训的目的是什么,想让员工从培训中学习到什么,在明确培训的方向后,就是培训方法的选择。通常来讲,培训方法可以分为能力学习与情境学习、组织主导与员工自主几个方向。

能力学习指组织已经为职位或者整个组织界定清晰的技能需求的学习,能力学习的方法包括讲座、集中研讨和在线培训等;情境学习指发生在工作中或日常的工作情境中的学习,情境学习的方法包括轮岗、现场示范、角色扮演、仿真模拟等。能力学习和情境学习一般都是由组织设计开发的,属于用以实现特定学习目标的正式培训活动,通常员工会被要求必须参加这两类培训,也就是组织主导的培训活动。

员工自主的培训是指组织并未明确要求进行的培训。这种培训可以是一对一的形式,也可以是小组或团队的形式,通过与他人的互动或者通过经历有挑战性的在职体验来增强与工作相关的特定的能力,通过这种培训开发获得的能力并不是工作中必需的,但是有助于员工将来职业发展。

随着万物互联和大数据时代的到来,培训的渠道和方式有所扩展,组织和员工可以通过社交媒体、智能学习系统、仿真模拟等方式进行培训、学习、互动,在数字化技术的支持下,能力学习、情境学习、组织主导、员工自主的培训方法将不受时间、地点、发起者等的限制,培训方法将进一步交融贯通。

5.1 传统指导式培训法

传统指导式培训法,是指需要指导者或培训者参与,并在培训中与受训者面对面互动交流的培训方法,通常包括讲授法和研讨法。

5.1.1 讲授法

1. 讲授法的含义

讲授法是一种使用程度最高、使用范围最广的培训方法之一,它是指培训师借助口头语言及其他辅助教具等向受训者呈现教材内容,阐明知识结构和内在逻辑,从而促进受训者理解知识和发展技能的培训方法。

2. 讲授法实施要点

(1)培训师应认真备课。培训师应熟练掌握培训内容,并熟悉讲授的知识要点、系统、结构、联系等内容，同时要注意学生反馈，调控培训活动的进行。

（2）培训师的语言表达要准确。具体而言，语言有严密的科学性、逻辑性，语言要准确、清晰、简练、生动、通俗易懂，并符合学生的理解能力与接受水平。

（3）培训师应充分贯彻启发式教学原则。讲授内容应是重点、难点和关键点，培训师要结合学员特点进行导入教学和训练，使学员在受训过程中做到主动学习。

（4）课堂讲授的内容应易于理解。培训师要尽量结合多种培训方法，使授课形式形象、生动，易于学员理解。

（5）课堂讲授的形式应多样化。培训师在讲授过程中需要使用多媒体教学器材和直观教具，并进行板书。培训师在培训过程中可提示培训要点，显示培训进程。直观教具如地图、图片、表格、模型等，培训师需要边讲边演示，以加深学员对讲授内容的理解。

3. 讲授法的优劣势

（1）优势：信息量大，有利于受训者在短时间内系统地接受新知识，提高教学效率和效果；经济有效，可以同时对许多人进行培训，节省培训成本和时间；快速直接，有利于充分发挥培训师的主导作用，激发受训者的学习兴趣，促进学员综合能力的提升。

（2）劣势：由于讲授法本质上是一种单向性的思想交流或信息传输方式，容易形成注入式教学，缺乏培训师与受训者之间必要的交流和反馈，受训人员比较被动；讲授内容与方法一般采用统一的要求和标准，无法做到因人而异、因材施教；学习效果易受培训师知识结构和讲授水平的影响。

4. 讲授法实例

水星家纺对于管理层新员工的培训内容涵盖水星家纺企业文化与发展战略、公司发展现状、职场基本商务礼仪、公司产品知识、财务管理制度、行政管理制度、人事管理与奖惩制度八个方面，这些课程均会由公司董事长、人力资源总监及相关制度的部门负责人组成的内部讲师进行现场讲授，并现场解答很多新员工入职以来工作中存在的很多困惑，培训接受程度与培训效果显著。

5.1.2 研讨法

1. 研讨法的含义

研讨法是指培训者有效地组织受训者以团体的方式就某一专题或工作中的问题进行讨论，并共同得出结论，由此让受训者在讨论过程中互相交流、启发，从而掌握有关知识和技能的一种培训方法。按照费用与操作的复杂程序其又被分成一般研讨会与小组讨论两种方式。一般研讨会多以专题演讲为主，中途或会后允许学员与培训者进行交流沟通，一般费用较高。而小组讨论则费用较低。研讨法培训的目的是提高能力，培养意识，交流信息，产生新知，比较适宜于管理人员的训练或用于解决某些有一定难度的管理问题。

2. 研讨法实施要点

（1）研讨内容要明确。培训师在根据企业和学员的情况进行会议研讨准备时，应当首先明确会议研讨的主要内容。同时，会议研讨问题要有适当的难度，研讨内容应该是学员感兴趣的，并能体现一定的培训思想。

（2）研讨运用要及时。培训讲师要根据企业和学员的需要决定何时进行研讨。为达到培训的最佳效果，应随时抓住学员的动态，以此选择会议研讨的最佳时机。

（3）研讨时间要充足。组织会议研讨，要充分保证研讨的时间，以充分发挥会议研讨的交流与合作功能，使学员对问题的认识达到应有的深度和广度。

（4）提高研讨参与率。在组织会议研讨时，培训讲师要努力提高学员的参与率，通过各种激励方法使员工在研讨过程中积极发言，提供智力支持。

（5）研讨要在指导中进行。会议研讨要在培训讲师的指导下进行。培训讲师应安排好会议成员的研讨。在参与会议研讨时，培训讲师要及时发现和纠正学员讨论方向上的错误和讨论过程中学员思维上的偏差，并给予必要指导，以使讨论顺利进行。

3. 研讨法的优劣势

（1）优势：研讨法有利于多项信息的交流和传递，学员间可以相互启发，取长补短；有利于学员开阔思路，加深对知识的理解，并促进能力的提高；要求学员积极参与，主动思考，有利于激发学习兴趣和培养学员的综合能力；形式多样，适用范围广，使用频率较高。

（2）劣势：研讨法的效率相对较低，花费时间较长；开发出科学、得体的案例颇为不易，需要培训师耗费大量的时间和精力，常常通用性不强，无法在另一场合照搬采用，显得"边际效益"不佳；题目、内容的准备对培训师的要求较高；讨论课题选择的好坏将直接影响培训的效果。因此，题目应具有代表性、难度要适当，受训者自身的水平也会影响培训的效果。

4. 研讨法实例

在西门子，经理要在新员工到公司上班之前，根据职位和新员工的背景、经验起草目标协议书。这个协议书不仅描述新员工的职位，还列出工作任务和目标及培训计划等。到公司上班后，新员工就会和经理一起讨论这份协议书，根据双方的期望和员工的表现可以调整条款，并签订协议书。此后，经理和新员工根据协议书，定期开会讨论新员工的工作表现和碰到的困难，帮助他们完成目标任务。一些经理会事先为新员工指定融入阶段的教练，这个教练必须是熟悉内外部环境、经验丰富的员工，通常是新员工的直线经理。他们为新员工提供指导和帮助，支持范围相当广泛，从解释部门工作流程、软件使用，到介绍客户、供应商，直到周边环境信息咨询，比如到哪里吃午饭等。所有进入西门子的新员工，都会收到邀请参加 SOS (siemens orientation seminar) 西门子新员工研讨会，这个为期两天的研讨会由高层管理人员为新员工介绍西门子的文化和历史，西门子在全球的发展状况，由信息安全经理介绍信息管理和安全须知，人事经理介绍综合员工发展计划、薪资结构等。

5.2　实践参与式培训法

实践参与式培训法以学习者为中心，充分应用灵活多样、直观形象的培训手段，鼓励学习者积极参与培训过程，充分调动培训者与学习者之间以及学习者与学习者之间的信息交流和反馈。实践参与式培训法可以使学习者深刻地领会和掌握所学知识,并将它们运用到实践中去,通常包括行为示范法、轮岗法、案例法、游戏法、角色扮演法。

5.2.1 行为示范法

1. 行为示范法的含义

行为示范法是指给受训者提供一个演示关键行为的模型,然后为他们提供实践这些关键行为的机会的培训方法。其强调的是一对一的现场个别指导,受训人员在有经验的老员工的指导下,学习工作程序。简单地说,其就是通过资历较深的员工的指导,使新员工迅速掌握岗位技能,通过传帮带培养出一批高技能员工。

这种培训方法建立在社会学习理论的基础上,强调学习是通过两方面进行的:其一是观察示范者演示的行为,其二是看到示范者由于使用这些行为而受到强化。行为示范法不太适合于事实信息的学习,仅适用于学习某一种技能或行为。有研究资料表明,行为示范法是传授人际关系和计算机技能的最有效的方法之一。

2. 行为示范法实施要点

(1)培训者需要具备专业度和可信性。保证培训者的专业性,让培训者对受训者来说是可信的。

(2)培训用具需要提前准备。培训前要准备好所有的用具,搁置整齐,让每个受训者都能看清示范物。

(3)培训者需要将示范和讲解结合起来。培训者需要一边示范操作,一边讲解动作或操作要领,向受训者说明示范者采用的行为与关键行为之间的关系。

(4)受训者需要及时模仿并获得反馈。示范完毕让每个受训者反复模仿实习,对每个受训者的练习给予即时的反馈。

(5)受训者需要及时回顾和总结关键行为。重新总结回顾一下关键行为,提供正确使用关键行为和错误使用关键行为的两种模式。

3. 行为示范法的优劣势

(1)优势。行为示范法的传授直接、易懂、易上手;增进新老员工之间的交流沟通;充分利用现有人员的知识和经验,少走弯路;新员工在培训者的指导下工作,可以避免盲目摸索,能很快适应岗位要求,掌握工作要领,必要时能及时填补岗位空缺,从而不影响工作效率。

(2)劣势。受训者只是接受某一方面的培训,受训技术比较单一,不利于个人全面发展;培训者某些不良的工作习惯和其本身水平的高低会影响受训者的培训效果;此外,培训者可能会因为担心新进员工对其地位和利益的威胁,从而对自身所掌握的技术和经验有所保留,不愿意指导受训者。

4. 行为示范法实例

在微软公司(以下简称"微软"),进入公司的第一步是接受为期一个月的封闭式培训,培训的目的是把新人转化为真正的微软专业人才。光是关于如何接电话，微软就有一套手册，技术支持人员拿起电话第一句话肯定是："你好，微软！"一次，微软全球技术中心举行庆祝会，员工们集中住在一家宾馆，深夜某项活动日程临时变动，前台小姐只得一个一个房间打电话通知，第二天她面露惊奇地说："你知道吗？我给145个房间打电话，其中有50个电话的第一句是'你好，微软'，在深夜里迷迷糊糊地接起电话，第一句话依然是'你好，微软'。"事情虽小，但微软风格可见一斑。微软也很重视对员工进行技术培训。新员工进入公司之后，除了进行语言、礼仪等方面的培训管理之外，技术培训也是必不可少的。微软内部实行"终身师父制"，即新员工一进门就会有一个师父来带；此外，新员工还可以享受三个月的集中培训。平时，微软也会给每位员工提供许多充电的机会：一是表现优异的员工可以去参加美国一年一度的技术大会；二是每月都有高级专家讲课。此外，公司每星期都会安排内部技术交流会。在这里，除了技术培训，微软还提供诸如如何做演讲、如何管理时间、沟通技巧等各种职业培训。

5.2.2 轮岗法

1. 轮岗法的含义

轮岗法是指组织内部有组织、有计划、定期进行的人员职位调整，通常是根据工作要求安排新员工在不同的工作部门工作一段时间，以丰富新员工的工作经验。其目的在于避免员工长期从事同一工作所带来的厌倦感和发展的停滞感，在一定程度上提高员工的工作积极性。这种培训方法期望员工进行观察学习和"干中学"，通过横向的交换，让受训者从事另一岗位工作，使他们在掌握多种工作技能的同时，增强其对工作间、部门间相互依赖关系的认识。

2. 轮岗法实施要点

（1）岗位轮换计划因人而异。要根据岗位的特点及员工的个人需求、兴趣、能力和职业倾向来定制岗位轮换计划，而不是让所有员工遵循标准步骤进行轮岗。涉及岗位专业要求差异大的、工作内容涉密的、员工能力较为单一的，都不适于进行轮岗培训。

（2）轮岗时间间隔需灵活控制。工作轮换时间长短应针对员工学习能力和学习效果而定，轮岗间隔要合理把握，如果频繁地变换工作岗位，给员工心理带来的冲击远大于工作新鲜感。

（3）配备有经验的指导者。受训者在轮换的岗位工作时，应由具有较强的沟通能力、指导能力和富有经验的指导者进行指导，最好经过专门训练，负责为受训者安排任务，并对其工作进行总结、评价。

3. 轮岗法的优劣势

（1）优势。有利于丰富受训者的工作经验，扩展他们的知识和技能，使其了解其他职位的工作内容，从而能够胜任多方面的工作；通过工作轮换，还能改善部门间的合作，使管理者更好地理解部门之间的问题，有助于提高部门运作效率。

（2）劣势。员工在各个岗位上工作时间较短，所学不精，不利于掌握某些复杂专利技术；员工频繁更换工作岗位，很可能使其在工作上敷衍了事，责任感不强，降低工作效率和工作质量；部门原有的工作关系可能被打乱，易产生新的矛盾，不利于员工关系的和谐。

4. 轮岗法实例

管理层轮岗制度为国际 500 强企业所普遍实施，并被很多企业证实是迅速培养国际化人才和复合型人才的重要手段。当年索尼在短短的三年时间内，由北京一个城市迅速扩展到全中国，现在已分别在 20 多个城市设立了分公司或办事处，产品销售与服务覆盖了几乎全部的大中城市和部分小城市。在这么短的时间内，索尼公司正是依靠有力的培训方式，使众多中方职员迅速成长起来，担负起大部分地区负责人的要职，成为公司经营管理的中坚力量。索尼一再强调的是"走在前面"的培训模式。每位新上任的中方职员都会接受"角色转化"课程的专项培训，使新员工从一名"超级销售员"向"职业经理人"过渡。人事、财务、传媒公关、物流、法务甚至总务部门都会派出专业人员集中为他们做相关业务指导，使其全面提高作为一名"指挥员"所应具备的各项素质。为了便于各地业务经验的交流，以及提高职员的综合业务水平，索尼为此建立了有效的流动机制。通过不同城市间员工的调动和不同业务间的轮换，好的工作经验被推广到其他城市，一批批精通多项业务的员工也随之成长起来。

5.2.3 案例法

1. 案例法的含义

案例法是指围绕一定的培训目的，提供一个描绘组织经营过程中实际或可能存在的问题和情景的案例，让受训者以独立或相互讨论的方式来分析和评价案例，从而提高受训者分析问题和解决问题的能力的培训方法。

2. 案例法实施要点

（1）案例应具有真实性。向受训者提供一个描述完整的经营问题或组织问题的案例，不能随意捏造。

（2）案例要和培训内容相一致。案例培训不可偏离主题，要保证受训者在案例分析中学习工作应具备的能力。

（3）受训者应提前阅读和思考案例材料。培训者应提前将案例材料发给受训者，让受训者阅读案例材料，搜集必要的信息，并积极地思索，初步形成关于案例中的问题的原因分析和解决方案。

（4）受训者应在小组内分析案例。引导培训对象组成小组来完成对案例的分析，在集体讨论中发表自己小组的看法，同时听取别人的意见。

（5）受训者应进行规律总结。讨论完成之后，培训者可以留出一定的时间让受训者自己进行思考和总结，这种总结可以是总结规律，也可以是获取知识和经验的方式。培训者还可以让受训者以书面的形式作出总结，这样受训者的体会可能更深。

3. 案例法的优劣势

（1）优势。能有效调动受训者的参与积极性，变被动接受为主动参与，可以开发受训者有效沟通、制定决策等方面的能力；将受训者解决问题能力的提高融入知识传授中，有利于受训者参与企业实际问题的解决；教学方式生动具体、直观易学；增进人际交流，培养受训者向他人学习的习惯。

（2）劣势。每一个案例都是为既定的教学目的服务的，缺乏普遍适用性，不一定能与培训目的很好地吻合；对案例质量的要求较高，很难选择合适的案例，案例的来源往往不能满足培训的需要；案例的准备时间较长，且对培训者和受训者的要求都比较高；案例所提供的情景毕竟不是真实的场景，受训者不能像当事人那样承受种种压力，因而不可避免地存在失真性。

4. 案例法实例

海尔培训的一大特色是员工自己找案例。海尔把采用过的案例收集起来，并经科学解析后形成一个标准的案例教学库。在培训时，除了通过海尔的新闻机构"海尔人"进行大力宣传以及通过上下灌输、上级的表率作用之外，重要的是由员工互动培训。海尔在员工文化培训方面进行了丰富多彩的、形式多样的培训及文化氛围建设，如通过员工的"画与话"、灯谜、文艺表演、找案例等，用员工自己的画、话、人物、案例来诠释海尔理念，从而达成理念上的共识。

5.2.4 游戏法

1. 游戏法的含义

游戏法是一种极富趣味性也较为先进的训练法，它是指通过让员工参与小游戏的过程来进行培训。游戏法具有生动、具体的特点，游戏的设计使员工在决策过程中面临很多真实存在的管理矛盾，决策成功和失败的可能性都同时存在，需要受训人员积极地参与训练，运用有关的管理理论与原则、决策力与判断力对游戏中所设置的种种遭遇进行分析研究，采取必要的措施去解决问题，以争取游戏的胜利。

2. 游戏法实施要点

（1）制定明确完善的游戏规则。如果没有游戏规则的约束和限制，游戏则无章可循，无法判定个人表现的好坏、胜负，也达不到培训目的。因此，只有制定对游戏参与者的约束制度，使游戏有章可循，游戏才能顺利进行。

（2）游戏结束后要有结果。游戏的目的是使参与者通过游戏活动的结果，加深对知识的认识和理解，有的游戏最后要在竞争中出现胜负结果，这对胜者是一种鼓励，对败者也是一种激励。宣布游戏活动结果有利于接下来的分析和评述，游戏的结果也能促使受训者深入思考。

（3）游戏要倡导竞争意识。培训中引入竞争意识并贯穿在游戏中，这是游戏所要遵循的一条重要原则，培养竞争意识是游戏法的目的之一。

3. 游戏法的优劣势

（1）优势：把游戏加入培训中，可以改变培训现场氛围，并且由于游戏本身具有趣味性，还能提高员工的好奇心、兴趣及参与意识。此外，在游戏过程中，通过参加者的互相配合，团结合作，达到改善人际关系，增加团体凝聚力的目的。

（2）劣势：一方面，游戏法培训对事先准备（即游戏设计、胜负评判等）有相当的难度要求；另一方面，游戏的实施过程比较浪费时间。

4. 游戏法实例

美国新罕布什尔州高等教育资助基金会组织在新员工走进入职培训课堂时，会通过幻灯片来对他们表示问候，上面写着："欢迎您到来！"该组织也会慷慨地为他们举办一次欧式早餐宴会。此外，他们也会收到来自总裁兼 CEO（首席执行官）德劳因（Drouin）的欢迎致辞（他外出时会指派一位高管帮他做欢迎致辞）。新员工参加入职培训的第一天，该组织的培训师会让他们参加"定向寻宝"游戏活动。在这个活动中，新员工会得到一张相关的人和物的列表以及一张地图，然后根据这张地图找到这些人和物。这不仅比听演讲要有趣得多，也会更加有效。这种将学习内容与现实世界相结合的做法不仅使这些内容更容易被理解，也更容易被运用。

5.2.5 角色扮演法

1. 角色扮演法的含义

角色扮演法是指为受训者提供一种模拟真实场景的具体情境，然后指派受训者扮演情境中的某一角色，借助扮演者的演练来增强其对角色的感受，进而培养和训练其解决问题、处理矛盾的能力的培训方法。

2. 角色扮演法实施要点

（1）明确培训目的，紧扣培训主题。所扮演的内容应是紧扣培训主题和技能的，也应是受训者在工作中可能经历的情况，既要易于表现，也要易于接受。

（2）保证场景脚本的精练、准确和真实。场景脚本应短小精悍，故事情节真实可信，语言通俗易懂，避免长篇说教。一般角色扮演活动应掌握在 5 分钟左右，最长不要超过 10 分钟，以免引起表演者和观察者的倦怠，反而忽视了重点内容，影响培训效果。

（3）受训者应掌握扮演技巧。不要边想边说，否则既容易偏离规定的情景，还容易造成语言、行动的不连贯，影响扮演活动的效果。

（4）应强调角色扮演过程中与培训有关的知识、态度和技能。为此，可以设计正反两面的角色，通过对比增强说服力，加深印象。

（5）培训者可以对表演进行录像并分析。表演结束后对培训过程和效果进行讨论时，应该结合播放录像作出总结、分析工作。

3. 角色扮演法的优劣势

（1）优势：学员参与性强，与培训讲师交流充分，能够提高学员的积极性；具有高度的灵活性，特定的模拟环境和主题有利于增强培训效果；不仅可以增加角色之间的感情交流，培养自我表达、相互认知等社会沟通能力，而且为学员提供获取多种工作生活经验、锻炼能力的机会，加强反应能力和心理素质；通过模拟后的指导可以及时认识到自身存在的问题并及时进行改善。

（2）劣势：角色扮演的效果容易受到培训者角色设计能力的影响，如果缺乏精湛的角色设计能力，可能会导致所设计的角色过于简单化、人工化，或者所设计的场景不符合培训的目的，使受训者得不到真正的角色锻炼和能力提高的机会；角色扮演的效果容易受到受训者自身特点和态度的影响，如有的受训者过度羞怯或参与积极性不高，不能很好地进入角色，从而不能充分展示自己，最终无法取得较好的培训效果；角色扮演中的问题分析可能局限于某一个小的领域或范围，不具有普遍性。

4. 角色扮演法实例

IBM 市场营销培训的一个重要组成部分是模拟销售角色。培训始终强调要保证演习或介绍的客观性，包括到某处推销的原因和希望达到的目的。同时，对产品的特点、性能以及可能带来的效益要进行清楚的说明和演习。受训者要学习问和听的技巧，以及如何实现目标和寻求订货等。该公司采取的模拟销售角色的方法是：受训者在课堂上经常扮演销售角色，培训者扮演用户，向受训者提出各种问题，以检查他们接受问题的能力。这种上课接近于一种测验，可以对每个受训者的优点和缺点进行评判。

另外，还在一些关键的领域内对受训者进行评价和衡量，如联络技巧、介绍与演习技能，与用户的交流能力以及一般企业经营知识等。对于受训者扮演的每一个销售角色和介绍产品的演习，培训者都给出评判。特别应提出的是 IBM 为销售培训所发展的具有代表性、最复杂的技巧之一就是阿姆斯特朗案例练习，它集中考虑一种假设的，由饭店网络、海洋运输、零售批发、制造业和体育用品等部门组成的，复杂的国际业务联系。在阿姆斯特朗案例练习中，受训者需要对各种人员完成一系列错综复杂的拜访。面对众多的问题，他们必须接触这个组织中几乎所有的人员，从普通接待人员到董事会成员。由于这种学习方法非常逼真，每个"演员"的"表演"都十分令人信服。所以，每一个参加者都能像 IBM 所期望的那样认真地对待这次学习机会。这种学习机会就是组织一次向用户介绍发现的问题，提出该公司的解决方案和争取订货的模拟用户会议。

5.3 数智化培训法

数智化培训法是基于网络技术、数字技术和人工智能实施的教学或学习体验，通过多媒体、互联网、虚拟现实等形式，为组织和个人提供丰富、实用、高效的新型培训方法，通常包括社交媒体培训、仿真模拟游戏培训、智能指导系统培训。

5.3.1 社交媒体培训

1. 社交媒体培训的含义

社交媒体是指用于创造互动交流的线上和移动技术，允许产生和交换由用户生成的内容。现阶段其主要包括社交网站、微博、微信、博客、论坛、播客等。

社交媒体应用能够给传统培训方式带来很大改变，能够使人力资源管理更加具有开放性与互动性，除了能够有效促进企业内部发展以外，还可以有效加强企业之间的战略合作，利用社交媒体这一工具能够有效提升企业人才管理水平，帮助企业实现更好的发展。

2. 社交媒体培训实施要点

（1）社交媒体应用需要提供资源链接。例如，网络研讨会、视频及与新的培训内容有关的文献链接，需要保证这些内容易于一键获取。

（2）信息传递需要保证迅速及时。企业中的社交媒体，如微信群、钉钉、飞书等，无论是管理层还是普通员工，都可以参与其中，组织需要在第一时间将信息传递给所有人。

（3）社交媒体培训的受众主要是年轻群体。组织中的年轻员工可以快速适应融入，并能够在社交媒体中更顺畅地发挥优势。

（4）社交媒体培训需要及时收集反馈问题。通过社交媒体渠道能够有效收集培训中反馈的问题，包括受训者在学习方面的疑问和对培训体系的建议。

3. 社交媒体培训的优劣势

（1）优势。社交媒体可以提供丰富的网络资源；通过使用标记功能确定未来的培训需求和问题；方便在正式的培训活动之前、期间和之后与学习者联系，吸引更年青一代的雇员；降低信息交流成本，以减少交通费用、会议开支，并且节省时间，提升工作效率；有利于激发员工的参与热情，有利于营造一种良好的组织内部氛围；社交媒体之中，人人皆可参与，集思广益能够激发企业的创造力，而且有利于让组织结构往扁平化的方向发展，缩短信息传递链，加快信息流通速度，减少信息失真的可能性。

（2）劣势。信息的保密性较差，如果商业机密或者是与组织战略相关的信息流出，会给组织带来极大的损失；组织内部员工在使用社交媒体时都面临"信息过量"的问题，无法一下就辨别主次，需要花费时间去分辨有效的、必要的信息；组织内部社交媒体很可能会受到不相关的信息干扰，使得员工注意力转移甚至传递错误信息。

4. 社交媒体培训实例

太二酸菜鱼是九毛九旗下的年轻子品牌，擅长互联网营销。为了提升员工的职业能力和素养，公司内部面临一些亟待解决的需求：第一，门店众多，员工分散，不易集中训练，需要线上学习平台；第二，由于学习资料无固定平台存储，员工学习培养计划难开展；第三，对于管理员来说培训过程不能查看，进度难以管控。在对比各大学习培训应用后，太二酸菜鱼选择了企业微信里的微加云学院，将其作为一个学习训练平台，把员工的学习资源整合在一起，高效安全地服务于每一位员工。企业微信已经为公司 2 000 多名员工提供了培训服务。该公司通过企业微信连接员工，利用微加云学院功能进行日常培训管理，建立了内部培训、学习、考试的一体化训练体系。

5.3.2 仿真模拟游戏培训

1. 仿真模拟游戏培训的含义

仿真模拟游戏培训是指仿真模拟和游戏可以通过个人电脑（或游戏技术，如 Xbox）

做练习，使受训者参与一个人造的现实环境做决策，从而让他们了解到决策的后果。模仿真实的工作条件，建设专门的场地，使用与工作场地相符的设备与技术，严格按照真实的情境来学习和训练如何处理工作中的实际问题。

2. 仿真模拟游戏培训实施要点

（1）分支故事类仿真模拟游戏，需要向受训者展示一种情况，并要求他们作出选择或决策。受训者以他们的决定为基础进行模拟。

（2）交互式电子数据表类仿真模拟游戏，需要给受训者提供一系列的业务标准，然后要求他们作出决策，决策将会影响到业务。决策行为会被输入电子数据表，用以展示决策是如何影响业务的。

（3）虚拟实验室类仿真模拟游戏，要求受训者与计算机上关于工作的陈述互动，在虚拟实验室中接受该工作的培训。

3. 仿真模拟游戏培训的优劣势

（1）优势。易于激发受训者学习的积极性；学习到的东西与直观、复杂的情景相联系，理解和记忆更深刻，学到的知识和技能也易于迁移；受训者可以目睹他们的决定所产生的后果，而且无须经受代价高昂的甚至是危险的或不可挽回的后果。

（2）劣势。仿真模拟游戏可能将现实过分简单化，对受训者产生一定的误导；仿真模拟游戏的环境也可能会使人缺少责任心，草率地对待；培训课程的节奏比较难掌控；对组织培训场地和成本的要求较高。

4. 仿真模拟游戏培训实例

米勒酿酒公司（Miller Brewing Company）使用一款小型游戏 Tips on Tap，帮助培训酒吧侍者如何供应好的啤酒、招待卡座客人并提供良好的服务来增加小费收入。游戏教授如何从适当的角度和高度为客人倒啤酒。受训者使用鼠标移动杯子，测量杯子与啤酒龙头之间的距离和角度，然后形成合适的"酒龙头"（一杯啤酒杯顶的泡沫）。如果在倒酒过程中酒杯被碰倒或者啤酒溢出来，就会被扣分。每次测试之后会给受训者提供反馈。小型游戏由于许多原因越来越受欢迎。在公司里，网络游戏能比传统的课堂培训更好地反复重现正确地倒啤酒的过程；对于受训者来说，这更加便于实践和易于理解；不需要使用真实的产品，从而减少了浪费，并降低了成本。小型游戏很容易参与，用音乐和图片就可以吸引受训者，学员所花的时间不到 20 分钟，开发成本较低。小型游戏可能是最适合学习技能的方法，这些技能可以通过重复来教授和学习，如倒啤酒或实施紧急程序。

5.3.3 智能指导系统

1. 智能指导系统的含义

智能指导系统是指使用人工智能进行指导的系统。智能指导系统环境有三种类型：指导、训练和授权。指导旨在提高受训者对某项内容的理解能力。训练则可以让受训者在人造环境中灵活应用技能。授权是指学员自行开发培训项目内容的能力，即借助人工智能技术，在没有人类导师指导的情况下帮助学习者获取知识和技能。智能指导系统可以提供某一领域的有关信息，以及对受训者知识水平的预期。

智能指导系统具有如下特征：第一，智能指导系统会基于受训者的工作或职能，制订符合个人需求的培训方案，并模拟受训者的学习过程。第二，管理受训者并报告培训情况，系统可以追踪并报告受训者的学习进展和活动。第三，管理培训项目和资源，按目录组织课程和学习项目，同时管理并追踪课程资源，如教师和培训者；支持管理者和受训者之间的交流。第四，在智能指导系统中可以创建新的培训课程，促进课程保持连贯性。第五，系统可以进行技能评估，创建、编辑、分配和传递评估测试，回顾受训者的成就。第六，系统可以进行自我评估追踪并比较受训者的学习与目标的差距，从而有效地调整培训过程。

2. 智能指导系统实施要点

（1）要结合学习原则进行设计。具体而言，其包括实践环节、反馈环节、提供丰富的材料，吸引学员主动参与，激发多种感官兴趣。

（2）要允许多方交流和协作。允许受训者相互之间以及受训者与培训者、专家与指导者之间的交流与协作。

（3）要开发用户友好型的培训项目。减少学习模块的用时，学习内容不能超过受训者负荷，网页不能产生歧义。

（4）要设置过渡，提供激励。在两个指导阶段之间设置平稳的过渡，为完成培训的受训者提供激励。

（5）要对系统提前进行试验性测试。在大规模开展在线学习前，至少进行一次正规的试验性测试。

3. 智能指导系统的优劣势

（1）优势。使用灵活，符合分散式学习的新趋势，受训者可灵活选择学习进度，灵活选择学习的时间和地点，灵活选择学习内容，节省了受训者集中培训的时间与费用；系统上的内容易修改，且修改培训内容时，无须重新准备教材或其他教学工具，组织培训后期成本低；可及时、低成本地更新培训内容；智能指导系统可充分利用网络上大量的声音、图片和影音文件等资源，增强课堂教学的趣味性，从而提高受训者的学习效率。

（2）劣势。培训成本较高，要求企业建立良好的智能指导系统，这需要大量的培训资金；该方法主要适合知识方面的培训，一些如人际交流的技能培训就不适用于网上培训方式。

4. 智能指导系统实例

实例一：正泰集团作业指导 AR（增强现实）可视化。新手员工不犯难，熟练的"老师傅"宝贵又稀缺，面对复杂的电力设备、厚厚的作业指导书，新手员工往往无从下手。针对这一难题，2021 年，正泰集团打造了一套"AR 配电运维系统"。"AR 配电运维系统"，以可视化方式将作业指导书内容配置导入，新手员工佩戴 AR 眼镜，扫描设备二维码就能看到该设备的作业指导内容，按照提示便可一步步进行规范操作。除了设备的图片、文字、PDF（可移植文档格式）文件等，设备上还有一个小按钮也能显示出对应的文字说明，极大提高了人员现场作业规范水平和工作效率。新手员工再也不用手忙脚乱地在现场翻阅厚厚的作业指导书，便捷高效地完成运维工作不再是难事。

实例二：联邦快递公司在全世界都有文件中心和航运中心，并且雇用了20 000多人。其学习管理系统包含一个软件包，为每位雇员提供个性化的培训，安排教室，追踪雇员的学习进展，管理培训课程的所有方面，并通过受训者个人电脑制订学习计划（学习计划的制订基于他们的工作，包括其管理者的需求和他们的个人利益），接着传递电子学习课程，方便受训者培训学习。

5.4 培训方法的选择

本章的前三节系统介绍了三类培训方法，分别是传统指导式培训法、实践参与式培训法和数智化培训法，并针对这三类培训方法的具体内容，梳理了其含义、实施要点、优劣势和实例。表5-1总结了三类培训方法在学习内容、成本和有效性等三个方面的对比，为培训方法的选择提供了依据。

表 5-1 三类培训方法的对比

项 目		传统指导式		实践参与式				数 智 化		
		讲授法	研讨法	行为示范法	轮岗法	案例法	游戏法	角色扮演法	社交媒体培训	仿真模拟游戏培训	智能指导系统
学习内容	目标性	中等	中等	高	高	高	中等	高	中等	中等	高
	实践性	低	中等	高	高	中等	中等	中等	中等	高	高
	意义	中等	中等	中等	高	中等	中等	中等	中等	高	高
	言语信息	是	是	否	否	是	是	否	是	是	是
	认知能力	是	是	是	是	是	是	是	是	是	是
	态度	是	是	否	否	是	是	是	是	否	是
	运动技能	否	否	是	否	否	是	否	否	是	是
	反馈	低	高	高	高	中等	高	中等	中等	高	高
	观察互动	低	高	高	高	高	高	高	高	高	高
	成果转化	低	中等	高	高	高	高	高	高	高	高
成本	培训效率	低	中等	高	中等	中等	中等	中等	中等	中等	高
	开发	中等	低	中等	中等	中等	中等	中等	中等	高	高
	管理	低	中等	中等	中等	低	低	中等	低	低	低
有效性		言语信息传递有效性较高	受训者互动性较高	高	中等	中等	中等	中等	中等	高	高

（1）如果培训内容以言语信息为主，要求培训成本较低，言语信息传递有效性较高，那么传统指导式培训法是比较合适的选择。在传统指导式培训法中，如果对实践性、言语

互动有一定要求,那么应该选择研讨法。相反,如果对实践性要求低,但对言语信息要求高,那么应该选择讲授法。

(2)如果培训内容以运动技能为主,要求培训有反馈、观察互动,且对培训转化、培训有效性要求较高,那么推荐选择实践参与式培训法中的行为示范法、数智化培训法中的仿真模拟游戏培训和智能指导系统这三种方法。在这三种方法之内,如果需要控制培训成本,那么推荐实践参与式培训法中的行为示范法,这是因为数智化培训法中的仿真模拟游戏培训和智能指导系统的管理和开发成本较高,而行为示范法的管理和开发成本中等。

(3)如果培训内容以认知能力为主,不涉及运动技能,但对观察互动和成果转化有一定的要求,且对开发和管理成本有严格控制(即成本不能太高),那么推荐实践参与式培训法中的轮岗法、案例法、游戏法、角色扮演法,以及数智化培训法中的社交媒体培训。上述方法中,如果需要较低的管理成本,那么实践参与式培训法中的案例法和游戏法较为合适。

总之,组织培训中应该根据学习内容、成本和有效性三个维度,选择合适的一种培训方法或多种培训方法组合。事实上,没有最好的培训方法,只有最合适的培训方法,而符合组织培训目标和需要的培训方法,往往就是最合适的培训方法。

开篇案例参考答案

即测即练

学习与培训过程及转化

学习目标

★ 掌握学习过程、培训过程、学习转化和培训转化的定义；
★ 了解学习与培训过程及转化模型；
★ 掌握个人学习理论和组织培训理论；
★ 掌握培训成果转化的三个理论；
★ 理解学习过程与培训转化的提升策略。

开篇案例

　　胜达公司是一家专门提供有线通信网络整体解决方案的高科技公司。近年来，其凭借领先的科技实力，取得了良好效益。公司高层管理者认识到，作为新兴高科技产业，只有持续不断提高员工素质才能在发展迅猛、竞争激烈的通信产业中立于不败之地。因此，胜达公司近两年与颇具知名度的东升培训公司合作，组织了几次大型培训。但令高层领导困惑的是，钱投了不少，培训效果却不理想。

　　在技能培训中，小刘在参训前就向培训负责人反映："培训所使用的新机器比我实际操作的那台复杂，按照说明书和规范进行操作时也总是出错。"很多员工也满是疑问："我们操作演练使用的那几台机器与我们正在使用的型号完全不同！"培训负责人回应道："我们采用的是市面上最前沿的机器，当前你们尚未掌握操作要领和技巧，而这次培训就是帮助你们，你们要学以致用。"培训结束后，员工们虽能规范使用新机器，但此次培训对实际操作没有任何帮助。

　　技能培训后，胜达公司还为中高层管理人员安排了MBA（工商管理学硕士）课程。可课程环节设置简单，仅由培训师讲解理论知识，为节省培训时间而省略培训后的总结和反馈环节，也未给予员工实践机会。很多老员工说："我们都一把年纪了，能力也就这样，学习这样的理论像是在听天书，很难转化到实际工作环境中。"结果，培训课程中，有的老员工推脱说工作太忙了，有的干脆请病假不来了。

　　资料来源：SATE 培训管理模式 [EB/OL]. https://wenku.baidu.com/view/b7473bf941323968011ca300a6c30c225801f02b?fr=xueshu&_wkts_=1692798448940.

　　请仔细阅读以上案例并回答下面的问题：
　　1. 胜达公司在培训管理方面存在哪些问题？
　　2. 结合本章的知识，请对以上的问题提出解决方案。

引　　言

　　尽管胜达公司闻名遐迩，在培训投资上作出了极大耕耘，但管理层违背了组织培训的管理流程，导致培训计划既无特色又无针对性，一味地希望员工有所改变，却忽视员工如何才能运用培训所得知识带来更好的工作成效，轻视培训结果的总结与反思，最后高投资只能产生低回报。因此组织若想取得成果，必须重视学习与培训的过程及转化，让学习与培训产生真正应有的价值。

　　"纸上得来终觉浅，绝知此事要躬行。"自古以来，前人都在强调要学以致用。对于组织来说，真正的学习转化不仅需要员工在培训过程中有所收获，而且需要他们回到工作岗位之后展现出实实在在的行为转变。如果培训不能适应工作的需要，或者无法被有效应用在工作场景中，那么通过培训获得的知识、技能、行为和态度则往往难以创造很大的价值。

> 对于个体的学习与发展来说亦是如此。当今时代人才的竞争越演越烈，要想具备竞争优势就要不断汲取知识养分，保持终身学习的积极态度。个体也应该将所学所得应用在学习场景中，将所学知识在个人成长发展的路径中体现出来，以帮助自己达成人生目标。如果个人所学知识没有被有效转化在学习与工作场景中，那么所学的知识、技能、行为和方式也很难创造价值。
>
> 本章将不再局限于"转化是如何发生的"或"转化的实际效果是怎样的"这些问题，而是从个人层面和组织层面的视角出发，我们首先明确什么是学习与培训转化，掌握个人学习、组织学习和培训转化的多个理论，理解不同理论间的内在逻辑。同时思考作为学生，如何将这些理论运用到自己的实际生涯中；立足企业，如何帮助受训者更好地获得并推广学习成果。最后，我们关注如何将这些理论渗透到实际的工作和学习环境中，提出学习过程与培训转化的提升策略，以帮助受训者获得预期的学习与培训转化效果。

6.1 培训过程及转化概述

现代组织环境中，学习不再只是知识的积累，培训也不仅是知识的传递。学习和培训必须与组织战略紧密衔接，成为组织变革和员工创新的推动力，这并不是一项简单的任务。在实践中，无论是个人学习，还是组织培训，在转化中都面临种种挑战：从课堂到工作场所的无缝衔接、从理论到实践的平稳过渡、从个人学习到组织应用等。本节将介绍学习过程与培训过程，学习转化与培训转化，帮助读者对学习与培训过程及转化有整体的认知和把握。

6.1.1 学习过程与培训过程

学习过程与培训过程都是组织培训的管理流程中非常关键的部分，两者合二为一、相辅相成，与组织战略紧密相连，对激活组织内生力和提升员工绩效都有着重要作用。

1. 学习过程

学习是指个体获取知识和技能，培养态度、塑造行为习惯的过程，是指人的能力上一种相对持久的变化，这种变化并非自然成长过程的结果。学习过程是学习的管理流程中一个关键部分，即受训者将他们所学的东西转移到记忆中并能回忆起来。学习过程是个体通过获取、理解、整合和应用信息的动态过程，旨在获得新的知识、技能、态度或行为。这涉及接触新信息、将其与现有知识连接、在实际情境中应用并通过反馈进行调整的循环过程。

学习过程包括预期、知觉、加工存储、语义编码、长期储存、恢复、推广、回馈八个步骤（表6-1）。预期是指学习者代入学习过程中的一种思想状态，包括以下方面：培训前的准备（学习动机、基本的技能）、对培训目标的理解、判断学习，以及将学习成果应用于工作中可能带来的益处。知觉是指对从环境当中获取的信息进行组织整理，使其经过加工处理后能成为行为指南。加工存储和语义编码都与短期记忆有关。在加工存储中，会出现信息的编排和重复，使得资料可以被编入记忆中。研究表明每次存储的信息不宜超过五条。语义编码指信息来源的实际编码过程。当信息被关注、编排和编码后，它们就可以存入长期记忆中。为应用所学内容，必须恢复对这些内容的记忆。恢复包括找到存于长期记忆中的学习内容，然后用它来影响绩效。学习过程很重要的一项内容不仅是能准确重复学过的内容，而且是能在类似而又不完全相同的环境中应用所学内容，这就是推广。最后，回馈是指通过学习者运用所学内容所获得的反馈，使学习者采取更切实可行的行动的过程，它还能提供对工作绩效进行激励或强化的信息。

表 6-1　学习过程及其具体指导

学习过程	指导要项	指导形式
预期	告知学习者学习目的	• 说明预期绩效 • 指出需要口头回答的问题
知觉	展现具有不同特征的刺激物	• 增强感觉到的事物特征 • 利用图表和文中的数字强调这些特点
加工存储	限制学习量	• 将较长的资料分段 • 提供学习资料的视觉图像 • 实践并重复学习
语义编码	提供学习指导	• 提供语言线索以形成正确顺序 • 为较长的有意义的上下文提供语义联系 • 利用图表和模型揭示概念之间的联系
长期储存	对学习内容进行加工	• 为资料展示及回忆提供不同的上下文和背景设置 • 将新学习的资料和以前掌握的信息联系起来 • 在实践的过程中提供不同的背景资料
恢复	提供用于记忆恢复的线索	• 提供能够清楚回忆起资料的线索 • 使用熟悉的声音或节奏作为线索
推广	增强记忆和学习成果的应用	• 设计与工作环境一致的学习成果转换环境 • 为有附加难度的信息提供语句联系
回馈	为绩效改进提供反馈	• 对绩效的正确性与适时性提供反馈 • 确认是否满足了预期需求

资料来源：GAGME R. Learning processes and instruction[J]. Training research journal, 1996, 1(1): 17-18.

2. 培训过程

培训过程即组织培训管理流程中培训师的教学实施部分，是培训师通过教学和学习支持而帮助受训者丰富知识、提升技能、增加经验的过程。此过程中，培训师需要关注受训者的学习效果，根据受训者的学习情况进行调整，当一位培训师开展培训课程时，通常需要完成以下工作内容。

（1）制定教学大纲。根据培训目的和受训者的需求，制定教学大纲，列出培训内容的详细计划。教学大纲应该明确课程的目标和学习重点，以及需要受训者掌握的技能和知识点。

（2）制订课程计划。在教学大纲的基础上，制订课程计划，明确每节课的主题、讲解内容、教学方法、教学媒体等。课程计划需要合理分配时间，确保每个知识点都能得到充分讲解。

（3）准备教学材料。根据课程计划，准备教学材料，包括 PPT（演示文稿）、课件、手册等，确保这些材料可以有效地帮助受训者理解培训内容。教学材料应该简洁明了，重点突出，易于理解和掌握。

（4）开展授课和演示。在培训课程中，培训师需要开展授课和演示，将知识点和技能讲解给受训者，让受训者能够理解并熟练掌握。授课和演示需要语言清晰、逻辑严密，注重互动和参与，让受训者能够积极参与讨论和提问。

（5）开展案例分析和讨论。为了更好地帮助受训者理解培训内容，培训师需要引导受训者开展案例分析和讨论，让受训者通过实际案例和场景模拟，更好地理解培训内容，掌握培训技能。

（6）进行考试或测试。在培训课程结束后，培训师需要进行考试或测试，以检验受训者掌握的知识和技能，确定培训效果是否符合预期目标。考试或测试可以帮助受训者自我评估和反思，以便更好地提高自身能力。

6.1.2　学习转化与培训转化

1. 学习转化

学习转化即学习成果转化，指个体将学习过程中积累的知识、技能、情感、人际能力运用到个体成长发展环境中，将学习成果转化为实际行动。

要想有效地实现学习成果转化，首先应该学会对自己所学内容有深入理解，把学习概念融入自身，使其变得更加深刻。学习成果转化不仅要想到如何把学习内容转换为实际解决问题的能力，也要将它们融入自身思考和行动中去。

其次，应该学会及时将所学内容运用于实践场景中，以便及时反馈。及时地将学习内容应用到实践中，可以让自己对学习的内容有更深的理解和掌握，也可以为自己提供宝贵的实践经验，从而更能够轻松地实现学习内容的转化。

再次，还要定期总结和反思自己的学习过程，及时发现所学内容的不足之处，并及时采取对应的措施进行矫正，才能保证学习成果的质量。只有不断地反思和总结，才能使学习成果更有助于具体行动的落实，而不是停留在知识的孤岛上，无从实践应用。

最后，我们要明白，学习成果的转化需要我们的持久努力，而不是一蹴而就的。只有通过长期积累，才能获得足够的实践经验，只有不断积累，才能真正把学习成果转换为实践能力，从而为自己的发展打下坚实的基础。

综上所述，学习成果转化是一个需要坚持、持续不断的过程，是我们提升自身实践能力和实现个人目标的重要手段。想有效地实现学习成果转化，除了要努力把学习内容融入自身思维和行动中，还要及时将所学内容运用到实践中，并不断反思和总结，为自己的发展奠定坚实的基础。

2. 培训转化

许多学者曾经对培训成果转化有过论述。鲍德温和福特（Baldwin&Ford，1988）认为培训转化是将在培训过程中获得的技能推广到实际的工作环境中，并且始终保持这种获得的技能的过程。斯温尼（Swinney，1989）将培训转化定义为一种课堂效果与期望现实环境中发生的绩效两者之间的有机联系。纽斯姆（Newstrom，1992）指出培训转化是指受训者将培训中所学的知识、技能、行为方式和认知策略有效且持续地运用于工作当中。泰勒（Taylor，1997）将工作场所的培训成果转化定义为受训者将参加培训获得的知识、技能有效地运用到工作当中。此外，布罗德（Broad，1997）对培训成果转化的定义是：受训者持续并有效地将培训活动中获得的知识和技能应用到个人、组织或社团的任务中，这些任务是在他的职责范围之内的。虽然这些定义在字面上有些差别，但归根到底培训成果转化强调的是以下两方面的内容。

（1）我们期望受训者在什么样的情形和什么样的行为中运用他们在培训活动中所获得的知识、技能等。也就是说，培训者要确定三个方面的问题：我们期望受训者在培训之后改变的行为，培训成果转化发生的频率和情景，受训者在面对变化的工作情景时能够应用所学内容的程度。

（2）我们期望受训者学习到的知识、技能、情感和人际能力在工作中保持多久以及在工作中哪些因素能够促进知识和技巧的发展。

综上所述，本书认为培训转化也称为培训成果转化，是指受训者持续而有效地将其在培训中获得的知识、技能、情感和人际能力运用于工作当中，从而使培训项目发挥其最大价值的过程。当个人的知识、技能、情感和人际能力的转变与组织需求紧密联系在一起时，培训成果转化就成为核心问题。企业如果要通过培训提高个体与组织绩效，就必须了解培训成果是如何转化的。

6.1.3 学习与培训过程及转化模型

早在 1988 年，鲍德温和福特就提出了影响培训成果转化的因素的模型，该模型认为受训者特征、培训项目设计和工作环境是影响培训成果转化的三个主要因素（图 6-1）。该模型包括三个部分：一是培训投入（包括受训者特征、培训项目设计和工作环境）；二是培训投入影响的培训产出（学习过程与培训过程）；三是如何推广和维持所学内容，它既直接受到培训投入的影响，也以学习过程为中间变量受到培训投入的间接影响。概括来说，培训转化就是通过培训投入获得新的知识和技能，并将其在受训者的学习过程中加以保存，然后在适当的工作情境中加以维持和推广的过程。

本书在鲍德温和福特提出的培训转化模型基础上，强调了将受训者的学习过程与培训过程作为转化条件的重要中介作用，形成学习与培训过程及转化模型，如图 6-1 所示，学习与培训转化包括将学习与培训成果推广至工作中以及对所学内容的维持。推广能力是指

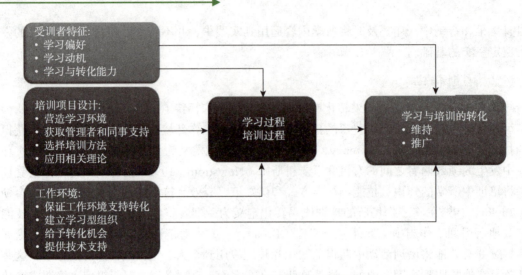

图 6-1　学习与培训过程及转化模型

受训者将所学所得应用到与学习环境相似的工作场合的能力。维持能力是指受训者随着时间的推移继续使用他们在培训中所学所得的能力。

认识到学习转化和培训转化对有效培训的必要性至关重要。受训者可能未将培训内容应用于工作中或错误地将培训内容应用于工作中，也许是因为培训不利于学习，但工作环境可以为他们提供机会使用培训内容。此外，认为应在培训结束后关注培训转化的观点是错误的。相反，培训转化应在培训的设计或开发期间得到关注。如果等到培训结束后才考虑培训转化，很可能为时已晚。受训者对工作环境的感知及其对培训的支持很可能影响他们的学习动机，甚至影响其学习。

6.2　个人学习理论

在了解学习过程后，我们需要深入挖掘完成整个学习过程中需要应用到的理论，其包括个人层面和组织层面。本节将重点介绍个人学习理论，包括目标设置理论、成人学习理论、社会学习理论、信息加工理论和资源保存理论，这些理论更多从个人层面分析学习动机、学习过程、学习态度与学习行为，能够帮助我们营造一个更有利于个人学习的发展环境。

6.2.1　目标设置理论

目标设置理论认为一个人的行为方式是由其有意识的目标和意图决定的。目标会通过引导个体精力和注意力的分配、保持长时间的努力、制定实现目标的策略来影响行为方式。目标本身就具有激励作用，目标能把人的需要转变成动机，使人们的行为朝着一定的方向努力，并把自己的行为结果与既定目标相对照，及时进行调整和修正，从而实现目标。这种将需要转化为动机，再由动机支配行动以达成目标的过程就是目标激励。

1. 目标难度

目标可以是容易的，如 20 分钟内做完 10 道题目；中等的，20 分钟内做完 20 道题目；难的，20 分钟内做完 30 道题目，或者是不可能完成的，如 20 分钟内做完 100 道题目。目标应当具有挑战性，又能够实现。正如班杜拉总结的那样："相当容易的目标不足以引起很大的兴趣和努力；适当困难程度的目标可以维持高的努力和通过该目标成就产生满足感，而超过个人所实现的目标会通过产生失望和非效能感而降低动机。"

难度依赖于人和目标之间的关系，同样的目标对某人来说可能是容易的，而对另一个人来说可能是难的，这取决于他们的能力和经验。一般来说，目标的绝对难度越高，人们就越难实现它。有 400 多个研究发现，绩效与目标的难度水平呈线性关系。当然，这是有前提的，前提条件就是完成任务的人有足够的能力，对目标又有高度的承诺。在这样的条件下，任务越难，绩效越好。一般认为，绩效与目标难度水平之间存在着线性关系，是因为人们可以根据不同的任务难度来调整自己的努力程度。

2. 目标清晰度

目标内容可以是模糊的，如仅告诉被试"请你做这件事"；目标也可以是明确的，如"请在 10 分钟内做完这 25 题"。明确而具有挑战性的目标比模糊或总体性的目标能导致更高的绩效水平。

明确清晰度是工作目标的另一个重要的属性，体现在工作任务的内容和方向、最后完成期限和应达到的绩效标准等方面。要使目标能引导个体的努力，它必须清晰而具体，这样个体就知道他要干什么，而用不着去猜。门托（Mento）等人 1992 年的研究发现，"尽最大努力去做"这种目标具有很大的弹性。人们没有标准来确定自己到底怎样，就算是尽了最大的努力。这种目标的内在模糊性让人们在评价自己的绩效时也有很大的弹性，就是说有可能对低等的或中等的绩效感到满意，这样他就可能没有足够的动力去追求最好的绩效。所以，这种目标虽有挑战性，但导致的绩效并不理想。

有很多证据表明上述发现是有普遍性的。洛克和拉塞姆（Locke and Latham）在 1990 年做了 88 种不同任务的目标设置研究，涉及的领域包括谈判、驾驶、教学、保健、伐木、保险、体育、技术工作、管理工作等，上述结论在这些现场研究中都得到了很好的重复。这些研究用了将近 4 万名被试，包括男性、女性、黑人、白人、经理、学生、工程师、科学家、大学教授。尽管大多数研究是在美国和加拿大做的，但在澳大利亚、加勒比海地区、英国、德国、伊斯兰国家和日本等国家和地区的研究中也发现了相似的重要结论。这表明目标设置理论的研究结果可以适用于不同的文化环境中。目标设置理论模型如图 6-2 所示。

6.2.2 成人学习理论

成人学习理论是在满足成人学习这一特定需要的理论基础上发展起来的。教育心理学家认识到了正规教育理论的局限性，于是开发了"成人教学法"，即成人学习理论。美国著名教育心理学家马尔科姆·诺尔斯（Malcolm Knowles）在他所著的《被忽略的群落：成

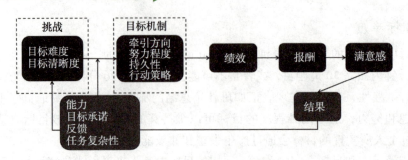

图 6-2　目标设置理论模型

人学习者》一书中对这一理论进行了全面阐述。诺尔斯认为,以往的学习心理学大多建立在有关动物和儿童学习实验的基础上,不适合于成人学习的心理特点,所以,要科学地说明成人学习,必须运用最近对成人心理发展的研究成果,不能照搬儿童教育学运用的心理学理论,而应当运用一种有机的、具有能动性的心理学理论,尤其是马斯洛、罗杰斯(Rogers)的人本心理学理论。

1. 理论假设条件

(1)知识需求。成人需要知道他们为什么要学习。

(2)自我指导。成人有进行自我指导的需求,成人需要对他们的教育决策负责,并且参与他们的教学计划和评估。

(3)基础或经验。成人能给学习带来更多的与工作有关的经验,这些经验构成了他们学习的基础。

(4)学习导向。成人学习是以问题为中心而不是以内容为导向。任务导向型学习可以锻炼他们解决问题的能力。

(5)动机。成人学习是由内部动机驱动的。相对于外部激励,成人对内部动机的反应更好。

(6)意愿或准备。成人的学习意愿来自对知识相关性的感知。当他们知道知识对自己有直接价值时,他们学得最好。

2. 成人学习法则

成人学习理论认为,成人比儿童具有更多的经验和更强的学习能力,能够更好地理解新鲜事物及掌握它们的认知结构。成人学习是认知结构的组织与再组织,成人学习遵从以下四个法则:

(1)效果法则。他们的学习需要在愉快的环境和氛围中进行;

(2)练习法则。他们的学习需要通过大量的练习来加深印象;

(3)联想法则。理论联系实际有利于成人对认知对象的掌握;

(4)有备法则。他们往往是在有需求的时候才选择学习,有一定的目的性。

3. 成人学习理论的应用

成人学习理论对培训项目的开发十分重要,企业培训者在教学中应遵循以下培训原则，才能保证培训的成功。

（1）为员工创造安全感、尊重感、参与感和拥有感。由于成人员工具有独立的人格，渴望在学习中得到别人的尊重和理解，所以培训者一定要注重使成人员工在学习环境和过程中具有安全感。让员工有安全感的原则之一是尊重员工，将他们当作学习的主体。

（2）学习任务、学习小组及学习材料和教室环境的设计都要让员工感到，这种学习经历对他们来说是适合的、有用的，是有利于他们个人职业发展的。

（3）用多种方法鼓励员工参与学习。由于成人员工的年龄、学历、职务差异较大，而且他们都具有独立的个性，喜欢以自己长期以来形成的不同的学习方法安排自己的学习，学习的目的性较强且以解决自己工作和生活中的问题为核心。所以培训者要区别对待不同的员工，采用多种方法发动员工参与学习活动。

6.2.3 社会学习理论

社会学习理论是探讨个人的认知、行为与环境因素三者及其交互作用对人类行为的影响。按照班杜拉的观点，以往的学习理论家一般都忽视了社会变量对人类行为的制约作用。他们通常是用物理的方法对动物进行实验，并以此来建构他们的理论体系，这对于研究生活于社会之中的人的行为来说，似乎不具有科学的说服力。由于人总是生活在一定的社会条件下的，所以班杜拉主张要在自然的社会情境中而不是在实验室里研究人的行为。

1. 观察学习

班杜拉的社会学习理论所强调的是这种观察学习或模仿学习。在观察学习的过程中，人们获得了示范活动的象征性表象，并引导适当的操作。观察学习的全过程由四个阶段（或四个子过程）构成。注意过程是观察学习的起始环节，在注意过程中，示范者行动本身的特征、观察者本人的认知特征以及观察者和示范者之间的关系等诸多因素影响着学习的效果。在观察学习的保持阶段，示范者虽然不再出现，但他的行为仍给观察者以影响。要使示范行为在记忆中保持，需要把示范行为以符号的形式表象化。通过符号这一媒介，短暂的榜样示范就能够被保持在长时记忆中。观察学习的第三个阶段是把记忆中的符号和表象转换成适当的行为，即再现以前所观察到的示范行为。这一过程涉及运动再生的认知组织和根据信息反馈对行为的调整等一系列认知和行为的操作。能够再现示范行为之后，观察学习者是否能够经常表现出示范行为要受到行为结果因素的影响。行为结果包括外部强化、自我强化和替代性强化。班杜拉把这三种强化作用看成学习者再现示范行为的动机力量。

2. 交互决定论

班杜拉的社会学习理论还详细论述了决定人类行为的诸种因素。班杜拉将这些决定人类行为的因素概括为两大类：决定行为的先行因素和决定行为的结果因素。决定行为的先行因素包括学习的遗传机制，以环境刺激信息为基础的对行为的预期，社会的预兆性线索等决定行为的结果因素包括替代性强化（观察者看到榜样或他人受到强化，从而使自己也倾向于作出榜样的行为）和自我强化（当人们达到了自己制定的标准时，他们以自己能够控制的奖赏来加强和维持自己行动的过程）。

为了解释说明人类行为，心理学家提出了各种理论。班杜拉对其中的环境决定论和个人决定论提出了批判，并提出了自己的交互决定论，即强调在社会学习过程中行为、认知和环境三者的交互作用。班杜拉指出，行为、个体（主要指认知和其他个人的因素）和环境是"你中有我，我中有你"的，不能把某一个因素放在比其他因素重要的位置，尽管在有些情境中，某一个因素可能起支配作用。他把这种观点称为"交互决定论"。

3. 自我调节理论

班杜拉认为自我调节是个人的内在强化过程，是个体通过将自己对行为的计划和预期与行为的现实成果加以对比和评价，来调节自己行为的过程。人能依照自我确立的内部标准来调节自己的行为。按照班杜拉的观点，自我具备提供参照机制的认知框架和知觉、评价及调节行为等能力。他认为人的行为不仅受外在因素的影响，也受通过自我生成的内在因素的调节。自我调节由自我观察、自我判断和自我反映三个过程组成，经过上述三个过程，个体完成内在因素对行为的调节。

4. 自我效能理论

自我效能是指个体对自己能否在一定水平上完成某一活动所具有的能力判断、信念或主体自我把握与感受，也就是个体在面临某一任务活动时的胜任感及其自信、自珍、自尊等方面的感受。自我效能也可称作"自我效能感""自我信念""自我效能期待"等。

班杜拉指出："效能预期不只影响活动和场合的选择，也对努力程度产生影响。被知觉到的效能预期是人们遇到应激情况时选择什么活动、花费多大力气、支持多长时间的努力的主要决定者。"班杜拉对自我效能的形成条件及其对行为的影响进行了大量的研究，指出自我效能的形成主要受五种因素的影响，包括行为的成败经验、替代性经验、言语劝说、情绪和生理状态以及情境条件。

（1）行为的成败经验指经由操作所获得的信息或直接经验。成功的经验可以提高自我效能感，使个体对自己的能力充满信心，反之，多次的失败会降低对自己能力的评估，使人丧失信心。

（2）替代性经验指个体能够通过观察他人的行为获得关于自我可能性的认识。

（3）言语劝说包括他人的暗示、说服性告诫、建议、劝告以及自我规劝。

（4）情绪和生理状态也影响自我效能的形成。在充满紧张、危险的场合或负荷较大的情况下，情绪易于唤起，高度的情绪唤起和紧张的生理状态会降低对成功的预期水准。

（5）情境条件对自我效能的形成也有一定的影响，某些情境比其他情境更难以适应与控制。当个体进入一个陌生而易引起焦虑的情境中时，会降低自我效能的水平与强度。

6.2.4 信息加工理论

信息加工理论旨在确认个体获取、使用和储存信息的方式。从这个观点出发，认知发展的特征表现为信息加工上与日俱增的复杂度、速度和能力，它强调当人们试图解决问题时所使用的不同类型的"心理程序"。说到信息加工就得说到它的三个基本方面：编码、存储、提取。

（1）编码是指最初将信息以可以用于记忆的形式记录下来的过程，将原始信息转换为可用于记忆的形式。

（2）存储是指将信息放置于记忆中，以便将来成功提取并使用这些信息。

（3）提取是指对存储在记忆中的信息进行定位，将其代入意识中并使用的过程。

我们可以这样理解，编码是键盘，存储是计算机硬盘，提取就是计算机的软件，当且仅当这三个过程都在运行时，才能够加工信息。这种信息加工的能力是可以不断通过学习得到强化的。

6.2.5 资源保存理论

资源保存理论是一种压力理论，该理论认为人们有建立、维护和拓展自己资源库的动机，以保护自我和支持自己的社会关系。拥有资源的人会有能力获得更多的资源，相反，最初资源的失去也会导致更进一步的损失。

按照霍布福尔（Hobfoll, 1989）的最初定义，资源是指个体认为对其有价值的事物或者可以帮助其获得有价值事物的途径。霍布福尔还区分了四种不同类型的资源，分别是物质资源、条件资源、个体特征资源和能量资源。

物质资源如汽车、房产和开展工作所需的工具等，其价值源自它们固有的物理属性或所蕴含的个体身份地位信息（通常取决于事物的稀缺性和人们的获取成本）；条件资源如婚姻、职位和资历等，其价值源自它们对个体未来工作和生活的积极意义；个体特征资源如高智商、自我效能感和乐观等，是指个体自身具有的有助于其抵抗压力的各种技能和特质；能量资源如时间、金钱和知识等，其价值在于它们能够帮助个体获取所需的其他资源。

在霍布福尔有关资源的上述定义的基础上，哈尔贝斯莱本等（Halbesleben et al., 2014）抛开资源的具体类型，转而从个体保存和获取资源的动机出发，对资源进行了新的界定。他们将资源定义为"个体感知到有助于其实现目标的事物"。该定义强调的是个体对特定事物是否有助于其实现目标的主观感知和评估，而不在意它们是否切实帮助实现了目标。

因此，一些被人们所公认具有价值的资源对处于某一特定情境中的个体可能并没有价值。于是人们进一步区分了个体评判资源价值的两种方式。

（1）普适性路径，其强调的是特定事物之所以被视作资源是因为它们在个体所处文化环境下具有普适价值。例如，健康的身体、美满的家庭、幸福的生活和生命意义感等，它们为全人类所珍视，因此在全社会中均被视作有价值的资源。

（2）特异性路径，其强调的是特定资源的价值取决于它们相对于个体当前需要（或目标）的匹配程度。有些事物虽然被大多数人认为是有价值的资源，但是如果它们和个体当前情境下的具体需要并不匹配（即无助于其实现目标），那么从特异性路径来看，这些事物于个体而言则没有价值。

6.3 组织培训理论

在 6.2 节中我们讲了学习过程中会应用到的个人学习理论，这一节将重点讲组织培训中应用的理论，包括资源基础理论、吸收能力理论、学习型组织理论。通过学习这些理论，我们期待读者能完成自己的学习任务，未来在组织中能解决培训中的实际问题和挑战。

6.3.1 资源基础理论

1984 年，沃纳菲尔特（Wernerfelt）的"企业的资源基础论"的发表意味着资源基础理论的诞生。持续的竞争优势更可能来源于对公司独有技能的投资。事实上，组织学习的核心观念就是在公司内发展和传播隐性知识（如公司独有知识）的过程（Senge，1990；Miller，1996）。公司将获得这些独有技能产生的经济租金，并且为员工提供成长和发展的机会。

资源基础分析的 VRIO 框架如图 6-3 所示。

图 6-3　资源基础分析的 VRIO 框架

资源基础理论认为，企业是各种资源的集合体。由于各种不同的原因，企业拥有的资源各不相同，具有异质性，这种异质性决定了企业竞争力的差异。概括地讲，资源基础理论主要包括以下三方面的内容。

1. 企业竞争优势的来源：特殊的异质资源

资源基础理论认为，各种资源具有多种用途，其中又以货币资金为最。企业的经营决策就是指定各种资源的特定用途，且决策一旦实施就不可还原。因此，在任何一个时点上，企业都会拥有基于先前资源配置进行决策后带来的资源储备，这种资源储备将限制、影响企业下一步的决策，即资源的开发过程倾向于降低企业灵活性。一般来说，企业决策具有以下特点：不确定性、复杂性和组织内部冲突。因此，经过一段时间的运作，企业拥有的资源将会因为企业复杂的经历及难以计数的小决策的作用表现出巨大差异，企业一旦陷入偏差，就可能走入越来越难以纠正的境地。作为竞争优势源泉的资源应当具备以下五个条件：①有价值；②稀缺；③不能完全被仿制；④其他资源无法替代；⑤以低于价值的价格为企业所取得。

2. 竞争优势的持续性：资源的不可模仿性

企业竞争优势根源于企业的特殊资源，这种特殊资源能够给企业带来经济租金。在经济利益的驱动下，没有获得经济租金的企业肯定会模仿优势企业，其结果则是企业趋同，租金消散。因此，企业竞争优势及经济租金的存在说明优势企业的特殊资源肯定能被其他企业模仿。资源基础理论的研究者们对这一问题进行了广泛的探讨，认为因果关系含糊、路径依赖性、模仿成本高这三大因素阻碍了企业之间的互相模仿。

3. 特殊资源的获取与管理

资源基础理论为企业的长远发展指明了方向，即培育、获取能给企业带来竞争优势的特殊资源。由于资源基础理论还处于发展之中，企业决策总是面临诸多不确定性和复杂性，资源基础理论不可能给企业提供一套获取特殊资源的具体操作方法，仅能提供一些方向性的建议。具体来说，企业可从以下几方面着手发展企业独特的优势资源。

（1）组织学习。资源基础理论的研究人员几乎毫不例外地把企业的特殊资源指向了企业的知识和能力，而获取知识和能力的基本途径是学习。由于企业的知识和能力不是每一个员工知识和能力的简单加总，而是员工知识和能力的有机结合，通过有组织的学习不仅可以提高个人的知识水平和能力，而且可以促进个人知识和能力向组织的知识和能力转化，使知识和能力聚焦，形成更大的合力。

（2）知识管理。知识只有被特定工作岗位上的人掌握才能发挥相应的作用，企业的知识最终只有通过员工的活动才能体现出来。企业在经营活动中需要不断地从外界吸收知识，需要不断地对员工创造的知识进行加工整理，需要将特定的知识传递给特定工作岗位的人，企业处置知识的效率和速度将影响企业的竞争优势。因此，企业对知识微观活动过程进行管理，有助于企业获取特殊的资源，增强竞争优势。

（3）建立外部网络。对于弱势企业来说，仅仅依靠自己的力量来发展它们需要的全部知识和能力是一件花费大、效果差的事情，通过建立战略联盟、知识联盟来学习优势企业的知识和能力则要便捷得多。来自不同公司的员工在一起工作、学习还可激发员工的创造力，促进知识的创造和能力的培养。

运用在培训中，资源基础理论的 VRIO 框架能够帮助管理者用价值性、稀缺性、可模仿性和组织四个标准来衡量企业的所有培训活动，为企业提供有价值的、稀缺的、难以模仿的资源以维持企业的持续竞争优势。获得持续竞争优势的一个途径是专注于发展组织内的公司独有技能基础，因为这些技能无法被竞争者轻易复制。这些技能为公司提供价值，且拥有这些技能的员工们无法轻易在市场上交易它们。企业为获得独有技能，可以对员工的持续培训和发展机会进行投资，以执行公司独有的工作流程和程序。事实上，组织学习的核心观念就是在企业内发展和传播隐性知识的过程。企业将获得这些独有技能产生的经济租金，并且为员工提供成长和发展的机会。

6.3.2 吸收能力理论

吸收能力理论考察了企业如何识别新知识的价值，吸收并将其应用于组织目标实现这一过程（Cohen and Levinthal，1989，1990）。该理论认为，吸收新知识可使组织变得更具创新性和灵活性,且相比不吸收新知识的组织有着更高的绩效水平。该理论还假设,在吸收知识方面能力强的企业相比吸收知识方面能力弱的企业更具有竞争优势。

"吸收能力"的概念首先由科恩和莱文索尔(Cohen and Levinthal)在分析企业研发作用时提出的。在其之后,经济学家从企业吸收能力角度研究外商直接投资(以下简称FDI)先进技术对当地企业的溢出效应,他们认为当地企业的学习能力或者知识吸收能力是促进技术溢出效应的主要因素。后起的发展中国家在工业化的过程中,通过对外的技术引进、FDI等方式来实现对发达国家的技术追赶,即引进、消化、吸收,从模仿到创新。研究表明,日本与韩国工业技术快速成长的主要原因之一,就是日韩企业对新知识与新技术的吸收能力极强,能以模仿、改进、创新的三部曲来创造竞争优势。从定义可以看出,企业知识吸收能力包括四种:知识获取能力、知识吸纳能力、知识转化能力和知识利用能力。

(1)知识获取能力是指对外部产生的,对本企业有关键作用的知识加以判断和获取的能力。

(2)知识吸纳能力则强调外部知识在企业内有效地阐释和理解,不能被理解的知识是很难被再利用开发的。

(3)知识转化能力则是将新的外部知识与内部已有知识有效地整合。

(4)知识利用能力是指通过将内外部知识共同运用而开发出新知识。

以上四种能力可以归为两大类:潜在知识吸收能力(包括知识获取和消化)和实际知识吸收能力(包括知识转化和应用),如图6-4所示。

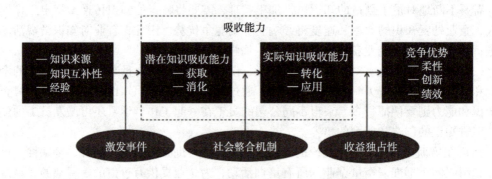

图6-4 基于动态能力视角的吸收能力模型

潜在知识吸收能力是企业利用外部知识的前提,实际知识吸收能力是企业通过利用外部知识不断创新并保持竞争优势的关键。从上面可以看出,潜在知识吸收能力比较倾向依赖于企业自身资源以及外部资源的特性,而要由潜在知识吸收能力转化为实际知识吸收能力并对企业的创新活动真正发挥作用,则需要企业内部在交流、合作上的努力。

运用在培训中,作为管理者的主要职责就是帮助企业更好地吸收和应用新知识以实现组织目标。第一,管理者需要帮助企业员工理解组织当前的工作内容,以建立一个强大的知识基础;第二,营造一种知识文化氛围,使得每位员工都能认识到学习和吸收新知识的重要性,从而推动企业更好地达成目标;第三,为企业找到监控外部环境的方法,并识别出更好、更新的行事方式;第四,从企业中选拔能够应用和修正新知识的人才;第五,推动建立一个能够促进新知识获取和应用的团队；第六，监控新知识的进展，持续记录和跟踪进展顺利及进展不顺利的新知识，并利用这些信息推进企业内对新知识的搜寻、吸收和利用这一循环。

6.3.3 学习型组织理论

"学习型组织"是20世纪90年代发展起来的一种全新的、被认为是21世纪管理新模式的理论。该理论认为，企业持续发展的源泉是提高企业的整体竞争优势，提高整体竞争能力。未来真正出色的企业是使全体员工全心投入并善于学习、持续学习的组织——学习型组织。通过营造学习型组织的工作氛围和企业文化，引领员工不断学习，不断进步，不断调整观念，从而使组织更具有生命力。管理学者彼得·圣吉在《第五项修炼》中所提出的建立学习型组织的关键，即汇聚五项修炼或技能（图6-5）。

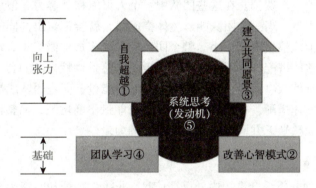

图6-5 彼得·圣吉的五项修炼模型

1. 自我超越

自我超越是指能突破极限的自我实现或技巧的精熟。自我超越以磨炼个人才能为基础，却又超乎此项目标；以精神的成长为发展方向，却又超乎精神层面。自我超越的意义在于以创造的现实来面对自己的生活与生命，并在此创造的基础上，将自己融入整个世界。个人学习是组织学习的基础，员工的创造力是组织生命力的不竭之源，自我超越的精要在于学习如何在生命中产生和延续创造力。通过建立个人"愿景"、保持创造力、诚实地面对真相和运用潜意识，便可实现自我超越。自我超越是五项修炼的基础。

2. 改善心智模式

心智模式是指存在于个人和群体中的描述、分析和处理问题的观点、方法和进行决策的依据和准则。它不仅决定人们如何认知周遭世界，而且影响人们如何采取行动。不良的心智模式会妨碍组织学习，而健全的心智模式则会帮助组织学习。心智模式不易察觉，也就难以检视，因此它不一定总能反映事情的真相。另外，心智模式是在一定的事实基础上形成的，而事物是不断变化的，这导致了心智模式与事实常常不一致。改善心智模式就是要发掘人们内心的图像，使这些图像浮上表面，并严加审视，及时修正，使其能反映事物的真相。改善心智模式的结果是，使企业组织形成一个不断被检视、能反映客观现实的集体的心智模式。

3. 建立共同愿景

共同愿景是指组织成员与组织拥有共同的目标。共同愿景为组织学习提供了焦点和能量。在缺少愿景的情况下，组织充其量只会产生适应性学习，只有当人们致力于实现他们深深关切的事情时，才会产生创造性学习。根据柯林斯（Collins）等人的研究，组织的愿景是由指导哲学和可触知的景象组成的。建立共同愿景的修炼就是建立一个为组织成员衷心拥护、全力追求的愿望景象，产生一个具有强大凝聚力和驱动力的伟大"梦想"。

4. 团队学习

团队学习是建立学习型组织的关键。彼得·圣吉认为，未能整体搭配的团队，其成员个人的力量会被抵消或浪费掉。在这些团队中，个人可能格外努力，但是他们的努力未能有效转化为团队的力量。当一个团队能够整体搭配时，就会汇聚出共同的方向，调和个别力量，使力量的抵消或浪费减至最小。整个团队就像凝聚成的激光束，形成强大的合力。当然，强调团队的整体搭配，并不是指个人要为团队愿景牺牲自己的利益，而是将共同愿景变成个人愿景的延伸。事实上，要不断激发个人的能量，促进团队成员的学习和个人发展，首先必须做到整体搭配。在团队中，如果个人能量不断增强，而整体搭配情形不良，就会造成混乱并使团队缺乏共同目标和实现目标的力量。

5. 系统思考

系统思考是一种分析综合系统内外反馈信息、非线性特征和时滞影响的整体动态思考方法。它可以帮助组织以整体的、动态的而不是局部的、静止的观点看问题，因而为建立学习型组织提供了指导思想、原则和技巧。系统思考将前四项修炼融合为一个理论与实践的统一体。

五项修炼是一个有机的整体，其中个人的自我超越是整个学习型组织的基础，它为学习型组织提供了最宝贵的人力资源。团队学习的许多工作最后都依赖于个人的努力，比如改善心智模式、建立共同愿景、系统思考等。团队学习是一种组织内部的学习，它不仅在规模上超越了个人学习，而且在内容上完全不同于个人学习。团队学习既是团队的活动内容，又是检视心智模式、建立共同愿景的载体和手段。检视心智模式和建立共同愿景，从时间上看前者针对已形成的"组织记忆"，是组织从记忆中学习的体现；后者则是对未来生动的描述，它对组织的成长起到牵动作用。系统思考是学习型组织的灵魂，它提供了一个健全的大脑，一种完善的思维方式，个人学习、团队学习、检视心智模式、建立共同愿景，都因为有了系统思考的存在而连成一体，共同实现组织目标。

运用在培训中，学习型组织是从管理者的头脑中开始的。学习型组织需要有头脑的领导，他要能理解学习型组织，并能够帮助其他人获得成功。其一是设计社会建筑——组织设计的第一个任务就是培养组织目的、使命和核心价值观的治理思想，它将用来指导员工。其二是创造共同的愿景——对组织理想未来的设想可以由领导或员工的讨论提出，公司的愿景必须得到广泛的理解并被深深铭刻在组织之中。其三是服务型的领导——作为靠自己一人建立组织的领导人形象不适合学习型组织。领导应将权力、观念、信息分给大家。学习型组织的领导要将自己奉献给组织。

6.4 培训转化理论

在前面三节的学习中，我们掌握了个人及组织的学习与培训理论，但如何将这些理论应用在工作和学习场景中，有效转化的完成也需要理论的支撑与指导，本节重点讲培训转化理论，包括同因素理论、激励推广理论和认知转化理论，将给培训成果的高效转化带来有价值的指导。

6.4.1 同因素理论

同因素理论是由桑代克（Thorndike）和伍德沃斯（Woodworth）提出来的。该理论认为，培训成果转化取决于培训任务、材料、设备和其他学习环境与工作环境的相似性。如果培训内容和实际工作内容完全一致，那么受训者在培训过程中只是简单地训练工作任务，并且会有较好的培训成果转化效果。应用同因素理论比较有代表性的例子是培训飞行员使用的模拟器。飞行员的培训是在一个类似于喷气式飞机的驾驶舱的模拟器中进行的，它与真正的飞机在各个方面（如仪表、照明、仪器等）基本相同。也就是说，培训环境和工作环境完全吻合，这样很有利于培训成果在实际工作中的应用。学习环境与工作环境的相似性有两个衡量尺度：物理环境逼真与心理逼真。物理环境逼真是指培训中的各项条件，如设备、任务、环境等与实际工作的一致程度。如果在训练中，建造一个与现实非常接近的航空飞机驾驶舱模拟装置及控制系统，就可以实现高度的物理环境逼真。心理逼真是指受训者对培训中的各项任务与实际工作中的各项任务予以同等重视的程度。在培训中对各项任务予以时间限制，且该时间与实际工作中的时间限制相近，这将有助于提高心理逼真程度。有一些证据表明，事实上在培训成果转化中，心理逼真比物理环境逼真所起的作用要更大一些。同因素理论特别适用于模拟培训，如案例研究、商务游戏、角色扮演等。然而，如果想提高逼真程度，往往需要增大任务的复杂性和培训的成本。因此，组织要在权衡后作出决策。一般来说，组织在培训中应用同因素理论最普遍的情况是设备应用或操作程序方面的培训。

按照同因素理论设计培训项目时应该注意以下关键环节：
（1）培训中应该告诉学员基本的概念；
（2）在培训过程中应明确具体的操作流程；
（3）明确在何时、以何种方式将培训内容运用于工作中；
（4）学员应该能够说明培训中所执行的操作与实际工作是否存在差别，如果存在细微的差别，今后应如何注意；
（5）在培训过程中鼓励学习的内容超出所应用的范围；
（6）将培训内容限定在受训者能够掌握的范围内；

（7）鼓励学员将培训所学的技术、知识等应用于实际的工作当中。

此外，还应该关注一个重要问题——培训中的知识、技能以及具体的动作、行为方式与实际工作之间的内在联系，即培训中强调的行为或技能是有益于还是会影响工作绩效。因此在培训项目设计时一定要考虑到培训内容的必要性，不能给受训者带来误导。

6.4.2 激励推广理论

激励推广理论认为促进培训成果转化的方法是在培训项目设计中重点强调那些最重要的特征和一般原则，同时明确这些一般原则的适用范围。当工作环境（设备、问题、服务）与培训环境有所差异时，受训者具备在工作环境中应用学习成果的能力。因此只要培训内容集中在解决问题的一般原则上，受训者就可以在转化过程中依据一般原则来解决问题。

在设计管理技能培训项目时，激励推广理论得到了最广泛的应用。有许多管理技能开发项目属于行为模拟培训，它是建立在社会学习理论基础上的。设计行为模拟培训的步骤之一是要明确成功处理某一状况所需的关键行为。示范者须演示这些关键行为并为受训者提供练习机会。在行为模拟培训中，关键行为可被用于处理多种情况。实际上，行为模拟培训的练习就是要求受训者能在各种与模拟情形不完全一致的情况下表现出这些行为。激励推广理论指出，只要可以针对工作时的一般原则进行培训，培训环境的设计就可以和工作环境不相似。

在应用激励推广理论设计培训项目时应该注意以下关键环节：

（1）努力让受训者理解他们所接受的培训技能和行为的基本概念，一般性原则以及假设条件；

（2）鼓励受训者将培训中所强调的要点与其实际的工作经验结合起来，受训者之间共享在不同环境和情境中这些原则得以应用的成功经验；

（3）鼓励受训者设想在不同的环境下如何使用新技能；

（4）鼓励受训者接受培训时和培训结束后将所学技能应用于与培训环境不同的工作环境中时，强调这些一般性原则可能会有更大的推广价值，在与培训环境不完全相似的情况下也可以应用。

6.4.3 认知转化理论

认知转化理论是以信息加工模型作为理论基础的，信息的存储和恢复是这种学习模型的关键因素。认知转化理论强调，培训成果能否成功转化取决于受训者"回忆"所学技能的能力。因此，培训师可通过向受训者提供有意义的材料和编码策略，来增加受训者将实际工作中的问题与所学技能相结合的机会，从而提高培训成果转化的成功率。如管理学中的 SMART 原则以及 SWOT 分析模型等，之所以流传很广而且很容易让学员掌握，其中的原因就是采用了编码策略。SMART 原则指的是管理者在给下属下达工作目标时应符合以下原则，其中 S 代表 specific，目标要具体、明确；M 代表 measurable，目标尽可能容易测量；A 代表 attainable，下属经过努力是可以实现该目标的；R 代表 relevant，即大目标与子目标之间应该具有相关性；T 代表 time，时间限定，即要在规定的时间内实现该目标。而 SWOT 分析指的是组织在制定发展战略时应该进行外部环境分析和内部实力分析，S 代表 strength，即组织的优势；W 代表 weakness，即组织的劣势；O 代表 opportunity，即组织所面对的机会；T 代表 threaten，即组织所面对的威胁。有了这样的解释，就很容易增强学员对知识的存储和记忆。

培训过程中培训师鼓励受训者思考培训内容可能在实际工作中的应用，这也是认知转化理论在培训项目设计中的应用。许多培训项目让受训者找出工作中遇到的问题或状况，然后讨论培训内容应用的可能性。这种应用练习可以让受训者在工作环境中发现适当的线索（问题、状况），提高回忆起培训内容并将其应用于工作的概率。这种练习还可以帮助受训者理解所学内容与实际工作之间的联系，从而在需要时最快地回忆起所学技能。

培训转化理论如表 6-2 所示。

表 6-2　培训转化理论

理论	重点	适用条件	转化类型
同因素理论	培训环境与工作环境完全相同	工作环境的特点可预测且稳定，例如设备使用培训	近转化
激励推广理论	一般原则适用于多种不同的工作环境	工作环境不可预测且变化剧烈，例如人际关系技能的培训	远转化
认知转化理论	有意义的材料和编码策略可促进对于培训内容的存储和回忆	各种类型的培训内容和环境	近转化和远转化

6.5　个体与组织的提升策略

在掌握了学习过程与培训转化的定义、模型及相关理论后，组织便要积极建立并推行促进学习与培训转化的策略。如今的培训开发者必须在学习与培训的战略、战术和流程层面进行统筹考虑，不再纠结于"如何做好培训"，而应当考虑"使用什么策略才能促进学习与培训的有效转化"。

6.5.1　个体的提升策略

受训者作为学习与培训转化的主体，对于培训转化的效果起决定性作用。有效促进学习与培训转化应充分考虑受训者本身，根据其受训动机、特征、偏好等制定策略。

1. 掌握自我管理策略，做知识管理主导者

自我管理策略是指受训者自行管理新的知识、技能、态度和行为方式并在工作中的运用。由于受训者会在工作环境中遇到许多阻碍学习与培训转化的因素，所以自我管理是培训成果转化中非常重要的一环。在自我管理策略中使用最广泛的是复发预防策略，这是一种以社会学习理论为基础的策略。复发预防策略用于促进培训转化的工作中，可帮助受训

者识别培训成果转化的过程中可能面临的诱发旧行为的高风险情境，并设法应对。

2. 综合运用学习理论，强化学习动机

在本章的前几节，从个人层面和组织层面提及多种学习与培训转化理论，这些理论都被广泛地运用到培训中，综合使用这些理论能更有效地增强培训效果，对于培训成果的转化也有更积极的作用。通常可综合使用的理论包括目标设置理论、社会学习理论、成人学习理论和信息加工理论等。为了促进培训成果的转化，首先运用目标设置理论来为受训者设定培训和转化目标，然后运用社会学习理论来不断激励受训者进行培训成果转化，在培训成果转化的过程中，受训者还需要运用信息加工理论来进行持续的转化修正，通过持续提取信息、加工信息形成长期记忆，以帮助自身更高效地完成学习与培训成果的转化。

3. 评估自身转化能力，推动转化成效

由于每个员工的转化能力不一样，培训组织者可将这一点推广到实际工作的各方面。首先，组织在进行招聘时，可将转化能力纳入录用标准，持续学习能力对于组织的发展至关重要，录用强转化能力的员工有利于组织未来发展。其次，在为挑战性任务选拔人才时，可将员工的转化能力作为决定性评估指标，具有较强转化能力的员工会在挑战性任务中学到最多，也贡献最多。再次，在资源有限的情况下，培训组织者可根据员工的转化能力来有针对性地分配资源，也可由转化能力强的员工参加完培训后再给没有参加培训的同事传授知识和技能，有利于营造团队内部的培训转化氛围。

6.5.2 组织的提升策略

1. 积极培育有利于培训成果转化的工作环境

员工在培训后返回岗位，需要一个能够促进培训成果转化的环境。但在员工的工作中，存在诸多阻碍员工进行培训成果转化的因素，如：部门管理者的不支持、同事的不支持以及时间紧迫、资金短缺、设备匮乏等。学习与培训缺乏转化环境，对培训工作又是一大阻碍。因此，应该在组织中营造有利于培训成果转化的工作环境。首先，应对实践环境进行测量，员工将培训成果应用于工作的实践机会可以由管理者提供，也可以自行寻找；其次，提高管理者支持程度，培训工作要开展下去并取得实效，取决于员工对培训的自觉参与、中层管理者对培训的积极推动和高层管理者对培训的高度支持，也离不开人力资源管理部门的督导；最后，应建立受训员工关系网络和一对一的辅导关系。

2. 秉承发展理念，建立学习型组织

学习型组织通过持续的转变来更好地管理和运用知识以获得成功，使组织的成员能够在工作中学习，并利用技术来实现学习和生产的最大化。学习型组织的很多重要特征都非常有助于培训成果的转化。首先，学习型组织需要建立起鼓励和奖励个人以及团队学习的工作氛围，这种氛围的特点包括鼓励创造性的学习、成功和失败都被看作学习机会、所有员工都希望提高绩效水平、积极开展可让员工改进工作的学习活动并随着环境变化而不断调整、保持持续学习的氛围。学习是一个提高能力的过程，学习就是要建立一种能力，能

够去创造以前不能创造的东西。学习型组织的主要假设就是如果个人的学习从量变产生了质变,组织的绩效也将得到提升。

3. 制订组织与员工的成长和发展计划

员工的个人成长和发展计划是以发展性评估的结果为基础来制订的,而且必须立即实施,拖延将削弱该计划的效果和价值。管理者和员工一起制订个人成长和发展计划时,可按照以下步骤进行:①识别绩效目标和发展目标;②明确获取新知识和新技能的资源和策略;③明确培训转化的策略,如何在工作中运用新知识和新技能;④明确计划的完成日期;⑤对培训成果转化结果进行评估。在员工的个人成长和发展计划的执行过程中,管理者需要做的事情包括提供绩效反馈和辅导、进行绩效评估、监督培训转化成果。

4. 将培训转化成果和薪酬激励机制相关联

要将培训转化成果和薪酬激励机制关联起来,首先必须确保其符合组织的战略目标。因此,薪酬激励机制的目标必须非常明确,使员工知道培训转化成果将如何被奖励及奖励的原因,同时,薪酬激励机制还必须符合组织的文化,与实际业务绩效挂钩,并且能够适应不断变化的业务环境。此外,可以让员工也参与薪酬激励机制的设计,这样员工才能更加认可该激励机制的价值,并且愿意积极地去执行。在薪酬激励机制的运行过程中,还需要定期回顾该激励机制的所有要素,因为每一个要素对激励机制与培训成果转化之间的连接都很重要,只有这样才能确保该激励机制能够实现总体目标,真正有助于在组织内培养一个有利于培训成果转化的氛围。

5. 采用新技术、新方法和新系统

上述促进学习与培训转化的策略,对于大部分人来说相对熟悉。但是,真正实施起来的难度远远不止如此,其复杂程度、成本、时间和困难度,对人力资源开发部门来说是很大的阻碍。一直以来,培训转化在很大程度上处于无人规划、无人管理和无人监控状态的一个原因是没有找到切实可行的便利方法及跟进和支持系统来管理整个流程。新技术与新方法的产生为突破学习转化障碍带来了契机:计算机、数据库、电子邮件、广泛应用的互联网等,使同时引导和监控大批量受训者的培训转化成为可能;社交网络、电视电话会议等新方法的出现使得学习转化管理系统成为可能,从而解决了培训转化的难点。社交网络的力量得到了越来越多的认可,人们也越来越希望利用社交网络来开展协作学习。是否能得到同伴支持是影响培训转化的重要因素之一,所以创建和维持一个"学习者社区"也可以有力地提升培训转化的效果。

开篇案例参考答案

即测即练

学习与培训项目设计

学习目标

★ 了解学习项目设计的影响因素；
★ 掌握学习项目设计的具体步骤与应用；
★ 了解培训项目设计的影响因素；
★ 掌握培训项目设计的具体步骤与应用。

开篇案例

近三个季度的财务报表显示，ACPower 公司的商用储存器销售额逐步下滑，为了尽快扭转这种局面，人力资源部培训中心牵头成立专项小组进行了培训需求分析，通过分析发现，销售团队在建立深入的客户关系方面亟待提高。

在确定了培训需求之后，培训中心与各区域的销售部门负责人、IT 部门负责人举行了多次会议，对销售部门进行多次宣贯，一方面获取销售团队领导对于此次培训项目的支持，另一方面鼓励员工积极参与此次培训项目，共创学习氛围。同时，培训中心还协调了 IT 部门的相关资源，以确保此次培训项目顺利开展。

在前期工作完成后，培训中心开始制订此次的销售人员培训项目计划书。力争通过此次培训，帮助销售团队提升销售技能，更有效地与客户互动，满足客户需求，建立稳固的客户关系，并为公司创造更大的业务价值。

1. 培训目标

提升销售团队的销售技能，使其能够更好地理解客户需求、推动销售周期、建立长期合作关系，并为客户创造持续的价值。

2. 培训对象

结合前三个季度的销售业绩以及员工的学历、工作经验，经过与销售部门和培训中心商榷后，最终挑选了近 200 名销售人员参加培训。

3. 培训内容

销售基础知识和技能：强调销售流程、客户洞察、需求分析以及有效沟通技巧。

解决方案销售：帮助销售人员了解如何将产品特点转化为解决方案，更好地满足客户需求。

客户关系管理：教导如何建立并维护长期的客户关系，以促进客户忠诚度和反复购买。

谈判与影响力：培养在复杂谈判中的自信和应对能力，以及影响客户决策的技巧。

数字化销售：介绍利用技术工具、社交媒体等进行销售活动的方法。

4. 培训预算

本次培训预算主要花费于销售人员往返机票、酒店食宿、酒店会议大厅借用、培训师课时费以及租车，参考本行业培训项目的费用，结合本公司的实际营收情况，经过与公司高层、销售部门以及培训中心的多次会议商讨，最终确定此次培训项目经费为 130 万元人民币。

5. 培训时间、地点与方法

1）培训时间（表 7-1）

将所有销售人员按工作地区划分为两期学员，由大巴车将学员从机场接送至酒店，并且此次培训项目实施全程封闭式管理，不允许学员随意外出。当期培训项目结束后,由大巴车将当期所有学员送至机场返回各自工作地区。

表 7-1 培训时间

第 一 期	
5月8日	迎新+产品知识
5月9日	销售典型案例分析
5月10日	北京精品线下店参观
5月11日	客户管理实例探究
5月12日	数字化销售知识+总结大会
第 二 期	
5月15日	迎新+产品知识
5月16日	销售典型案例分析
5月17日	北京精品线下店参观
5月18日	客户管理实例探究
5月19日	数字化销售知识+总结大会

2)培训地点(表 7-2)

表 7-2 培训地点

时 间	地 点
5月8/15日	酒店会议大厅
5月9/16日	酒店会议大厅
5月10/17日	某线下精品店铺
5月11/18日	酒店会议大厅
5月12/19日	酒店会议大厅

3)培训方法

课堂培训:由内部和外部专家提供全面的课程,涵盖理论知识和实际案例。

角色扮演:模拟真实销售情境,让销售人员在实践中磨炼技能。

案例分析:分析成功案例和失败案例,从中吸取经验教训。

社交媒体培训:借用社交媒体宣传本公司产品,增加产品的曝光率,增加客户黏性,让销售人员学习如何对产品进行网络宣传。

6. 培训设施

(1)投影仪;

(2)黑板/白板;

(3)桌椅;

(4)教材与幻灯片;

（5）笔记本电脑：学员需要自行携带；

（6）培训项目宣传海报。

7. 项目管理者与培训师

项目管理者：黎明——人力资源部培训中心经理。

培训师：李萨——拥有商用储存器行业培训经验20余年。

培训师：王丽——蝉联三个季度的销售冠军。

8. 跟踪与评估

对员工的培训成果进行收集与整理，采用恰当的评估方法和工具，将其与培训目标进行对比和评估，将评估结果反馈给培训目标的制订和培训实施。

9. 设置应急预案

1）不可预见的自然灾害或其他紧急事件影响培训活动

安全优先：首要考虑参与者和工作人员的安全。如果情况危急，暂停培训，确保所有人撤至安全地点。

紧急通知：提前建立紧急通知系统，及时通知参与者培训活动的取消或延期。

后续计划：根据情况制订后续计划，择期重新安排培训项目。

2）紧急情况：培训材料或设备出现问题

备用材料：提前准备备用的培训材料，如幻灯片、教材等，以应对不时之需。

备用设备：准备备用的培训设备，如投影仪、电脑等，以应对可能的设备故障。

技术支持：配备技术支持人员，随时解决设备问题，确保培训顺利进行。

3）参与培训的销售人员出现技术问题或无法参加培训活动

技术支持团队：配备技术支持团队，随时提供在线或电话技术支持，解决参与者遇到的技术问题。

备用培训资料：提前准备备用的培训资料，以便在技术问题无法解决时，参与者仍能够获取相关培训内容。

录制培训内容：如果可能，将培训内容录制下来，以备参与者后续观看或回顾。

请仔细阅读以上案例并回答下面的问题：

1. 该培训项目设计有什么优点？
2. 该培训项目设计最重要的是哪个环节？

引　言

一个优秀的培训项目设计有助于提升组织的长期竞争力，正如开篇案例所述，该培训活动有助于销售人员建立深入的客户关系，提高组织在业务和产品销售方面的竞争力。此外，组织通过培训活动还可以提高员工满意度和忠诚度，使其更积极地融入团队并承担更多的责任，从而降低员工流失率。组织通过投资员工培训项目，不仅能够提升其综合实力,还能够营造积极的工作氛围,从而实现更高的生产率和业务成就。

中国有句古话,"活到老,学到老"。学习贯穿个人一生,使其能够紧跟不断变化的社会和科技发展。当个人面对新的挑战和环境变化时,良好的适应能力可以帮助其更快地找到解决方案。同时,学习有助于个人掌握多领域的知识,拓宽自己的视野,培养综合性思维,鼓励个人保持好奇心,不断追求新知识,促使个人不断成长。此外,学习还可以帮助人们结识志同道合的朋友,扩展社交圈子,建立有意义的人际关系。

由此可见,优秀的学习与培训项目设计对于实现个人或者组织的培训目标均具有至关重要的作用。一个优秀的培训项目设计应当考虑到学员特质、培训目标、培训预算、合理且有效的培训流程以及优秀的培训师等因素。本章分为学习项目设计和培训项目设计两部分。在学习项目设计这一小节中,首先,列举了影响学习与培训项目设计的因素,共分为个体因素、家庭因素、群体因素和社会因素四个层面;其次,按照建立自我驱动—行动方案制订这一逻辑开展学习项目设计的内容。在培训项目设计这一小节中,首先按照个体因素、家庭因素、组织因素和社会因素四个层面简述影响培训项目设计的因素,然后详述项目计划的前期准备和培训项目计划书具体内容,以帮助读者更好地理解培训项目设计的内容。

7.1 学习项目设计

学习是一种基于个人角度,从自身需求出发,不断自我提升的过程。学习既可以帮助个人实现可持续发展,又可以促进社会、经济、环境和文化的可持续发展[1]。此外,学习不仅有助于满足个人生活需求,还是提升自我、不断适应快速变化的世界的一种应对方式[2]。我国已将宣传学习、建设学习型社会提高到国家战略发展的水平[3]。

7.1.1 影响学习项目设计因素

学习项目设计是一个综合性的过程,需要考虑个体因素、家庭因素、群体因素以及社会因素(表 7-3)。通过强大的自驱力、灵活的学习方式以及合理的学习安排,确保个人能够有效地学习和应用所得知识与技能。同时,随着时代的变化,个体需要不断更新和改进培训项目设计,保证培训项目的实用性和可持续性。综合考虑这些因素的学习项目设计可以帮助个人实现可持续发展。

---

[1] 苑大勇,沈欣忆. 学习推进可持续发展路径及实现:从秩序共存到螺旋上升[J]. 中国远程教育,2020(8):1-6, 14.

[2] LAAL M, SALAMATI P. Lifelong learning: why do we need it?[J]. Procedia-social and behavioral sciences, 2012, 31: 399-403.

[3] 张梅琳,唐雪梅. 我国学习研究的发展历程与动向分析[J]. 成人教育,2021,41(12):8-14.

表 7-3 影响学习项目设计的因素

因　　素	培训效果影响因素
个体因素	性别、年龄、婚姻状况、职称、是否有培训经历、学习态度、学习动机、自主学习能力、个人需求、培训方式选择、培训费用承担能力
家庭因素	配偶情况、家庭人口数和家庭经济状况、家庭氛围、家庭成员学习支持、家庭经济水平、家庭成员教育程度
群体因素	同伴状态、学习氛围、社团情况、同事状态、工作组织内部的文化
社会因素	社会政策、社会学习氛围、社会学习支持服务、国际政治经济关系、科技水平、政治局面、社会制度、道德规范、国家法律、社会舆论、风俗习惯

7.1.2 建立自我驱动

自我驱动让你保持内在的动力和激情，不需要依赖外部因素来推动自己，同时，自我驱动促使你主动学习和不断发展，提升技能和知识水平，助力个人成长。此外，自我驱动能力让个体具有坚韧不拔的品质，更能够应对压力和困难，不轻易放弃。那么个体应当如何建立自我驱动呢？

1. 培养自身动力

培养自身动力的本质是培养学习的自主性。基于成人学习理论，成人学习活动更多取决于个人的自主性和独立性，学习成果需满足成人自我实现的需要，因此，强大的自身动力有助于整体学习活动的推进和坚持。动力可以分为内部动力和外部动力。内部动力可以是个人的好奇心、兴趣或者某件事等。因此，个人可以通过尝试培养自我的好奇心和兴趣，来改变自身的态度从而改变个体的感受，让好奇心和兴趣成为内心强大的后备驱动力。而外部动力是活动之外所带来的效应，例如，学会打羽毛球可以带来较好的身体素质以及增进与同学之间的感情，"较好的身体素质""同学情谊"这些都是外部动力。

2. 设定合理目标

目标可分为长期目标和短期目标，长期目标是个体最终想要达成的结果，短期目标可以让个体在相对较短的时间内完成，使其获得心理成就感和满足感，让个体对未来充满期待，获得鼓舞和激励[1]。通过自我设定目标来帮助自身及时调整培训进度从而更迅捷地、更愉快地达成培训目标。基于目标设置理论，目标具有激励作用，能把人的需求转化为动机，使个体行为向完成目标的方向努力，并将自己的行为结果与既定的目标对比，根据目标差距，及时进行调整和修正，从而实现目标。设立目标要注意该目标是具体的、可量化的、具有挑战性的、切实可行以及有时间节点的。具体与可量化可以帮助个体及时查看目标完成进度，做到心中有数；具有挑战性以及切实可行促使个体有着持续的完成动力，不会半途而废；有时间节点可以督促个体尽快完成目标，切勿拖沓。在学习的过程中，个体要学会适时调整目标，例如，在学习之初，个体可能很难准确掌握整体学习内容的难度、任务量，没有足够的认识来制订切实可行的目标。因而这可能导致个体制订非常容易实现

---

[1] KRUGLANSKI A W, SHAH J Y, FISHBACH A, FRIEDMAN R, CHUN W Y, SLEETH-KEPPLER D. A theory of goal systems[J]. Advances in experimental social psychology, 2002, 34(9), 331-378.

的培训目标，此时该目标不具有挑战性，但也有可能导致个体在截止日期前无法完成该目标，从而损伤其自信心或者造成其动力下降。适时地调整目标并不意味着随意调换目标，只是为了更灵活地完成自身所设定的最终目标。

3. 制定行动规则

中国有句古话，"没有规矩不成方圆"，这句至理名言强调了规则的重要性。设定规则有助于个体在行为上保持秩序，减少可能对学习投入产生消极影响的不良习惯。规则的制定和实施，可以通过撰写文字版规则，将自身的期望明确地记录下来，用以提醒自己。在未能达到规则要求时，可以实施适度的自我惩罚，以此来强化对规则的遵守。此外，个体也可以通过学习和模仿优秀榜样，以"润物细无声"的方式，在日常生活中逐步养成遵守规则的良好习惯。在制定规则和相关惩罚措施时，需谨慎考虑，避免过于严苛以至于无法坚持，或者过于宽松以致无法起到引导作用。规则应当合理可行，符合个体的实际情况和目标。惩罚应当是合适和有建设性的，以帮助个体纠正错误行为，而非严重打击积极性。同时，规则还应有弹性，以应对特殊情况和突发事件。

总之，规则在个体的学习和发展中起着重要的指导和支持作用。通过明确的规则和适当的惩罚机制，个体可以更好地规范自己的行为，以达到更好的学习和发展效果。同时，规则的制定需要合理考虑，兼顾刚性和灵活性，以促进积极的自我管理和提升。

4. 接纳真实自我

基于社会学习理论，人能依照自我确立的内部标准来调节自己的行为，这种主观评估对于个人行为动机的影响既可以是积极的，也可以是消极的。人们内心的期望和目标在很大程度上塑造了他们的行为方式。然而，在学习的过程中，遇到挫折和困难是不可避免的。在这种情况下，学会用积极的态度来思考问题和应对困难变得尤为重要。这种积极的思维方式可以帮助个体保持动力，攻克难关，并不断取得进步。

此外，个体还需要对自身能力和学习成果有合理的预期。过高的期望可能导致个体承担更大的压力和更多的挫折，从而影响个体的自信心和后续学习行为。而过低的期望则可能使得个体因没有足够的激励来追求更高的成就导致其学习动机不足。因此，合理的期望能够帮助个体保持平衡的心态，更好地应对学习中的挑战和机遇。在学习过程中，积极的思维方式、适当的期望管理以及对困难的积极面对，都是促进学习的重要因素。

7.1.3 行动方案制定

行动方案制定框架见图 7-1。

图 7-1　行动方案制定框架

1. 探索学习方法

在学习的过程中，个体可以选择独自学习或者组队学习，这两种学习方法各有利弊，根据学习内容、个人喜好进行选择。挑选合适的学习方法有助于个体提高专注度。有研究表明学习投入对学生的学业成绩具有显著的预测作用[1]，专注度是学习投入的核心指标之一[2]。如果是组队学习，也需要适当参与小组活动，学会共享与换位思考。小组成员一般在 2~4 个人最佳，每个人的知识水平要相近，同时要注意协调并制定合作规范，例如，聚会时间、地点、发言规则、团队任务分配等，避免浪费时间。

个体在学习新知识的过程中要合理规划学习时间，大脑吸收知识的能力是有限的，适当的休息有助于大脑更好地吸收知识，学习时长的选择根据自身的注意力而定，因而个体需要合理规划学习间隔时间。一般来讲，休息时间的选择可以是每隔 50 分钟或 2 小时来安排休息，也可以根据自身注意力是否集中来个性化安排休息时间。根据本书第 4 章所讲的学习思维方法，个体可以依据自身偏好选择 GREAT 学习法或者费曼学习法，同时辅以思维导图、记忆辅助法和防拖延模型，从而帮助自身更好地汲取和记忆知识。

2. 寻找学习资源

寻找学习资源共有三种方法：第一种方法是外部资料搜索，通过网络平台、纸质资料等外部信息进行信息检索来获取有效学习信息，在此过程中，需要注意做到检索工作高效且精准。第二种方法是内部资料整理，这种方法是基于之前所整理的笔记、学习资料等，对这类学习资料进行内部管理和检索。第三种方法是寻找学习导师，要根据自己当下的水平选择合适的导师，循序渐进跟随学习导师来完成学习任务。

3. 挑选学习地点

学习地点的选择十分灵活，个体可以根据自身需求选择合适的环境。不拘泥于教室，图书馆或咖啡馆等各种场所都可以成为学习地点，只要能保证自身专注于学习。一般来讲，最佳的学习地点是那些能让个体保持高度专注、提升学习投入，激发干劲和积极性的地方。在选择学习地点时，除了个人的偏好，还有一些关键因素需要考虑。首先，舒适的空间能够提供一个有益的学习氛围，让个体感到放松和专注。其次，适宜的设施，如舒适的座椅、桌子和电源插座等，可以提高学习效率和舒适度。再次，良好的照明也是不可忽视的因素，它能减少眼部疲劳，促进长时间学习。最后，方便获取学习资料也是重要的考虑因素。一个有足够书籍、笔记本电脑或其他学习工具的地方，可以帮助个体更便捷地获取必要的信息和资源。

总的来说，学习地点的选择应当基于个体的学习风格和需求。重要的是在选择学习地点时要关注专注度和学习投入，同时考虑舒适性、设施和资源的可用性。这样的选择能够最大限度地促进高效学习，为学习过程提供更好的支持。

---

[1] SUÁREZ-OROZCO C, ONAGA M, DE LARDEMELLE C. Promoting academic engagement among immigrant adolescents through school-family-community collaboration[J]. Professional school counseling, 2010, 14(1): 15-26.

[2] SCHAUFELI W B, SALANOVA M, BAKKER A B, et al. The measurement of engagement and burnout: a two sample confirmatory factor analytic approach[J]. Journal of happiness studies, 2002, 3(1) : 71-92.

4. 保持良好心态

首先，个体要摆正自身态度，态度在很大程度上决定个体的感受。其次，在学习的过程中要为自己找到乐趣，与前文所提到的好奇心和兴趣不同，乐趣可以帮助个体有效地减少学习内容枯燥所带来的负面情绪、信心不足等问题。当学习内容具有一定难度时，个体难免产生压力与紧张的情绪。压力可以分为积极压力与消极压力。积极压力是对压力源的积极面对[1]，有助于个人健康[2]。基于资源保存理论，资源是指个体认为对其有价值的事物或者可以帮助其获得有价值事物的途径。若个体专注于消极情绪，则会从解决问题的情绪资源中转移部分资源来应对其消极情绪，造成个体的情绪资源损耗。因此，克服压力可以通过先将问题拆解成若干小问题，尝试着解决部分小问题，给予自身信心，带着良好的情绪将最终的难题解决。对于个体而言，适当的压力是有益的，在遇到困难的时候，个体需要谨记将注意力集中于问题自身而非其他消极情绪，从而将消极压力转换为积极压力，积极正面地思考，学会面对问题以及调整自身情绪。

5. 强化学习行为

精神层面的奖励旨在帮助个体持续投入，调动其内驱力，而物质层面的奖励旨在引导其塑造学习行为，不断巩固、强调这一行为。基于社会学习理论，个体认知的形成对自我行为能力与行为结果的期望具有影响，精神层面的奖励以及物质层面的奖励所带来的满足感可以有效激励其产生更强大的内驱力。内驱力的三种来源为自主权、胜任感和社交关联[3]，这三种感受会极大地鼓舞人心。精神层面的奖励指的是当个体解决了某一难题或者克服某种困难后，让自己感受"非常好"，这是个体完成具有挑战性任务后的满足感和成就感，可以帮助其消除之前的挫败感和沮丧，提高自我胜任感。同时，个体遇到困难时，想象一下"非常好"的感受可以给自身带来积极的心理暗示。物质层面的奖励发生在行为完成之后，且不属于行为的一部分，例如，一场电影、半小时的游戏等。部分学者的研究表明，奖励会降低个体从事任务的动机质量进而降低创造力[4]。一般来讲，物质层面的奖励安排在学习行为之后，帮助个体强化学习行为。

6. 评估与调整

1) 可视化

可视化可以有效地帮助个体认识自身的现状，有助于个体评估自身学习程度和调整学习进度。可视化通过文字、图像、数据等多种方式进行表达，其原理在于整理当前信息与想法的结构关系，并且用直观的方式进行表现。在将自身的学习现状可视化的过程中需要注意的是要准确，即使用精确的语言、图像和数据，让个体对学习进度有清晰的认知，有助于后续个体对学习进度的评估和调整。

---

[1] SELIGMAN E P. Positive psychology: an introduction[J]. American psychologist, 2000, 55(1): 5-14.
[2] SIMMONS B L, NELSON D L. Eustress:an elusive construct, an engaging pursuit[J]. Research in occupational stress and wellbeing, 2004, 3: 265-322.
[3] DECI E L, RYAN R M. The "What" and "Why" of goal pursuits: human needs and the self-determination of behavior[J]. Psychological inquiry, 2020, 11(4): 227-268.
[4] DECI E L, RYAN R M. Intrinsic motivation and self-determination in human behavior[J]. New York: Plenum, 1985.

2）有效反思

反思是帮助自我提升的一个途径，减少重复犯相同的错的可能性。反思能力作为一种重要的高阶思维能力对于学习大有裨益[1]，是个体有意识地花费一定程度的努力去获取有价值的信息，完成自我设定目标[2]。基于信息加工理论，人的认知过程就是对信息的加工过程，如何组织他们记忆的内容，反映了他们是如何主动地组织知觉的方式，反思过程就是将已有信息重新进行加工，利用处理结果作出决策以及指导自己的行为。古人有云，"以史为鉴，可以知兴替，以人为鉴，可以明得失"，反思就是自我提升的一面明镜。反思既可以通过传统的纸笔考试又可以通过现代高精尖的设备来进行，根据自身学习内容个性化选择反思方式。需要注意的是反思的时机要恰当，确保反思可以帮助个体找到自身的错误但又不会影响其学习的动力。

3）纠正思维中固有的错误认知以及偏见

纠正错误可以归为同化和顺应两个过程。同化是个体将问题经验合并以及整合进自我，并且将那些最开始貌似不相容的因素融入一个更大背景中的过程[3]。同化的过程有助于消除不正确的观念，将新信息与现有知识相结合，促进认知的升华和深化。顺应指的是改变自身思维来适应新模式的过程[4]。这可能需要放下原有的观念和偏见，接受新的思维模式，并将其应用到实际问题中。顺应的过程需要灵活性和开放性，以便适应不断变化的知识和观念。纠正错误认知和偏见需要通过同化和顺应两种方式来实现。同化帮助个体将新的信息融入已有的认知结构中，促进认知的发展和优化。而顺应则要求个体积极改变思维方式，接纳新的观点，以适应不断变化的知识和社会环境。这两个过程相辅相成，为个人的学习提供了坚实的基础。

学习项目设计示例[5]

王鸿飞同学在毕业之际想要相约三五好友领略中华美景，忽然想到之前语文课本中的"朝辞白帝彩云间，千里江陵一日还；两岸猿声啼不住，轻舟已过万重山"所描绘的风景，萌发了想要和同学自驾游的想法，然而碍于之前毫无自驾游经验，王鸿飞向有过自驾游经验的李宇请教如何准备自驾游，从李宇的经验中王鸿飞得知需要"三证"（驾驶证、行驶证和身份证）、线路设定规划图、语言（取决于目的地居民口音）以及准备其他应急措施和物品等。王鸿飞从未有过自驾游的经验，针对自身情况进行总结，目前还未有驾驶证，自驾游的目的地和组队伙伴尚未确定，其他应急事务和突发情况应对方式也没有接受过系统培训。王鸿飞准备为自己设计一份自驾游个人学习

---

[1] 吴秀娟，张浩，倪厂清. 基于反思的深度学习：内涵与过程[J]. 电化教育研究，2014, 35(12): 23-28, 33.

[2] ASHFORD S J, BLATT R, WALLE D V. Reflections on the looking glass: a review of research on feedback seeking behavior in organizations[J]. Journal of management, 2003, 29(6): 773-799.

[3] HONOS-WEBB L, STILES W B. Assimilative integration and responsive use of the assimilation model[J]. Journal of Psychotherapy integration, 2002, 12(4): 406-420.

[4] 丹尼尔·施瓦茨（Daniel Schwartz），杰西卡·曾（Jessica Tsang），克里斯滕·布莱尔（Kristen Blair）. 科学学习：斯坦福科学黄金法则[M]. 北京：机械工业出版社，2023.

[5] 本篇案例由编者编写，如有雷同，纯属巧合。

项目方案,以确保毕业自驾游的顺利开展。

自从有了想要自驾游这个念头后,王鸿飞开始思考是独自自驾游还是组队自驾游呢?想到之前在《培训与开发》课程中学习到团队学习可以相互督促与帮助,独自学习自由度和灵活性更高,认真思考过后,王鸿飞最终选择组队自驾游。为了可以激发更高的效率、拥有更好的自驾游体验,王鸿飞决定利用在课上所学的内容来挑选队员,团队规模定在四人左右,性格也要相投,故而列了以下表格进行队员比较挑选(表7-4)。

表7-4 队员素质总结

姓名	驾车经验	自驾游经验	现居地	兴趣	性格	备注
李菲	无	无	北京	拍照	沉着冷静	1. 李菲是一名医学生,因此其有着较好的医疗知识储备; 2. 姜力、赵雯拥有较高的自驾游兴趣; 3. 齐飞相处时间较短,互相了解程度较低
王琪	两年	无	济南	绘画	容易冲动	
姜力	四年	三年	武汉	赛车	自信积极	
赵雯	无	无	湖南	烹饪	憨厚老实	
齐飞	无	无	东北	未知	暂不了解	

本着成员之间性格相和、水平相齐以及自驾游需要有经验丰富的人作为领导,最终,王鸿飞选择了李菲、姜力、赵雯三位同学一起组队自驾游。没有规矩不成方圆,借鉴之前在《培训与开发》课程中所学团队学习的注意点,在组队之后,为了确保每次小组学习有序进行,经过大家的一致讨论制定了如下规则:第一,按时参加课程学习以及小组讨论;第二,如果有事不能按时参加需要在微信群里进行说明;第三,如果忘记开会由其他成员进行提醒,所以需要各位成员互留手机号码;第四,讨论时间只得讨论与自驾游有关事宜,不得讨论其他;第五,团队内发生争执或者意见不统一时需要共同商讨,注意语气和态度。

根据我国《机动车驾驶证申领和使用规定》的要求,王鸿飞决定选择一家驾校学习驾驶。综合考虑到费用、教练等因素,王鸿飞最终选择了阳光驾校进行车辆驾驶的相关学习,根据驾校安排,科目一、四可以在驾校的手机App中进行学习或者在驾校由老师进行讲授,科目二、三需要到驾校由教练进行实地教授。王鸿飞回想到《培训与开发》课程中老师曾讲到各类学习方法的优缺点,经过认真思考,为自己和团队内的成员安排课程内容。因为正值毕业之际,王鸿飞和其他队员需要写毕业论文以及准备毕业答辩,此次课程王鸿飞尽量安排了线上学习,提高学习的灵活性和便捷性。因此,王鸿飞将自身的科目一、科目四学习设置为下载驾校App,在手机上学习课程内容。同时,王鸿飞还为小队成员报名了"自驾游探险家"线上课程(直播+回看)来学习自驾游突发情况应对策略等内容。为了可以更好地组织此次培训项目,结合之前所学的内容,王鸿飞想要将此次项目进度做到可视化,特此定制了学习进度表格(表7-5)。表格的版式、内容等也是王鸿飞利用个人碎片化时间在网上的经验帖中所学习的。

表 7-5　学习内容安排及完成进度

时　间	学习内容安排	完成情况	备　注
2021年4月15日	科目一学习		
2021年4月16日	科目一学习 自驾游课程学习 小组讨论目的地		
2021年4月17日	科目一学习		
2021年4月18日	科目一学习 自驾游课程学习 小组讨论目的地		
2021年4月19日	复习科目一内容，约考科目一		
2021年4月20日	自驾游课程学习 小组讨论目的地		
2021年4月21日	科目一考试		1. 小队成员建立微信群以方便学习讨论与打卡； 2. 5月初讨论出目的地； 3. 5月底探讨出旅行线路图； 4. 小组讨论选用线上讨论和线下讨论结合，线上选用腾讯会议，线下小组讨论地点另行确定，会议记录轮流制作； 5. 若安排有变，需要实时在共享Excel中进行更改
2021年4月22日	自驾游课程学习 小组讨论目的地		
2021年4月23日	科目二学习		
2021年4月24日	科目二学习		
2021年4月25日	自驾游课程学习 小组讨论目的地		
2021年5月1日	小组讨论——确定目的地		
2021年5月5日	科目二学习 自驾游课程学习		
2021年5月6日	科目二学习 自驾游课程学习		
2021年5月7日	科目二学习 自驾游课程学习 小组讨论线路图规划		
2021年5月8日	科目二考试		
2021年5月9日	小组讨论路线图		
2021年5月12日	科目三学习 小组讨论线路图规划		
2021年5月13日	科目三学习 小组讨论线路图规划		
2021年5月14日	科目三学习 小组讨论线路图规划		
2021年5月15日	科目三学习 小组讨论线路图规划		
2021年5月16日	科目三学习 小组讨论线路图规划		
2021年5月17日	科目三学习 约考科目三		
2021年5月18日	小组讨论线路图规划		

续表

时间	学习内容安排	完成情况	备注
2021年5月19日	科目四学习 小组讨论线路图规划		
2021年5月20日	科目四学习 小组讨论线路图规划		
2021年5月21日	科目四学习 小组讨论线路图规划		
2021年5月22日	科目四学习 小组讨论线路图规划		
2021年5月23日	科目四学习以及约考 小组讨论线路图规划		
2021年5月24日	科目四考试		
2021年5月25日	确定路程规划图		
2021年5月26日	驾驶证申领 小组讨论物资准备		
2021年5月30日	购买物资		
2021年6月1日	小组讨论——制订出游计划		
2021年6月2日	租车、检查车辆以及购买保险		
2021年6月3日	打包行李：着装、食品、医疗等		
2021年6月4日	与小队内成员线上复查行李并且与家中长辈告别		
2021年6月5日	出发		

王鸿飞将表格设定为共享表格，将每天任务完成情况进行记录以清楚目前培训项目的进度。为了可以更好地完成此次培训任务，王鸿飞将课堂上所学和与此次培训相关度较高的培训方法列表比较（表7-6）。

表7-6 培训方法对比

培训方法	优点	缺点	操作方法
讲授法	快速直接、有利于受训者在短时间内系统地接受新知识	受训人员比较被动、不利于因人而异	报班学习
研讨法	相互启发、取长补短、开阔思路	花费时间	小组讨论
行为示范法	传授直接、易懂、易上手	受训技术比较单一、培训者某些不良的工作习惯和其本身水平的高低会影响学员的培训效果	科目二、科目三道路学习
案例法	主动参与、增进人际交流	缺乏普遍适用性、对案例质量的要求较高	小组讨论
社交媒体培训	参与性强，灵活性较高	需要甄别内容的正确性	不打算采用
仿真模拟游戏培训	激发受训者学习的积极性，知识和技能也易于迁移	对受训者产生一定的误导	科目二、科目三道路学习

王鸿飞在抖音以及哔哩哔哩网站上关注了几位有着丰富的自驾游经验的博主，与

> 此同时，王鸿飞等人还加入自驾游贴吧、讨论组等学习自驾游经验，利用碎片化时间学习自驾游知识。在科目二、科目三的教练一对一行为示范过程中，王鸿飞还向教练请教了若干道路突发情况应对措施等，为了提高科目二以及科目三考试通过的可能性，结合之前在课程中所学习到的培训方法，王鸿飞选用了驾校所提供的道路模拟器，通过仿真模拟游戏培训的方法来增加自己的开车熟练度。在小组讨论的过程中，学习团队就经典案例产生了讨论，增强了团队内对于自驾游突发情况的应对意识。
>
> 自从 5 月 1 日小队将自驾游的目的地定为贵州，初步拟定想要去的景点，小组便开始利用自驾游课程中所学制定路线图要点，结合博主和讨论组中所得经验，开始讨论制作自驾游线路图。基于信息加工理论和自我效能理论，王鸿飞等人对自身有着合理的预期，并且不断修正自驾游线路图以制作出能力范围内最合理的线路图。最终于 5 月 25 日确定最终线路图，黔南州荔波县—贵阳—安顺—毕节。依据线路图，结合"自驾游探险家"线上课程的学习内容，小队成员采用了研讨法多次探讨并共同收集了贵州相关信息。贵州方言属于西南官话（上江官话），口音与北京相差较大，小队成员通过互联网方言处理器学习了部分常用语言，同时了解到贵州饮食重辣，夏日白天气温偏高且多雨，温差较大，需要在衣物、医药以及车辆防滑等方面预防危险。小队于 6 月 1 日制订了出游计划，主要从物资准备、驾车安排、沿途医院和汽车维修点整理、参观安排等方面进行制订，进行了多番探讨及修订。

7.2　培训项目设计

培训项目设计需要营造学习氛围、获取相关知识、确立培训原则以及设计培训项目计划书。根据吸收能力理论可知，知识吸收能力是组织通过利用外部知识不断创新并保持竞争优势的关键，因此，一个高质量的项目设计不仅可以使得整个培训项目事半功倍，而且有助于组织增强其创新能力和灵活应变能力。

为了使培训满足第 3 章所提及的培训需求，培训项目的设计有着举足轻重的作用。项目设计是指培训项目的组织和协调。一个优秀的项目设计可以有效地指导整个项目开展，确保学习内容合适、保持学习氛围、有效率地完成培训目标。

7.2.1　影响培训项目设计的因素

影响培训项目设计的因素有很多，主要分为个体因素、家庭因素、组织因素以及社会因素四个层面（表 7-7）。个体因素的关注有助于满足员工的个性化需求，家庭因素的考虑能够促进员工在工作与生活之间的平衡，组织因素的综合分析确保培训与组织发展相契合，社会因素的把握则使培训项目保持时代感和前瞻性。综合考虑这些因素，组织可以制定出既符合需求又顺应员工发展的培训项目设计，有助于更加有效地提升员工技能水平，激发他们的潜力，并在持续发展中为组织赋能。

表 7-7 影响培训项目设计的因素

因　素	培训效果影响因素
个体因素	性别、年龄、婚姻状况、职称、是否有培训经历、学习态度、学习动机、自主学习能力、个人需求
家庭因素	配偶情况、家庭人口数和家庭经济状况、家庭氛围、家庭成员学习支持、家庭经济水平、家庭成员教育程度
组织因素	培训时间、培训地点、培训师资、培训方式、培训费用、培训频度、组织内部的文化、组织学习氛围、培训迁移气氛、组织工作节奏、培训项目和工作环境
社会因素	社会政策、社会学习氛围、社会学习支持服务、国际政治经济关系、科技水平、政治局面

7.2.2 项目设计的前期准备

项目设计的前期准备是确保项目顺利启动和实施的关键阶段。在项目设计的前期准备阶段，充分的规划将有助于项目的顺利启动和高效实施。这一阶段的工作能够为项目的后续阶段奠定坚实的基础，确保培训项目实现预期目标。

1. 营造学习氛围

基于学习型组织理论，培养组织成员的自我超越意识，改善其心智模式，建立共同愿景，搞好团体学习，有助于促进学习内容在日常工作中的应用和组织的成功。良好的学习氛围可以促进学生更好地专注于培训活动，让整个培训活动获得更好的培训效果。在学习过程中，组织应当提供员工交流的学习环节，增加互相督促学习以及创造学习内容应用到日常工作的机会，如增加研讨会、学习小组等环节。同时，组织还可以制定各类激励机制，增加员工互相学习的主观能动性。

2. 获取相关支持

管理者支持是指受训者的管理者在何种程度上强调参加培训项目的重要性、将培训内容应用于工作中，以及为受训者提供将其所学应用于工作中的机会。同事支持是指由学员组成学习小组，通过互相分享进行知识共享和互相督促培训内容应用于日常工作中。技术支持是用于支持培训项目顺利进行的计算机应用系统。基于资源基础理论，组织决策有可能产生组织内部冲突，即决策制定者、执行者、相关利益者在目标上并不一致，各人都将从最大化自己的效用出发影响决策行为。为了培训项目被能够顺利开展，需要获得多方同意及支持，避免因为矛盾导致培训项目被搁置或进行不顺。

3. 制定项目设计原则

培训项目设计的原则指导培训部门如何制定培训项目，是整个培训项目的指导方针。项目设计应当遵从以下原则。

（1）战略性。战略是一个组织经营过程中的最高纲领，培训活动作为服务于组织经营的一个活动，必须服从和服务于组织的战略要求。整体培训项目需要在组织整体战略方针的指导下进行设计，不能将两者割裂。

（2）学员需求分析。培训项目一定是基于学员需求分析而设计的。

（3）多部门共同制订。培训项目初步设立之后需要与多部门协商，以确保培训项目的可行性。

（4）效益。组织从事任何活动都会讲究效益，培训项目也不例外。培训项目争取以最小的投入获得最大的产出，做到在费用一定的条件下，要么使得培训效果最大化，要么使得培训费用最小化。

（5）岗位胜任。组织设立培训项目的一个重要原因就是需要员工能够很好地与岗位适配，提高其生产率，为组织谋得更大的利益。

（6）灵活。在培训项目实施的过程中必然受到很多因素的影响，因而培训项目设计需要尽可能灵活以保证与学员之间的适配性，培训项目的灵活性可以让整个活动更加自如地应对各种突发问题。

（7）时限性。制定一个培训项目需要在一定时间内完成，否则会增加培训成本，同时，培训效果也需要在一段限制的时间内可衡量，否则无法准确地估计培训项目转化的效果。

7.2.3 培训项目计划书

培训项目计划书（见图 7-2）是为了实现一定的培训目标，将培训的各类要素进行全面的、客观的、合理的安排而形成的一种指导性方案。培训项目计划书是记录培训项目设计成果的文件，是培训项目设计的最终呈现。它不仅是做好培训工作的前提保证，也直接影响着一个培训项目的效果。

图 7-2 培训项目计划书框架

培训项目计划书的确定方式主要由项目组织者和培训参加者共同决定。培训项目计划书的初稿完成后，组织还应召开培训项目计划会议，对培训项目计划书的初稿中的每一个条目逐一展开讨论，由参会人员提出修改意见，培训项目管理者汇总修改意见并写成答复文件，根据实际情况进行调整，最终形成可行的培训项目计划书。

培训项目计划书可分为年度培训项目计划书、部门培训项目计划书、新员工入职培训项目计划书等。一般来讲，一份培训项目计划书包括以下九项内容。

1. 培训目标

培训目标是指培训项目结束后组织希望员工可以达到的具体可衡量的行为表现，同时，培训目标是培训内容和课程设置的基础。确立培训目标的意义在于明确培训的最终结果标杆，以及为培训效果评估与追踪提供依据。由于不同岗位的职责不同，其培训目标往往也有所差异。培训目标订得越具体、越有实操性，越有可能实现。样例如下。

1）销售人员的总目标

提高销售人员的总体销售技能和素质，从而提高销售人员的业绩和对组织的了解，进而增加组织的销售额和市场占有率，达成组织的销售目标和预定销售业绩。

2）销售人员的基本目标

（1）掌握系统的销售理论和销售技巧。

（2）增加销售人员对于本组织产品的了解和对本行业专业知识的积累。

（3）增强销售人员的自信心，提高他们的社交能力与沟通能力。

（4）提高销售人员的团队意识，树立良好的竞争态度。

2. 培训对象

挑选合适的学员对于将培训效果最大化大有裨益。基于吸收能力理论，吸收新知识可使组织变得更具创新性和灵活性，且相比不吸收新知识的组织有着更高的绩效水平。向业务部门征求意见后，组织可根据人员需求分析结果和组织发展战略，确定需要接受培训的员工范围。

3. 培训内容

培训内容是培训活动要向学员传授知识和技能，是目标提出需要员工进行习得的部分。针对不同的培训对象和培训目标提供不同的培训内容，资源基础理论认为，组织是各种资源的集合体，组织拥有的资源各不相同，这种异质性决定了组织竞争力的差异。在挖掘到培训需求和设定培训目标之后，需要匹配相应的学习内容和合适的课程才能更好地实现培训目标。培训内容是整个培训项目活动的核心，项目开发人员在开发项目时，需要以第 3 章的需求分析以及整体培训目标为基础，为学员开发与其适配的课程、教材、幻灯片、案例以及题库，具体内容开发请详见本书第 8 章。

4. 培训预算

培训预算的数额应该由组织按行业特点、组织实力以及员工知识水平等因素综合共同决定。对于培训项目的设计者来讲，在编制培训项目计划的同时需要制订出必要的成本控制和费用节约方案，并要考虑培训项目预算的分配合理性等问题，这直接关系到培训项目可以审批并顺利实施。培训项目管理者确定整体预算的核算基数，进而确定整体预算的费用。具体的比例会因组织的规模、培训项目的性质、目标受众以及所在行业等因素而有所变化。在规划预算时，需要综合考虑这些因素，并根据组织的优先级和战略目标来合理分配预算。

培训预算方法如表 7-8 所示。

表 7-8 培训预算方法

预算名称	内　　容
比较预算法	参考同行业培训项目的费用，结合本组织的实际情况，共同确定培训项目预算数额
比例确定法	对某一基准值设定一定的比率，决定培训项目经费的预算额。例如，根据当年销售额 2%来确定组织的培训项目预算数额
人均预算法	预先确定参加培训项目活动的人均培训预算额度，然后乘以参与此次培训项目所有学员人数，最后确定整体的培训项目预算额
推算法	根据以往的培训项目实际花费数额确定此次培训项目预算使用额度
需求预算法	根据培训项目的需求确定一定时限必须开展的培训项目，分项计算培训经费，最终加总求和得出预算
费用总额法	一般来讲，组织会规定人力资源部门的费用总额，然后再将总额细分到各个人力资源职能部分，即将培训项目的预算额设定为人力资源部门费用总额的百分数，求得最后的预算额

5. 培训时间、场地与方法

培训时间要根据组织的实际情况、员工的工作安排，与相关的部门商榷而定。在具体时间的选择上，组织会本着不影响组织正常业务开展的原则，一般会根据培训目标、培训部门生产计划、员工需求等来制定具体的培训时间。例如，新员工入职培训选择在入职之前。在确定好培训时间后需要制成正式时间安排表下发给学员，方便学员安排好工作任务从而按时参加培训活动。课程时间的安排主要包括三个方面：开课时间、结课时间、上课频率。合理安排培训时间，有助于培训师在整个培训过程中有条理地帮助组织达成培训目标。

培训场地是指实施培训的场所。一个优秀的培训场地应该是舒适的、交通便利的、不受干扰的、能够给培训师良好的授课体验和学员良好的受训体验的场所。在挑选培训场地时要注意培训场地的大小、配套设施、色彩构成、噪声、通风等。培训场地的空间一定要能够容纳所有参加培训项目的人员，足够开展一切与培训项目相关的活动，以及所有相关的配套设施。同时，场地周边的噪声、光线等干扰因素也应当纳入考量之中。在选择场地时，项目管理者或培训师要仔细检查场地周边的环境和内部的照明设施和通风系统，如场地是否紧邻立交桥、地铁站等人流量大、噪声大的地方，场地内的通风设施是否良好、启动噪声音量是否过大、照明设施是否完好无损、亮度是否合适等。

在布置场地的时候，场所内的色彩尽量选取明亮的颜色，暗淡的颜色会让学员产生疲惫感，此外，尽量减少场地内与培训活动无关的任何事物以及反光区域，以免分散学员的注意力和增加听课难度。当培训活动需要多媒体、音响、连接网络等技术支持时，项目管理者或培训师需要提前检查设备是否完好，注意音量适宜，确保场地内网络连接顺畅以及有充足的设备供学员使用。如果需要学员使用计算机等设备，场所内的电源插座数量和间隔应当适中。由于培训项目的不同，可能有些项目需要学员与培训师进行互动，有些项目需要学员与学员之间互动，有些项目需要学员与学习内容之间交互等。培训场地内座位摆放需要根据预先设定的培训项目所需培训形式来定，合适的就是最好的。例如，高协作的学习形式需要选择扇形摆放桌椅，需要隔音效果好的教室，高自主学习则可以选择电脑教室或者教室型座椅摆放，减少学员之间的干扰，增加学员自我思考空间。除了传统意义上的会客厅、会议室、教室等，咖啡厅、用餐区、个人工作区域等都可以作为培训场地。

培训场所要素总结如表 7-9 所示

表 7-9 培训场所要素总结

噪声	检查空气循环系统、空调系统、邻近房间及建筑物之外的噪声
色彩	尽量选用明亮的色彩，如橘色、黄色、绿色等，避免使用白色，显得过于冷清和呆板，避免选用黑色、棕色等深色，会使心理产生封闭感，容易让人疲惫
房间结构	应该选用近似于方形的房间，过长的房型会让学员们难以听清、看清培训师的投影内容，不利于学员与培训师、学员之间的互动
照明	光源主要是日光灯。白炽灯应分布于房间四周，并且在需投影时作为微弱光源
墙与地面	尽量使用相同色调，避免分散注意力，只有与会议有关的资料才可以贴在墙上
会议室的椅子	会议室的椅子尽量选用有轮子、靠背、可旋转的座椅，有助于学员分组讨论时移动座位
反光	检查并消除金属表面、电视屏幕和镜子的反光
天花板	避免过低给人以压迫感
电源插座	如果需要学员使用电脑需要注意电源的数量和间隔
音响	检查墙面、天花板、地面和家具对声音的反射和吸收情况。应与三四人共同调试，使得培训场所内各个座位均可听清

资料来源：FINKEL C L. Meeting facilities[M]//CRAIG R L. ASTD Training and Development Hand book.3rd. ed New York:McGraw Hill, 1996: 978-989.

培训方法的选择是建立在培训目标与培训内容之上的。举例来说，若培训项目着重于教授新知识，则可以选择讲授法、行为示范法等；若此次培训目标是想改变学员的工作态度、工作习惯等方面，则可以选择角色扮演法、仿真模拟游戏培训等；如果组织想要提高学员线上学习能力等，则可以使用社交媒体培训。总之就是要让学员沉浸在整个教学过程中，切身体会教学内容，将教学内容内化。由此，本书将培训方法分为传授指导式培训法、实践参与式培训法、数智化培训法等三类。这三类培训的具体内容及效果分析请详见第 5 章。

6. 培训设施

培训设施包括培训所需的辅助设备以及教材等物品。辅助培训设备不仅有助于增加教学效果，使得教学内容更加生动、直观，而且有助于学员获得较好的上课体验，让他们沉浸在课堂中，更加专注、认真。在培训活动开始之前，项目管理者或培训师应当将所需用到的辅助培训设备提前准备好并且带到培训场地一一调试好，避免在培训活动进行中出现差错。例如，若培训活动中需要使用投影仪等设备，需要提前带到培训场地进行调试，确保不会因为电源、投影仪位置摆放错误而无法保障培训活动的顺利开展。

培训项目所需设施比较如表 7-10 所示。

表 7-10　培训项目所需设施比较

设施名称	优　点	缺　点
投影仪	1. 可以直观展示授课内容； 2. 方便与学员互动； 3. 可以灵活安排授课内容的次序和内容删减	1. 调试设备容易出现问题，对场地要求高； 2. 对于较远端学员观看具有难度； 3. 长时间观看容易视觉疲劳； 4. 对于光线要求较高
高清设备录像	1. 放映效果好； 2. 正常光线可用	1. 需要使用特殊设备和仪器； 2. 容易造成视觉疲劳； 3. 价格昂贵，对场地要求高
白板/黑板	1. 书写方便； 2. 成本较低； 3. 设备易获取； 4. 可反复使用	1. 教师笔迹可能难以清晰辨认； 2. 远端学员观看难度较大； 3. 可能会有反光现象
海报、宣传物	1. 携带方便； 2. 可重复使用； 3. 可提前准备	1. 容易破损与丢失； 2. 可能会分散学员注意力

7. 项目管理者与培训师

负责培训工作的组织者一般为组织的人力资源部门下属的培训中心，部分大型组织有专属的组织大学专门负责组织的培训工作。培训的管理者负责培训项目的全流程工作，对整个培训项目有着至关重要的作用。培训师是负责为培训对象教授知识和技能的人，是整个培训项目的关键，因此如何挑选一位或多位合适的培训师需多加思考。

培训师的来源主要有外部聘请和内部选拔。组织需要根据其实际培训需求进行培训师的选择。外部聘请的培训师可能存在有更丰富的培训经验、更系统的课程开发技能以及更好的表达和沟通技巧，给予员工一定的新鲜感，选择范围大等优点。但是也可能存在成本大、不清楚本组织的文化与战略、与员工相处不融洽、针对性不强等缺点。而内部选拔的培训师可能更了解本组织的业务，能够更加贴合业务地去进行培训活动，更加了解本组织的组织文化与组织战略，激励员工不断上进成为标杆人物，减少大量搜寻成本，但也有选择范围小、权威性差、缺乏新鲜感以及缺少行业内新思想等缺点。两种来源的培训师都需要培训部门和有关部门的评估与监督以谋求更好的培训效果。

培训师的有关能力是要有丰富的工作经验、相关领域的持续研究、一流的表达能力、优秀的引导能力以及耐心。

（1）丰富的工作经验是指有着贴合培训内容的大量行业工作经验以及作为培训师丰富的讲授工作经验。在拥有大量工作经验的前提下，培训师可以就某一现象或问题，分析和总结其背后的本质和逻辑，找出其背后实质性的问题，为组织及学员提出切实可行的指导建议，这样的培训活动才更加有针对性和适配性，可以让学员掌握实际的工作技能，帮助组织彻底解决问题。

（2）相关领域的持续研究是指培训师不断更新自我知识，不断提高自我业务能力。身处信息时代，面对着激烈的市场竞争，组织在发展的浪潮中可能会遇到许多隐藏的问题，一个经验丰富的培训师可以及时发现问题，帮助组织解决实际问题，而不是简简单单地讲解过时的案例。培训师需要推陈出新，将理论知识不断创新，以配合当今高速发展的时代，将理论应用不断创新，解决更大范围内的组织问题。

（3）一流的表达能力也是衡量培训师授课能力高的一项重要指标。培训师必须用准确、精辟的语言来进行授课。语言的准确性与否决定了培训师是否可以精准地表达自己的意思和项目内容，语言的精辟与否决定了培训师能否高效率地完成授课任务，向学员传递更多的知识内容。同时，一个优秀的培训师也需要具备良好的沟通能力，提高学员的培训项目参与感和学习积极性。

（4）优秀的引导能力是培训师不仅教会学员项目内容，而且教会学员如何学习，即学习的能力。在整个培训活动中，培训师需要讲授项目内容，但最重要的是帮助学员学习，引导学员走向学习的路。一个优秀的培训师需要根据学员的素质和兴趣来选择合适的教学方式，以此引导学员进行学习，提高学员的知识理论水平。因此，培训师需要具备良好的引导能力来应对培训活动内一切可能出现的问题。

（5）耐心是一位培训师不可或缺的素质，它有助于培训师深入细致地理解学员们的需求和问题。通过耐心倾听，培训师能够更准确地捕捉学员的困惑和疑虑，从而更好地调整讲解策略。耐心的态度还能够在学员面临困难时提供支持和鼓励，激发积极的学习动力。此外，耐心还能够营造融洽的学习氛围，促进师生之间的互动和交流。

培训师对于一个培训项目是否有效果具有重要意义，因此，挑选合适的培训师需要一系列缜密的决策步骤。首先，可以通过媒体、网络以及他人推荐等形式收集外部培训师的信息，通过内部绩优员工的自荐、他荐等形式确立内部培训师的初步范围。其次，根据组织的培训目标、需求、培训预算等要求以及培训部门和相关部门的审查结果，确定初步名单。再次，请初步名单内的培训师进行小范围试讲，由培训部门和相关部门进行评估，根据最终评估结果拟定培训师的名单。最后，将拟定名单报送给有关领导，确定最终培训师名单并与培训师签署合作协议。

8. 跟踪与评估

将评估结果反馈至培训目标的制订和实施过程，这意味着组织必须根据评估结果进行反思和调整，从而优化培训项目计划。组织应特别关注评估结果中的优势和改进点，以进一步提升培训项目的质量和效能。这样的循环反馈机制有助于不断地改进培训策略，确保其与变化的需求保持一致，同时也加强了组织对培训成效的持续关注。

9. 设置应急预案

培训项目计划中要制定培训项目的应急预案，在整个培训过程中可能会出现各种不确定性因素，例如，教室停电、火灾、地震、学员急性疾病发作以及其他突发事件。应急预案是组织和企业保障自身在面对突发事件时能够作出快速、明确和有效反应的重要工具。在危急时刻，组织能够通过迅速、透明和有效的应对来维护其声誉和信任度。合理的应急预案有助于减轻负面影响。同时，应急预案可以促进内部协调和合作。在紧急情况下，各个部门或团队需要紧密合作，预案能够明确分工和责任，有助于组织建立应对未知情况的灵活性和能力。

开篇案例参考答案

即测即练

扫描此码
自学自测

学习与培训内容开发

学习目标

★ 了解课程相关的基本概念；
★ 了解教材编写的具体细节；
★ 掌握课程幻灯片制作的细节；
★ 了解课程案例选择的原则；
★ 掌握配套题库的制作原则与应用。

开篇案例

雷邦公司（以下简称雷邦）作为化工界的一颗熠熠新星，其员工培训体系的建设独具特色。其中，雷邦为每一位员工提供的针对性的培训尤为突出。因而雷邦的"人员流动率"一直保持在较低的水平，在雷邦总部连续工作30年以上的员工随处可见，这在"人才流动成灾"的A国是难得可见的。

雷邦拥有一套完整流畅的培训体系，该公司每年会根据员工的素质、各部门的业务发展需求等拟定一份培训体系的大纲。培训内容的开发专员在大纲上清楚地列出该年度培训课程的题目、培训内容、培训讲师、授课时间等，并在年底前将大纲分发给雷邦的各个业务主管。之后，开发专员再根据员工的工作范围，参照培训大纲为每类员工制订一份详细的培训计划，员工会按照此计划参加相应的培训。每位员工都有机会接受像商务英语写作、软件应用、有效的工作方式等培训。此外，员工也可以向业务主管提出自己对某些课程或领域的需求，公司会根据员工的需求为员工安排合理的培训，以此为员工提供平等的、多元化的培训机会。

雷邦会根据前期的培训计划和需求分析选择相应的教材，例如在《有效的工作方式》这门课程中，雷邦专门编写了特有的教材，教材每个重点模块中都包含不同工作方式的案例，组织聘请的培训师会在培训过程中加入案例的讲解。在培训课程结束之后，雷邦会采用线上作业的形式考察员工的知识掌握情况，也会在员工工作时对员工的新技能掌握情况进行一定的考察。

雷邦的这种员工培训体系使员工真真切切地感受到自己职业发展的机会和空间，从而有助于公司自身的发展与人才保留。

请仔细阅读以上案例并回答下面的问题：
1. 雷邦在开发培训内容时首先设计了什么？
2. 雷邦的"人员流动率"为什么保持在较低的水平？
3. 如果你是雷邦的管理者，你认为还可以如何开发员工的培训内容？

引 言

雷邦的培训体系在不断提升员工自身素质的同时，也使得自身的产品适应不断变化的市场需求，而培训体系的建立显然离不开该公司对培训内容的开发。由此可见，企业如果想要搭建良好的员工培训体系，需要打好培训内容这一"地基"。培训内容的开发不仅能够助力组织架构的完善，而且能够使得组织更具活力与稳定性，从而在企业的竞争中获得更大的优势。

培训内容的开发是培训师的授课利器。组织通过调研可以开发出适应具体学员的教学内容，使得培训内容与培训目标一致，从而更加有的放矢地开展培训工作。学员们也会快速融入课堂之中，其学习需求得到满足。恰当的课程和课程设置给予学员更加清晰的课程脉络，有助于学员理解为了实现某一目标或者复杂目标，他们都需要"学什么"；一套合适的幻灯片可以为学员提供更加精彩的课堂和缜密的课后复习材料，帮助学员更好地预习和复习培训内容；合适的案例能够使得学员身临其境，同时提升他们的学习兴趣和专注力；配套的题库能够让学员及时运用新知识，进一步夯实所学内容。

　　目的明确且内容清晰的内容开发能够把"学员们应该知道"的培训需求，转变为能够解决学员们真实需求。在根据培训方案制作幻灯片时，假设培训课程是一座冰山，幻灯片中展现的内容不能仅仅是"冰山"的上半部分，即课程的内容的表面，还要呈现"冰山"在水下的部分，即培训内容的思维与运用。讲师可以在特定的情况下针对不同学员制定不同的培训方案和内容，这样可以提高整个培训工作的效率和学员们的学习效率。

　　由此可见，培训内容的开发在培训管理流程中处于核心的位置，它需要承接培训需求分析所提的培训要求。只有学员学到有用的知识和技能之后，才能提升他们的工作能力与效率，提高其自身的工作绩效。要想获得良好的培训成果，需要分别从课程与课程设置、教材的内容、幻灯片、案例、题库五个方面认真考虑。本章对以上五个方面进行了较为详细的介绍。8.1 节介绍了有关课程和课程设置的基础内容，让读者对课程和课程设置有一个初步的了解。8.2 节先运用了优缺点比较法帮助读者了解教材内容的选择，然后为读者介绍编写教材的过程。在 8.3 节中，按照聚焦培训目标、唤醒学员旧识、讲述课程内容、引导应用新知四个模块介绍幻灯片内容的制作过程，同时从六个方面对幻灯片的美学要求进行阐释。8.4 节则介绍了课程案例的选择和编写方法，并且提供案例示例帮助读者更好地理解此章节。8.5 节阐述了题库编写的原则和题库的应用。

8.1　课程相关的基本概念

　　组织在确定培训需求之后，需要开发与其相匹配的培训内容，才能更好地实现培训目标。课程是学习与培训内容的"具体化"，是指为了实现特定的培训目标、满足培训需求所展开的一系列具体的实践活动。一方面，培训内容的开发需要依托企业相关课程的理论和方法；另一方面，课程也是塑造企业文化的重要工具，企业可以通过课程传达企业的核心价值观和理念，培养员工的组织意识感和责任感。

8.1.1　课程与课程设置

　　负责培训的有关部门需要在培训活动开始前向学员提供培训项目概述，它包含课程目标、课程设置、课时设计、课程路线图以及其他有关的信息。让学员明白整体项目的目标、课程的实用性以及课程结构如何实现其目标。

课程是指为了完成相对具体的学习目标而设置的学习项目,仅提供特定且有限的知识或技能的学习内容。一门课程通常可能会持续几个小时甚至数周的时间,有着不一样的内容和主题,并且可能会包括几个单元或者课时。课程设置是指为了实现复杂的学习目标而进行的有计划的学习项目设计。例如,为了将学员培养成立即上岗的技术人员,课程设置通常包含多种课程或项目。

8.1.2 课程路线图

课程路线图是指呈现某一培训项目的所有课程、学习者可选择的完成项目的方式、课程安排顺序等信息的概览图。在学校教育中,通常称之为培养方案。每一门课都会提供可用于帮助开发和设计详细课程的信息。其具体包括以下内容①。

(1)课程目的与重要性。
(2)课程所需的必备技能。
(3)课程涵盖的学习目标或能力以及支持性或激励性目标(即为了完成学习目标须完成的一个目标)。
(4)课程内容和期望值。课程可能涉及涵盖的内容、呈现内容的方式以及内容的结构。
(5)内容的传授方法(例如,在线、课堂和集成学习)。

图 8-1 所示是依据某校人力资源管理专业的培养方案绘制的部分课程路线图示例。

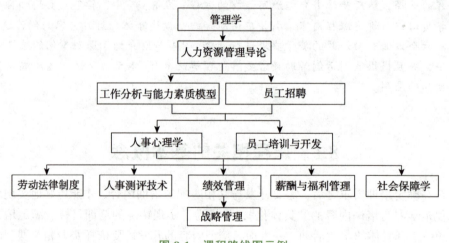

图 8-1 课程路线图示例

8.1.3 课程大纲

课程大纲是组织根据培训项目计划书的要求而设计的有关每一门课程的总体框架。其主要功能是通过授课教师对课程的规划促进学生对课程目标的达成。课程目标是指组织明

---

① DRISCOLL M, CARLINER S. Advanced web-based training strategies: unlocking instructionally sound online learning[M]. Hoboken, NJ: Wiley, 2005.

确规划教学过程中所要达到的总体预期结果和学习成果的描述。与学习目标不同的是，课程目标是教学的总体目标，而课程目标可以指课程中的每一章节的目标，学习目标相对课程目标来说更为具体与明确。学校通常会在各种考试大纲中参考各种维度的考试要求，制订相应的课程目标和学习目标，如图 8-2 所示。

图 8-2　制订课程目标和学习目标的流程

　　2019 年的《北京高考数学考纲》中提到了"了解、理解、掌握"三个维度，2023 年的《考研政治大纲》中列出了"了解、理解、掌握、应用"四个维度。组织同样可以将考试大纲中的维度运用到课程目标的制定中，不同的知识点有其相对应的掌握程度。在课程目标和学习目标的制订当中，本书则采用了"了解、理解、掌握"这三个维度，这三个词语分别代表了该知识点对应题目的难易程度。具体地说，"了解"就是知道该知识点"是什么"；"理解"要求"知其然，知其所以然"；"掌握"这一维度不仅要求知道解决什么问题，还要求熟练灵活地解决问题。

　　课程要求是组织针对讲师和学员设置的要求，使得讲师有目的、有计划、有组织地引导学员积极自觉地学习和快速掌握知识与技能，促进学员专业知识水平和专业技能的提高。学时分配是每个课程按照不同的教学环节所分配的学时数。课程内容是指各门课程中特定的事实、观点、原理和问题及其处理方式。课程大纲是组织根据教学计划的要求而设计的有关讲师教学和学员学习的总体框架。课程大纲可以提炼课程的主要内容，为的是让学员更快、更清晰地了解课程的脉络和逻辑。课程大纲的主要特点有两个。

1. 纲要性

　　所谓纲要性，指的是组织将课程的纲目和要点提纲挈领式地写出来，包括课程类型、适用对象、课程目标、课程要求、课程内容、学时分配等。

2. 条理性

　　所谓条理性，指的是文字材料应当擘肌分理，组织在制定课程大纲时需准确且清晰地列出主要问题，并为每个问题列出相应的子点，以确保结构清晰明了。

　　以下是某校《劳动法律制度》课程提纲中的部分示例，供读者理解。

（1）课程基本信息（表 8-1）

表 8-1　课程基本信息示例

课程名称	劳动法律制度
课程编号	051042B
课程类型	学科基础课
总学时	32（讲课学时为 21、实验学时为 2、其他为 9）
学分	2
适用对象	人力资源管理
先修课程	人力资源管理导论

（2）课程目标（表8-2）

表 8-2　课程目标示例

课程目标	目标 1	了解劳动法的历史起源、劳动法的基本原则，帮助学生树立正确的劳动价值观，培养学生热爱劳动和劳动人民的情感
	目标 2	知道并准确理解劳动合同法律制度、集体合同法律制度、劳动基准法律制度以及劳动争议处理法律制度
	目标 3	能够较为熟练运用劳动法律制度员工关系管理，建立规范化的人力资源管理体系，包括会根据实际需要区分劳动关系和劳务关系，提出规范化的多元用工方案；能够依法签订、履行、变更、解除和终止劳动合同；能够组织和参与集体协商，签订集体劳动合同；能够参与劳动争议和解、调解、仲裁和诉讼，并且初步掌握部分法律文书撰写

（3）课程学时分配（表8-3）

表 8-3　课程学时分配示例

序号	章 节 内 容	讲课	实验	其他	合计
1	第一章　劳动法制基础理论	4			4
2	第二章　劳动法律关系	2		2	4
3	第三章　劳动合同法律制度	9		3	12
4	实践教学：旁听仲裁		2		2
5	第四章　集体劳动法律制度	1		1	2
6	第五章　劳动基准法律制度	2		2	4
7	第六章　劳动争议处理法律制度	1		1	2
8	复习、答疑	2			2
合计		21	2	9	32

（4）课程内容（表8-4）

表 8-4　部分课程内容示例

第一章　劳动法制基础理论（4课时）		
学习目标	了解：劳动法形成的社会背景、劳动法的体系和地位； 理解：劳动法中劳动的特征、劳动法的调整对象以及劳动法律关系；理解劳动法的价值取向，培养学生热爱劳动和劳动人民的情感	
重点难点	重点：劳动法产生的社会背景：工业劳动的社会化；劳动法的概念、调整对象及其特点； 难点：根据劳动法产生的社会背景，理解生产关系改变对劳动法的挑战	
一、导入：劳动法的产生	1. 英国《学徒健康和道德法案》产生的背景； 2. 工业革命的社会背景——意思自治、不干预的劳动政策——社会问题——劳动立法	案例和资料 纺织工厂的童工和雾都孤儿的故事
二、劳动法的概念	1. 劳动法中劳动的特点：从属性、契约性、职业性和有偿性。 2. 劳动法的概念。 3. 劳动法的调整对象： • 劳动关系； • 与劳动关系密切联系的社会关系	案例讨论、理论分析
总结	讲述	

8.1.4　课程设计方案

课程设计方案是指描述每一个学时或单元的主要活动和具体时间的计划。设计方案可以帮助讲师明确每一个模块所需时间，增强讲师对培训活动的把控能力，同时，也为监督人员监控整体项目活动提供了依据。

1. 课程单元及其划分原则

为了方便学员能够有效率地、有条理地掌握培训内容，组织成员需要将全部培训内容进行单元化。

一个单元主要由单元名称、培训对象、授课时间、授课目标、授课方法、授课工具以及能力训练任务组成。单元名称根据培训内容所设置。培训对象一般指参加培训的学员，具体对象的选择依据组织分析和人员分析的结果，以此确认学习对象和其是否做好受训准备。授课时间由培训内容复杂程度和单元性质而定，若该单元内容难度较大、较为重要，则所分配的授课时间需要长一些；若单元内容简单，授课时间需要短一些。单元的授课目标会比整体培训项目的目标更为具体。授课方法包括传统指导式培训法、实践参与式培训法和数智化培训法。授课工具包括课程幻灯片、学习软件、会议软件等。能力训练任务是指为了巩固学员所学单元内容而设计的练习项目。

需要注意的是，组织需按照逻辑顺序将划分的单元逐步展开，各个单元之间最好彼此相对独立，以方便后续调整授课顺序。以下是课程单元排序的三大原则。

1）由易到难原则

由易到难原则是指组织需将课程内容从简单的部分逐步过渡到较难的部分，以此可以减少学员的畏难情绪，有助于学员更好地融入培训活动当中。

2）逻辑性原则

逻辑性原则是指组织需要按照事物本身发展的顺序进行讲解，学员可以更加清晰地学习知识内容。

3）由近及远原则

由近及远原则是指组织需将学员熟悉的内容放在比较靠前的位置，方便学员可以尽快进入学习，当他们的知识水平和能力达到一定高度时，组织可以为其安排较为陌生的内容，有助于学员更好地接纳新知识。

2. 培训内容导入和结尾的方法

培训内容导入影响着整个培训项目的质量，恰当的导入方法可以营造良好的学习氛围，激发学员的学习兴趣，引导学员以更好的状态进入培训活动中。培训内容导入方法需要根据不同的讲授方式的特点来选择，一般常用的培训内容导入方法有六种，如表8-5所示。

一个培训内容除了需要一个好的导入设计，还需要一个优秀的结尾设计（表8-6）。巧妙的收尾工作可以加强学员的记忆、激起学员的学习与实践热情。

表 8-5 培训内容导入方法

方法名称	方法说明
由旧引新	该方法是在讲师充分了解学员们的基础后，通过提问、模拟等方式帮助学员回顾以往的知识点，进而过渡到新的知识内容
疑问开题	该方法是讲师根据所要讲授的项目内容，向学员提出有关问题，激发学员思考和他们学习的求知欲
开门见山	该方法是在培训活动开始的时候，由讲师列出本次培训活动需要学员实现的目标、达到的要求以及了解的课程大致内容，让学员明白和了解本次培训活动的大致内容，可以使得他们更加配合与支持
讨论开场	该方法是在培训活动开始的时候，由讲师主导就本次培训活动的关键性问题让学员们进行讨论，以此来激发学员们的学习动机、集中他们的注意力
游戏开场	该方法是在培训活动开始的时候，由讲师先行组织学员进行游戏，间接导入本次培训内容，激发学员的学习热情
案例开场	该方法是在培训活动伊始，讲师通过引入一个经典案例或者新型案例导入培训内容，提高学员对于培训活动的学习兴趣

表 8-6 培训内容结尾设计

步骤	内容
步骤一	总结授课内容：讲师带领学员对当堂所讲的所有内容进行总结与回顾
步骤二	询问学员的听课感受：讲师征求学员对讲授内容的想法和建议，并对学员的想法和建议进行说明与反思
步骤三	授课内容应用说明：讲师对学员授课内容的应用提出指导性意见和注意事项，并且解答学员对于应用所学内容的疑问
步骤四	询问学员对于授课整体过程的意见：讲师在结束的时候可以让学员填写授课满意度问卷，了解学员的意见，可以为下次更好地授课提供帮助

在收尾的过程中，讲师可以使用倡导式、展望式、引经据典式的结尾，丰富多彩的收尾方式可以给予课程一个画龙点睛的结尾，以此加深学员对课程内容的印象并且愿意参加下一次的培训活动。

3. 课程设计方案示例

综合以上内容，以红豆公司为例[1]来了解课程设计方案。

2020年新冠疫情对组织的经营产生了冲击。"开工难、复工难、资金难"成为组织在疫情期间长期经营的首要难题。红豆公司作为一家咨询服务类公司在疫情期间也受到了波及，为了可以更好地在疫情期间自救，也为了能够给客户更好的服务。红豆公司给业务员工开展了《金牌客户线上服务技巧》这一门培训课程。

经历多次会议的探讨，最终将课程设计方案制定完成，其中"与客户交流基础知识"部分的课程设计方案如下所示：

---

[1] 课思课程中心培训课程体系设计方案与模版[M]. 2版. 北京：中国工信出版集团，2008.

(1) 课程信息（见表 8-7）

表 8-7　课程信息示例

课程代码	2022AX-8	课程名称	金牌客户服务技巧
课程类别	客户管理类	培训对象	业务人员
先导课程	客户有效管理	授课时间	20h
课程开发人	马克	监督/负责人员	李丽
培训师	王丽萨	授课频率	1节/周

(2) 单元设计（见表 8-8）

表 8-8　课程单元设计示例

单元基本信息	
单元名称	与客户交流基础知识
培训对象	张琪、方琦、方立、王伟
授课时间	5 h
授课目标	1. 学会倾听客户需求，准确把握客户需求 2. 运用提问技巧，寻找客户潜在需求 3. 学会解决客户反馈，确认客户的服务需求
授课方法	直接讲授法、角色扮演法、案例法、研讨法
授课工具	电脑、投影仪、黑板/白板、教材
能力训练任务	在课程单元结束后，进行情景模拟训练，由绩优员工和上级领导进行共同评分决定
导入设计	案例开场 有一个秀才去买柴，他对卖柴的人说："荷薪者过来！"卖柴的人听不懂"荷薪者"（担柴的人）三个字，但是听得懂"过来"两个字，于是把柴担到秀才前面。秀才问他："其价如何？"卖柴的人听不太懂这句话，但是听得懂"价"这个字，于是就告诉秀才价钱。秀才接着说："外实而内虚，烟多而焰少，请损之。（你的木材外表是干的，里头却是湿的，燃烧起来，会浓烟多而火焰小，请减些价钱吧。）"卖柴的人因为听不懂秀才的话，于是担着柴就走了。 导入语：请问你在看完该案例后有何启示？请两人一组讨论并分享感想。……下面正式开始我们今天的学习内容！

(3) 课程导入设计（见表 8-9）

表 8-9　课程导入设计

导入步骤	步骤说明
讲解经典案例【案例法】	讲师在课程开始之前，由讲师在培训课程开始之前讲解一则案例，主要的内容是绩优客户服务人员与绩效差的员工的客户服务人员工作全过程的对比
课前讨论【研讨法】	讲师组织学员进行有序讨论，讨论问题：绩优员工与绩效差的员工之间的差距以及造成这种差距的原因
邀请学员发表个人观点	学员讨论结束后，讲师邀请学员对讨论问题进行发言
正式开始授课内容	根据学员的观点，讲师开始本节课的课程内容

（4）课程时长设计（见表 8-10）

表 8-10　课程时长设计

时间	课程内容安排
9：00—10：00	讲授完整的客户服务需求信息和如何掌握客户的意向
10：00—10：30	休息
10：30—11：30	讲授体态表现、心理聆听、及时表态以及线上沟通礼仪
11：30—14：00	午饭午休
14：00—15：00	讲授五种向客户提问的方式
15：00—15：30	休息
15：30—16：30	绩优员工分享向客户提问的技巧
16：30—17：00	休息
17：00—18：00	讲授并研讨客户服务人员沟通反馈；课程总结；反馈

（5）单元收尾设计

a. 时长：7 分钟

b. 所需工具：投影仪、电脑

c. 授课方法：直接讲授法

d. 授课主体：讲师

收尾语：非常高兴可以与大家共度一天的美好时光，客户的需求千差万别，学会如何与客户进行交流是剖析客户需求的第一步，准确捕捉客户需求有助于后续工作的开展，希望今天大家能够学有所获并且将今天所学运用到日常工作当中，谢谢大家来参与此次课程，我们下周再见！

8.2　教材的选择与编写

当组织确定课程大纲之后，组织便可以针对大纲内容选择合适的教材，教材将课上的部分知识罗列在纸上，方便学员翻阅与记忆。为了能更加贴合学员们的需求和组织的培训目标，部分组织也会选择编写新教材或者改编已有教材。教材的编写工作关系到培训内容的整体呈现、教学效率的高低以及学员技能提升等，因此，开发适合自身的培训教材也是培训活动中较为重要的一个环节。

8.2.1　教材选择的要求

选择教材内容时应注意以下要求。

（1）教材的选择需目标明确。教材需要符合培训的目标和需求，组织应针对学员和讲师做一个详细的调查，统计学员意见和讲师教学中遇到的问题，确定教材开发的重点和方向，以适应培训学员的发展规律和实际的教学体系。

（2）教材的选择需信息全面。教材需要全面、深入地覆盖所要学习的知识点，避免遗漏重要的概念和技能。组织可以适当增添教材内容来拓展学员的知识积累程度，列出教材所需的各个章节。

（3）教材的选择需与时俱进。组织应审时度势，对教材的内容及时更新，反映最新的研究成果和行业动态，以确保所学的内容与当前领域的最新发展保持一致。

（4）教材的选择需注重实践。组织应选择能与实际相结合的教材内容，使得学员学到知识和技能后能够灵活应用于工作之中，从而逐渐提高学习能力和实际应用能力。

表 8-11 为本书收集的一些市面上其他相关教材设计的优缺点，利用优缺点比较法，可以帮助读者理解本小节的内容。

表 8-11 相关教材的优缺点比较总结①

书　名	优　点	缺　点
《可落地的企业培训实操手册》	涵盖了挖掘培训需求到推动培训落地的流程，通过具体案例讨论相关原理和方法，有较强的实践意义	实践部分较多，更适合企业实操，不适合作为教材使用。内容相对比较细碎，缺少系统的理论知识体系，初学者看起来有一定难度
《培训课程内容开发模型与工具全书》	详细介绍了培训课程七大模型，不但提供了系统的方法论，而且介绍了许多实用的课程设计工具，具有参考性和指导性	内容相对比较单一，主要集中在培训课程开发模型上，其他关于组织培训的内容没有涉及，缺乏全面性
《让学习变得积极愉悦的培训新方法》	提到了学习和培训的关系	由于是英文原版翻译后的，有些语言不太符合中国人的阅读逻辑，理解起来略有困难，案例缺少本土特色。比较适合自学，不适合用来作为教材
《人力资源培训与开发》	具有一定专业性，对基础概念有清晰解释	涉及更多的是人力资源管理视角而没有聚焦组织培训，并且没有"学习"部分，理论较多，缺少一些案例
《培训进化论》	体系完善，工具性强，有实用性，涉及学习设计领域	本书的阅读对象更适合企业培训管理者、独立培训师等有一定实践经验的人士，不太适合学生
《培训课程开发与设计案例合集》	内容丰富详细，图示较多便于理解	与学生学习相关性不大，没有从学生的视角学习组织培训理论知识和实践应用。缺乏基础理论知识铺垫，多为实操方法

由表 8-11 教材的优缺点比较，不难看出教材的选择要适应培训学员的发展规律。因此，在开发教材的过程中，首先，组织应根据培训目标和需求选择合适的教材内容，明确培训过程涉及的知识点和技能，确定教材的内容紧跟相关领域的发展动态，注重教材内容的实践意义。其次，组织在教材中可以适当添加案例，使得教材中的知识能够"活"起来，这有助于学员对教材内容的理解。最后，教材的设计还应符合实际的教学体系，督促学员养成循序渐进的学习习惯，使得学员逐渐提高学习能力和实际应用能力。

8.2.2 教材编写的步骤

当已有教材不能满足课程设计方案的要求时，组织可以选择自行编写教材。教材编写的任务由组织中的教材编写团队完成。教材的编写工作是一个繁复且有挑战性的工作，具

---

① 本章表格对书名进行了模糊处理。

体编写步骤如下。

1. 制定教材大纲

教材大纲能够帮助组织梳理教材内容的逻辑，有利于组织保持内容的系统性和连贯性。教材编写团队中的培训内容开发专员通过阅读大量相关书籍、最新文献等资料，对比已有教材的不足之处和已有的教学经验，拟定教材大纲。在最终确定编写内容模块，课程单元的设计以及课程单元的细化之后，教材编写团队便可将教材编写任务分派给团队成员。

2. 收集资料与撰写草稿

教材编写团队成员应各自收集所需要的资料，搜寻和整理与章节内容相关的各种资料和信息，包括书籍、文章、研究报告、图表、案例等，以便后续撰写教材时可以参考和引用。除此之外，团队也可以搜集和借鉴相关的成熟理论成果。为了能使组织培训的内容更具实践性，组织培训内容的开发可以借鉴一些经典成果的理论和实践。需要注意的是，团队成员须确保自己所收集的资料准确可靠且符合每个章节的学习目标。以上工作准备妥当后，团队成员可以根据制定的教材大纲开始撰写草稿，逐步填充每个主题和子主题的内容，确保信息清晰、准确及逻辑通顺。

3. 设计布局与格式

教材的布局与格式应当使内容易于阅读和理解。教材编写团队可以考虑通过字体、字号和段落格式来调整内容的规范性，使用标题、子标题、编号列表、图表等来增强内容的可读性。此外，团队成员应当规划好时间进程，将编写好的内容进行排版。

4. 审查与修改

教材的审查与修改是指对已经编写的教材进行仔细的检查和修订，以确保内容的准确性、清晰度和一致性。这个过程旨在提高教材的质量，使其更适合学习者的需求和教学目标。具体的审查与修改内容可能包括准确性、清晰度、逻辑性、语法等。教材编写团队须确保教材中的信息、概念和数据都是准确的，没有错误或误导性的内容；团队须确保教材内容清晰易懂，避免使用晦涩难懂的术语，确保学习者能够准确理解；团队须检查教材的组织结构和内容之间的逻辑关系，确保知识呈现的顺序合理且流畅；团队须检查教材中的语法错误和拼写错误，确保语言表达的正确性和规范性。

5. 出版与再版

教材出版是将团队编写的以上内容制作成书籍、电子书、在线课程等形式公之于众，以供组织和学员使用的过程。教材再版是对已经出版过的书籍或其他出版物进行更新改版，以便更新内容、修复错误、改进排版等。

8.3 课程幻灯片的制作

在 8.2 节当中，已经详细地介绍了课程设计方案，为了更好地将培训项目展现给学员，课程幻灯片成为至关重要的一个环节。教材编写团队需将教材的内容制作成图文并茂的幻灯片页面，这将有助于讲师向学员展现更加生动的课堂，使得学员吸收消化更多的知识和技能。课程幻灯片的制作既要满足可以充分展示培训内容这一要求，也要满足美感的要求，让学员观看起来有一种赏心悦目的感受，这对于负责培训活动的相关人员也是一大挑战。

8.3.1 课程幻灯片的内容设计

课程幻灯片内容主要从四个模块展开，分别是：聚焦培训目标、唤醒学员旧识、讲述课程内容、引导应用新知。

1. 聚焦培训目标

对于学员来讲，聚焦培训目标是指在课程伊始，讲师通过课程 PPT 向学员讲述本次培训课程的目标，让学员更加清晰地了解本次培训课程学习的内容。基于目标设定理论，目标可以把人的需求转变成动机。实际上，聚焦培训目标在培训项目设计文档中已经向学员讲明过，再次向学员讲明培训目标则有助于学习行为更好地朝着培训目标的方向靠拢。对于组织成员来讲，聚焦培训目标是指在制作课程幻灯片的过程中需要始终围绕着培训目标来设计课程幻灯片的内容和展开逻辑顺序。

2. 唤醒学员旧识

唤醒学员旧识指的是讲师利用 PPT，运用案例研究、小组讨论等方法让学员回忆已经掌握的知识，此环节既有助于引出本节课程所讲内容，又可以帮助讲师观察学员们之前的学习漏洞，帮助学员们查漏补缺。基于吸收能力理论，教材编写团队成员需要在 PPT 上准备一些与以往相关的知识，使得新知识被吸收和使用。基于信息加工理论，唤醒学员旧识这一环节是在帮助学员们提取已经掌握的信息，再次编码，加深学员知识的储存记忆。需要注意的是，唤醒学员旧识时须引出本节课重点学习内容的作用，否则为无效话题或问题。

3. 讲述课程内容

讲述课程内容是在唤醒学员旧识之后，讲师对学员的知识掌握情况做一个总结，并逐步讲述知识和经验，引出本节课的课程内容。基于吸收能力理论，学员可以通过讲师的讲述来观察习得并消化新知识，吸收新知识有助于组织变得更具创新性和不断进步。基于成人学习理论，学员会比照课程授课目标和初始的记忆内容，有方向地、主动地思考新知识，并不断内化新知识。

4. 引导应用新知

引导应用新知是在学员掌握新知识的基础上，熟练地将知识应用到日常工作中，达成培训项目的最终目标。例如，教材编写团队可以在每一章节的 PPT 最后提出建议，促进学员将理论与实践相结合。在这个过程中，除了依靠讲师的带领，学员还可以相互分享知识、经验与技能，共同应用所学的新知识，降低其知识迁移的难度。

以上四大模块的顺序可以依据教材内容和课程目标进行更换，目的在于给予不同课程更为流畅的辅助方式。课程幻灯片的开发需要和课程开发相辅相成，一个优秀的课程幻灯片应当让课程更具有吸引力，能够更好地帮助学员汲取知识、应用新知识，做到融会贯通、内化知识。教材编写团队对课程幻灯片的开发要聚焦在具体的教学任务上，然后逐步展开各项具体任务的教学，向学员展示如何在实际问题中运用该知识，帮助学员做到学以致用。

8.3.2 课程幻灯片的美学要求

在课程幻灯片的制作过程中，背景、布局、文字字体、图片等元素的选择均没有统一的规范和标准，大多结合组织的要求，参照大众的标准和审美观，做到清晰、主题明确、赏心悦目即可。认知转化理论认为，培训结果是否成功取决于学员们"回忆"所学技能的能力，讲师可以通过幻灯片的放映向学员展示有意义的资料，加深学员对知识与技能的认知，从而促使培训成果的高效转化。

整洁漂亮的幻灯片会提高学员阅读幻灯片的兴趣，加深学员对授课内容的印象。注意以下六方面的要求，不仅可以使整个幻灯片给人以严谨且美感的印象，而且能够突出重点，提高整个培训过程的效率。以下是教材编写团队在制作课程幻灯片时需要注意的六个细节。

1. 文字排版

（1）一张幻灯片中使用的字体最好不要超过三种，不然会使得整张幻灯片杂乱无章，观者无法抓到重点。此外，在整张课程幻灯片中，每一级的标题、正文等板块，同样的板块内容最好使用同样的字体，方便学员对学习内容展开逻辑思考，强调视觉焦点。

（2）每张幻灯片上不要有太多的字号变化，随着标题级别的减小，字号逐渐变小，一般幻灯片的标题使用44号，小标题使用36号，具体文字字号的大小可根据版面美观需求自行调整。随着时代的变迁，目前幻灯片的制作趋向于"多图少字"，可能会出现正文字体大于标题字体的情况，可以结合公司偏好和学员喜爱程度来选择幻灯片的设计样式。

（3）每一张幻灯片上的字数不宜过多，以简洁为主。幻灯片只是辅助授课的工具，不能成为课堂的重点。如果将文字铺满整张幻灯片，会引起学员注意力不集中，造成本末倒置的情况。争取做到每张幻灯片内容重点突出、错落有致。基于信息加工理论，重点突出、版面有序的幻灯片方便学员进行编码记忆，有助于存储新知识，在未来的工作中提取所学内容，应用到日常工作中。

2. 图表与视频的应用

满页都是字的幻灯片会让学员感到枯燥无味，甚至厌烦，图表与视频的应用可以让学员们眼前一亮，进而提升其学习兴趣。同时，美国著名教育心理学家马尔科姆·诺尔斯（Malcolm Noles）的作品《被忽略的群落：成人学习者》中的效果法则指出，成年人学员的学习需要在愉快的环境下进行。例如，在讲解重点内容的时候，插入一张有趣的相关图表或者一段有意思的相关视频，可以让学员们印象深刻，同时，学员也会对此产生思考，进而提升课程的教育价值。

在幻灯片中增加图表的使用可以在授课中抓住学员眼球,增加其上课的专注程度。既可以选择与培训内容相关的图表和视频以引发学员深思,也可以单纯选用有趣的图表与视频来提升学员的上课专注度。但是,图表与视频的数量要适当,不然学员会对幻灯片的专业性和知识性产生怀疑。

3. 背景模板

有关幻灯片的背景可以根据公司要求进行选择,有的公司会要求使用带有本公司标志的幻灯片背景,若无此要求,教材编写团队可以在幻灯片模板库里选择模板进行使用。在挑选幻灯片背景模板的时候,尽量选择背景简洁、色彩对比清楚的,让背景看起来干净利落,避免选用有复杂图案、花色较多的背景以及将各类小装饰填满空白处,造成整张幻灯片拥挤不堪,给人带来视觉上的压迫感,适当的留白可以给人一种赏心悦目的感觉。幻灯片模板的主要功能是产生视觉冲击力,衬托出展示内容的主题,使其更具鲜明性。幻灯片需要根据文章的主题进行选择,让学员在阅读内容时能够身临其境。模板同时也要考虑到培训现场播放幻灯片设备的功能,若播放设备功能一般,为了学员能够清晰观看幻灯片,尽量选择明亮的颜色,避免选用灰度较大的颜色;若播放设备功能较好,则可以根据色彩艺术搭配选择适宜的模板。

4. 内容结构设计

每一张幻灯片上的内容最好是同一主题的内容,其他非重点内容可以弱化。关键词和内容之间可以运用对立的颜色,以此来突出整部幻灯片的重点内容,让观看者一目了然。在培训过程中,培训的主体是学员,讲台上的主角是讲师,而不是作为培训工具的幻灯片,讲师需要在现场进行灵活教学,而不是生硬地朗读幻灯片上的大量内容。正如奥卡姆剃刀定律所提到的那样,如无必要,勿增实体,尽量避免将更多的资源浪费在非必需的技能和知识上面。同时,该幻灯片上的标题级别最好不要超过三级,避免层级琐碎导致重点不明、逻辑混乱。2006 年网站设计师杰柯柏·尼尔森(Jakob Nielsen)在《眼球轨迹的研究》[1]报告中表明,人们浏览页面的时候,眼球大多数呈现 F 形运动,人们大部分的注意力会集中在页面的左上角。所以在幻灯片制作的过程中,建议将内容的标题或者重要的结论放在幻灯片页面的左上角。为了促进学员们对讲师授课内容的理解,在幻灯片的制作过程中可以将相联系的内容放到一起,这样更有助于学员能够在连续性的思维下学习,使得学到的知识形成串联关系。

幻灯片的页面应大胆留白,简约和留白的设计品往往会给人一种高端大气的感觉,幻灯片也是一样的道理,没有内容就不需要硬加内容,留一片空白会给学员一种舒适轻松的感觉,也同时为他们留下一些思考的空白。为一节课所准备的课程幻灯片页数不宜过多,一张幻灯片讲师需要 2~5 分钟进行讲述,幻灯片页数过多会导致讲师为了赶进度进而加快语速,不能给予学员较好的课堂呈现。

---

[1] How people readonline:the eyetracking evidence[EB/OL]. https://www.nngroup.com/reports/how-people-read-web-eyetracking-evidence/.

5. 风格设定

幻灯片风格的关键影响因素是配色、页面版式布局、图片与文字的比例和类型、幻灯片的动画以及文字设计等。风格不统一会给学员一种东拼西凑、粗制滥造的观感，让人觉得十分违和。风格不统一的问题也会常常出现在拼凑在一起的幻灯片中，因为生硬地拼凑导致内容杂糅、风格违和，这是一种很不好的做法。

在配色方面，建议使用同一种主题色，整套幻灯片的配色都需要向主题色靠拢。在页面上不要随意安排元素，元素与元素要相互对齐，元素与元素之间横向和纵向的距离要相等，元素的对齐也要讲究整个页面的均衡，不能全部对齐到一边，否则会导致版面不稳定。需要选择图片与文字的合适比例，一旦选择比例，整套幻灯片的图片与文字比例都需要选择该比例，这样会增加整套幻灯片的统一完整性。幻灯片动画虽然灵动，但是仍然需要选择简单的动画，因为往往复杂的动画播放时间较长，不仅耽误时间，还会造成学员们的审美疲劳，讲师只需灵活使用几种简单的动画即可，如飞入、切入、淡化、淡出等简单的动画可以适当活跃学员的思考状态。

6. 播放设计

幻灯片的播放应随着讲师的讲授内容进行切换，可以添加一些幻灯片页面切换的动画，以此来活跃课堂的气氛和调节学员的状态。建议不使用自动播放设置，因为讲师的授课速度取决于学员的知识掌握程度。每页幻灯片的动画效果不宜使用超过三种，避免学员眼花缭乱，合理的动画效果有助于讲师展开课程内容，与学员进行互动，增强学员听课效果并且提升学员的听课兴趣。同时，幻灯片切换或者动画效果可以设置声音，应选用较为舒缓的声音，若是没有特殊要求，一般不设置声音。

8.4 课程案例的选择

在培训中采用案例教学法，可以将真实情景引入学员的实践学习之中，让其学习的理论与实践能够紧密结合，在解决真实案例问题的同时形成清晰的思路和灵活的思维，这将有助于学员深入了解培训的内容，将学习到的知识和技能消化吸收并灵活运用到自己的工作中。需要注意的是，课程案例的选择和编写需要时刻跟随章节的学习目标，达到辅助课程完成学习目标的效果。一般地说，在案例后一般会设置2~3个问题，共分为两类问题。一类问题是让学员可以在案例中获取答案，整体难度较低，可以引导学员由简入难地开始思考本章的学习内容，并提高其学习的兴趣。另一类问题是课后回答类问题，让学员带着问题去学习本章的内容，带着思考进行学习，增加其学习的目标感。

8.4.1 课程案例选择的原则

案例教学是通过具体的案例来引导学员思考、分析和解决问题，强调学员的高度参与感，只有正确地选用案例才能够使得学员在实践中理解和掌握课程中的理论和技能。以下是选择课程案例的五大原则。

1. 代表性

代表性是指选择具有典型性的案例，这意味着案例不仅应在所研究领域中具有一定的影响力，能够代表整个群体或现象，而且需要与课程目标和学员的背景相匹配。学员可以通过对典型案例的学习以小见大，从而能够灵活地应用到实际生活中的类似问题或情境之中。

2. 针对性

针对性是指选择与要传授的课程内容和主题相关的案例，即针对课程不同的主题选择不同的案例，学员既可以掌握基本的理论知识和技能，又可以通过对案例的分析，找出相应的解决方案。

3. 多样性

多样性是指选择多样化的案例。案例应包括不同类型、不同地区、不同年龄等方面。多样化的案例可以让学员了解不同领域的问题和挑战，并培养其跨学科思维能力和综合运用能力。

4. 互动性

互动性是指讲师通过选择的案例能够营造多边互动的教学环境，以相互交流探讨的方式达到不同思维的碰撞，讲师可以鼓励学员参与讨论，分享自己的观点和想法，增加课堂黏性以及学员上课的专注力。这种做法有助于学员运用知识和技能，提升其解决实际问题的能力。

5. 实践性

实践性是指通过案例的辅助学习，学员可以应用学到的知识和技能来分析问题和解决问题，尽快将所学知识付诸实践，并提高解决问题的能力。

当已有的案例不能完全满足课程目标要求时，讲师需要对案例进行补充，使其更加贴合课程内容的学习，有时也需要讲师自行编写案例。同时，确保案例的来源真实可靠可以让学员更愿意接受和理解案例中的信息，增加课程的权威性和可信度。

案例的编写不仅要符合章节的学习目标，而且要有清晰的设定和故事情节，包括引入背景、关键问题、解决方法和最终结果等基本元素，并以一个连贯的叙述故事线索来呈现。在编写案例的过程中，组织需要突出关键信息，让学员更加关注和理解案例背后的知识点。案例最大的价值在于引导学员思考问题，一个优秀的案例可以引发学员多角度思考，将案例从不同的角度来呈现，让学员能够了解不同的观点和解决方案。所编写的案例必须具有实用性，让学员能够运用所学知识和技能解决工作中的实际问题。案例应当具有合理的难度和复杂度，案例中应该包含足够的细节，让学员能够理解案例所侧重的知识点与技能；同时案例的内容也需具有一定的挑战性，为学员提供有效的挑战与引导。除此之外，组织应定期更新和修订案例，确保案例的时效性和教育价值。

8.4.2 课程案例示例

组织不仅要掌握如何选择和编写有效的案例，而且要理解其中的意义。读者可以阅读以下案例，理解案例选择和编写的原则与意义。

多位部门领导在近期找到云程公司的人力资源部门经理表达了不满，他们反映近期人力资源部门招聘上来的员工根本不符合自己部门的任用标准，即使有几个符合标准的候选人，其在岗期也不长。人力资源部门经理在翻看近期招聘组的工作记录时发现无论是校园招聘还是社会招聘，招聘数量和质量均不高，因此，经理与培训组负责人商讨后决定对招聘组部分绩效较差的员工进行培训。为了能够让学员更好地了解招聘的重点和帮助他们尽快调整工作策略，培训组决定在培训过程中穿插部分案例，以下是培训所选用的有关华为校园招聘理念及招聘流程①的案例。

华为的校园招聘一般安排在每年的11月。看到华为官网上2019届校园招聘活动已经拉开大幕，还提出了一个"勇敢新世界"的口号。华为成立了8个招聘小组，奔赴全国8个地区来开展本次的校园招聘活动，涉及的高校超过50所。校招作为一种特殊的招聘渠道，已经越来越获得企业的青睐，特别是像华为这样的大型企业，它更渴望从中发掘出高素质的管理人才和专业技术人员。

校园招聘理念如下。

经过多年的实践，华为的校园招聘已经非常专业，形成了自己的招聘理念和模式。华为树立了"双向选择"的现代人才流动观念，"双向选择"已经成为华为招聘工作中遵循的一条重要原则。"双向选择"指的是与候选人尤其是目标候选人（可能的员工）进行平等、客观的沟通，以确定双方的契合度。

除了那些常规的宣讲、笔试、面试等常规套路之外，华为为了能够进一步增强双方的互相了解，举办了一系列面向大学生的比赛活动。依据大学生特点专门定制了各种比赛环节，既能考查参赛者的专业技能，又能将企业文化融入其中，在潜移默化中影响大学生对华为的认知，可谓一举多得。比如华为举办的"2018软件精英挑战赛"，让大学生充分展示自己的软件设计与编程能力；"2018华为销售精英挑战赛"模拟真实商业世界的比拼环境，致力于让参赛学生感受网络技术改变世界的魅力，享受架构设计和数据分析的乐趣，锻炼学生与人沟通能力和团队协作能力。

华为通过举办大学生比赛活动，能够将企业实力与文化完整地展示给大学生，从而吸引更多高校人才关注华为、认识华为、了解华为。与此同时，华为也能够借助较长的赛事环节对高校人才进行全面的考查，深入感知年轻人才的所感、所想、所需，从而实现华为与大学生人才之间的双向沟通，有针对性地吸引、招募更多合适的人才加入华为。

请仔细阅读以上案例并回答下面的问题。

（1）华为的校园招聘理念是什么？

（2）华为为了招募人才都采取了哪些措施？

（3）为什么华为招聘人才要采取以上措施？

选用理由：华为校园招聘理念及招聘流程案例有助于学员思考除了一般性的笔试和面试之外，如何更好地开展校园招聘，帮助公司吸收新鲜血液。华为校园招聘案例的侧重点在于如何举办

参考答案

---

① 华为校园招聘理念及招聘流程[EB/OL]. (2018-12-05). https://www.hrsee.com/?id=880.

吸引大学生参与校园招聘的活动，以增加企业的吸引力和多方面向大学生展示企业以及企业文化。

8.5 课程题库的制作

在培训的过程中，讲师往往需要运用与课程相适应的题库检验学员们的培训成果，从而为后续的培训工作作出相应的改变和推进。题库的存在发挥了重要的作用，它不仅能够巩固学员的培训成果，还能够提升学员相应的能力。在培训的过程中，培训内容的重点会因为培训师的不同而存在差异，一方面，培训师会根据自己对知识内容的理解和学习目标进行有侧重的安排，选择自己认为重要的内容进行讲授，而忽略自己认为不重要的知识；另一方面，对于同一个考点，不同的命题人可能对该考点的重要程度的看法不一样，从而会影响到考查的深度和广度。所以课程配套题库的设立可以从根本上降低以上两种情况发生所造成的风险。题库是由多名人员进行集体讨论并且编制而成的，可以更全面地涵盖知识点，学员通过题库刷题可以更加全面地吸收和巩固知识点。课程配套题库的制作对整个培训过程有着总结和评价的作用。

8.5.1 题库编写的原则

试题对学员学习具有导向和促进作用，反映了学员的学习态度和学习效果。题库目标的设立体现的是相应配套题库需要为学员提供什么样的功能，题库中的题量，在此基础上将目标进行拆分，逐步完成目标。培训成果转化理论指出，组织需要创造有利的组织氛围，温故知新，加深学员对知识和技能的印象，确保培训成果的应用。所以在编写题库之前，组织需要进行调研，厘清课程的学习目标。

题库的开发属于各模块撰写人员的任务之一，编写题库需要遵守以下原则。

1. 全面覆盖

全面覆盖原则指的是在使用题库的过程中，学员可以通过题库全面掌握相关知识点，同时也能够了解各种难度层次的问题。这就需要题库所覆盖的知识点符合教材中的内容，知识点范围和难度需要符合教学大纲中的规定，题目在题型、题量、难易程度等方面需要根据实际情况进行合理分配。题库也应覆盖课程主题或者知识点的全部内容，包括基础知识和高级知识，一个知识点可以以多种提问形式出现，确保学员对此知识点的掌握。同时，试题中的文字表述要清晰易于学员理解。此外，题库中的题目要具有较高的信度，这是因为具有高信度的题库可以稳定地、准确地测量学员的能力、知识或技能水平。这对于组织作出准确的教育和评估决策至关重要，从而帮助学员准确地查缺补漏以及有助于讲师制定改进计划和战略。

2. 难易结合

难易结合原则指的是试题应当难易结合，对于知识点的考查不能过难或者过易，建议由易到难地出题来整理该模块的出题顺序，避免打击学员的学习热情，难题重点在于综合使用所授知识。因此根据课程大纲的要求，依据知识点的重要程度和知识点的难易程度进行题目数量和题目类型的选择。例如，根据本书每个章节的学习目标的三个维度（了解、理解、掌握），讲师便可以选择相应的题目类型和题目数量进行出题。题目的难易程度应按照一定的比例进行制作，数量和比例则需要依照前期调查进行选择和设定。平衡好知识与能力的运用、理论与实际相结合、重点与整体的相互关系。

3. 多样性

题目的类型和内容由教材的内容决定，组织根据教材中的知识点确定考查该知识点的题型。题型要求种类丰富。可以针对同一个知识点设置不同类型的题目，既可以帮助学员巩固知识点，又方便教师编制试卷。题目类型可以设置单项选择题、多项选择题、判断题、辨析改错题、填空题、名词解释题、简答题、简述题、问答题、论述题、案例分析题、计算题、应用题、证明题等，每章节题库应该至少包含三种题目类型。每种类型的题目需根据该题目考查的知识点重要程度来决定，知识点越重要，这个知识点所涉及的题目就越多；每种类型的题目的数量应由其难易程度确定，难度较大的题目占所有题目的比例较小，难度较小、基础题目占所有题目的比例较大。

4. 严谨性

题库中的题目应无科学性错误，如错字、错题、表述歧义等错误，题库的题目和参考答案应该排版清晰、易读易懂，题目的难度应该有所标注，方便学员进行选择和学习。客观性试题答案唯一并且给出具体解析，主观性试题参考答案要给出具体的评分要点和评分标准，评分标准要合情合理，易于学员掌握，多种解法的试题要加以说明。试题的作答要求和指导语要简单易懂，避免学员在阅读试题的过程中出现歧义。除此之外，组织也应考虑进行功能分析，根据该题库的适用人群，设计多样的功能，由于在培训中题库面向的是讲师、学员群体，所以应该设计相应的多角色登录、成绩诊断和成绩录入等功能。同时，答案和解析也应该严谨可靠、逻辑通畅，让学员能够得到正确的指导和帮助，避免出现错误和语意混淆等，减少授课讲师的工作量，为学员预习、复习相关知识提供帮助。

5. 时效性

时效性原则指的是题库内容要结合时事，将题目融合近期发展热点，不断更新。题库的试题需要具有代表性，能够准确地测评学生掌握知识的程度和运用知识解决问题的能力，评分标准能够用来合理、客观地评判分数。培养学员综合素质，这也能够督促编写团队要时时更新题库，避免因为时间过长导致题目过于陈旧。题库应该能够帮助学习者有效地掌握知识点，提高学习效率，同时也应该能够满足不同学员的需要。因此组织可以进行培训课程背景的调查，诊断学员们真正有哪些需求，比如学员们是学习相关的专业知识还是学习相关的专业技能，他们现阶段知识及技能的掌握情况，他们在公司的要求下需要达到什么样的水平。

在检验学员的知识掌握能力和问题解决能力的同时，组织也应注意理论联系实践，将题库与现实生活相结合，引导学员将所学知识运用到自身生活中，突出强化学员的能力立意和素养导向。

试题内容要符合教学大纲对知识、能力的基本要求，要优化情境设计，增强试题的开放性、灵活性，充分发挥试题的积极导向作用，引导减少死记硬背和"重复刷题"现象的发生。

8.5.2 题库的应用

题库应用的方式有很多，可以根据课程目标和需求选择合适的题库应用方式。题库可以应用于随堂练习、课后作业、考试等。

当题库应用于随堂练习时，在课后或者下一节课课前，可以抽取上一章节的选择题与学生进行互动，也可以使用名词解释帮助学生复习上一节课的知识点。课程的配套题库可以按照章节进行制作，每次培训相应的题目根据培训的进度进行划分和安排，培训前在题库中选择部分题目作为培训中的练习题，同时从题库中准备培训结束后需要完成的题目。

当题库应用于课后作业时，讲师可以根据课堂上传授的知识，鼓励学员联系实际，设计与知识有关的案例分析题和论述题，引发学员对现实生活的深入思考，增强学员的理论联系实际能力。课后根据进度选取适当的题目，可以让学员分组或单独，分组合作可以增加小组成员的积极互动，单独完成题目则可以提高学员的独立思考能力。

当题库应用于考试时，讲师需根据课程目标与组织要求抽选试题。首先选择考试题型的占比，例如，某高校教务处规定试卷的结构要求选择题占 20%，名词解释题占 20%，简答题占 20%，案例分析题占 40%，同时试卷的内容要求与近三年不能超过 5%的重复率。讲师再根据每一章的学习目标选择难易程度合适的题目，例如，需要"了解"的章节知识点出现在试卷的选择题和名词解释题部分，需要"理解"的章节知识点出现在试卷的选择题、填空题、名词解释题和简答题部分，而需要"掌握"的章节知识点可以出现在试卷的选择题、填空题、名词解释题、简答题、论述题和案例分析题部分。

根据应用形式，题库可以分为两类，分别为线上题库和线下题库。

学员和讲师可以通过线上操作题库。讲师根据课程的章节内容从题库中选取相应的题目，学员在每次培训结束后通过线上做题的形式完成课后练习，讲师可以通过学员们的线上成绩反馈相应调整授课方式和内容。通过对题库系统的应用，不仅可以提高学员们的学习效率，还可以提高讲师的培训效率，从而推进整个培训过程的进度。

题库的线下应用通过讲师下发纸质版的材料，学员根据纸质版材料完成练习、作业或考试完成。线下应用线下题库虽然没有线上题库方便、省力和利于操作，但是可以相对减少线上作弊的风险。例如，线下考试在时间和空间上是固定的，学员需要在规定的时间内到达考场完成考试，监考人监考并手动收集试卷。批改完试卷需经过多次审核，之后再进行考试分数的分析和统计，如此一来会加大监考和审查力度。

通过题库的线上应用，组织可以创建自己的专属题库，通过增减试题，丰富题库内容，也可以通过对题库中的试题加以分类，方便试题的查找。题库可以用来抽取试题对学员们进行培训的考核，检查反馈学员们的学习成果。在选取试题或者生成试卷时，通过线上题库的随机组卷就可以完成该操作。本章以题库应用于考试为例。线上考试打破了时间与空间的限制，在满足要求的情况下，可以在规定的时间内的不同地方进行考试。线上考试时，客观题部分可以进行自动阅卷,主观题部分阅卷人也可以通过线上的形式进行阅卷,考试结束后,线上系统可以自动进行分析和统计,节省了大量的人力和物力。

开篇案例参考答案

即测即练

自学自测　扫描此码

培训师成长

学习目标

★ 理解不同类型的培训师；
★ 理解培训师的工作职责；
★ 掌握培训师的表达技巧；
★ 掌握课堂呈现时的导入与互动；
★ 了解培训师的职业发展路径。

开篇案例

鑫达证券是一家专注于为个人和机构客户提供全方位金融服务的民营证券公司，秉承着诚信、专业、创新的理念，致力于为客户创造价值和实现财富增长。其主营业务范围包括证券经纪、资产管理、企业融资、研究分析、投资银行等。

小李是一位新入职的培训师，培训内容主要涉及金融领域。最近他被委派到鑫达证券某业务部进行一次培训，主题是金融产品的销售技巧。据鑫达证券的部门主管说，最近两年经济形势不好，公司的金融产品销量越来越低，上级领导为此焦头烂额。主管希望通过培训能够让员工掌握更好的销售技巧，挽救他们的部门业绩。

经过需求分析，小李确定了本次培训的重点：提高对金融市场的分析能力、提高面销签单能力。为此，他准备了全面的销售理论，其中不乏国外流行的经典销售方法，他认为这一定可以帮助鑫达证券。由于这是小李入职以来的第一场正式培训，这是检验其真实水平的时刻，因此他异常激动。培训当天，小李穿着新买的帽衫，希望能给大家留下一个好印象。但在培训过程中，情景却和他预想的天差地别——才不过短短半小时，学员们已经神情涣散，不少人都在低头玩手机，更有甚者已经打算离场。

培训结束后，小李听见学员们窃窃私语，"你看他穿个帽衫就来了，一点都不像干金融的。""光讲理论有什么用啊，人家就是不买，你有什么办法？讲的一点实用性都没有……"

请仔细阅读以上案例并回答下面的问题：
1. 小李的着装有何不妥？
2. 小李此次培训为何被认为缺乏实用性？
3. 从课前准备、课程导入、互动三个方面考虑，怎样才可以呈现更好的课堂？

引 言

在 ADDIE 培训流程中，实施阶段最为特殊，这一阶段将培训师与学员相联系。因此，一个完整的培训项目是否成功，培训师在其中起到了至关重要的作用。不论是在学习、工作、生活中，都需要进行知识的传递，个体即使不从事培训师或培训行业，拥有培训师的相关技能对于个人和职业发展也是非常有价值的，因为拥有培训的相关技能不仅能够提高个人的职业竞争力，还有助于个人更好地与他人合作和沟通，推动个人和团队的成长与发展。通过本章的学习，读者将掌握有效实施培训的关键技能和知识，提高培训的质量和效果。

首先，本章将介绍培训师的相关概念，探讨实际工作中不同类型的培训师以及他们的不同作用。其次，本章从人格特征、着装要求、表达技巧等多个方面描述培训师的职业画像，帮助读者在工作中塑造专业的职业形象。再次，本章从课前准备、课程导入、互动控场等方面深入探讨培训实施过程中的方法和技巧，令培训实施过程更加高效、课堂更加生动。最后，本章介绍了培训师的职业发展路径，包括培训师在职业发展过程中所面临的挑战和机遇，并探讨如何在职业发展过程中不断提高自己的技能和知识水平。通过这些知识和经验，培训师将能够在职业发展中取得更多的成就和进步。

9.1 培训师的分类

与培训管理人员不同，培训师不仅要了解整个培训计划、掌握具体培训内容，还要呈现精彩的课堂。因此，培训师需要灵活运用其教学方法与表达技巧，将知识和技能传递给学员，并为学员创造富有启发性和互动性的学习环境。可以说，培训师是一个实践性极强的职业，在实际工作中，其主要被分为以下几类。

9.1.1 企业内训师

企业内训师（以下简称"内训师"）是指对企业内部员工进行授课的培训师。其培训内容是为企业量身定做的，具有针对性。因此，内训师给企业带来系统的、独特的、有针对性的现代管理知识与技能，进一步给企业带来附加价值。内训师的关系属于所就职的企业，其培训内容受企业管理，相关材料的所有权都属于企业，一般不允许随意向外泄露。企业会面向所有部门的新员工定期举办入职培训，培训内容包括企业文化、规章制度、系统工作流程等。部分企业还会成立企业大学，为组织培养源源不断的后备人才，为可持续发展注入活力。因此，内训师在企业培训中扮演着非常重要的角色。

9.1.2 职业培训师

职业培训师，是从事面向全社会劳动者进行专业性、技能性、实操性职业或技能培训一体化教学及培训项目开发、教学研究、管理评价和咨询服务等相关活动的教学人员，即教授专业知识的培训师。这一类培训师的工作范畴较广，从培训对象来说，可以为公众服务，例如培训机构的讲师；可以为某类特定人群服务，负责培训某种技能，或提升某种能力，例如谈判技巧培训、销售技巧培训；可以为企业服务，以顾问的形式为企业提供培训、咨询等业务。

职业培训师的流动性较强，工作时间相较内训师来说也更为自由，在市场中，也是最为常见的一类培训师。

9.1.3 TTT（training the trainer to train）培训师

TTT培训师，是一类以培训师为培训对象，以提升培训师的综合培训能力为目的的培训。其主要针对培训师的授课能力（包括不同情境下所需要的授课方法、高效的互动与控场方法、提升表达能力与应变能力），以及课程设计等方面进行培训。TTT 培训师即为对培训师们进行培训的人员。

一个企业能否健康地可持续发展，关键在于该企业是否形成了自己的培训体系。通过正确的培训可以使员工的价值观、工作方法、工作目标与企业更加契合，获取的人才更加精准。因此企业需要不断提升内训水平，从组织内部提升员工水平，保持自身的核心竞争力，TTT 培训师在其中发挥着至关重要的作用。

9.2 培训师职业画像

培训师需要给学员树立一个专业、可信赖的职业形象。这种形象需要从语言、肢体、着装等多个方面进行塑造。因此培训师需要根据其个人风格与习惯，逐渐形成其独特的职业形象，以达到最好的培训效果。本节将具体陈述培训师塑造职业形象的五个方面。

9.2.1 培训师与人格类型

伊莎贝尔·布里格斯·迈尔斯（Isabel Briggs Myers）于 1942 年提出的人格理论，该理论将人们的个性特征分为四个维度：认知功能、关注方向、价值取向和生活方式（见表 9-1）。[1]通过这四个维度，MBTI 将人格细分为 16 个类型（见图 9-1），帮助人们更好地理解自己的性格特点。

表 9-1　MBTI 维度划分

类　型	维　度	类　型
外向 E (extrovert)	关注方向	内向 I (introvert)
实感 S (sensing)	认知功能	直觉 N (intuition)
理智 T (thinking)	价值取向	情感 F (feeling)
判断 J (judgment)	生活方式	理解 P (perceiving)

NF 是 MBTI 人格类型指标中的一个类别，代表了四种性格类型：ENFJ、INFJ、ENFP 和 INFP。NF 人格类型的人通常是理想主义者，注重个人价值观和内在信仰。他们往往是关注他人需求和情感的人，善于理解他人，同时也很有同情心。在人格类型所对应的职业锚中，NF 人格类型也常常被认为较为适合从事培训行业的工作。以下是关于四种 NF 人格类型的描述。

（1）ENFJ（外向–直觉–情感–判断）：理想主义者，他们充满热情和能量，乐于助人，并且是出色的领导者。他们能够洞察他人的需要，并且有天赋帮助他人实现目标。ENFJ 喜欢与人合作，并通过合作实现个人和集体目标。

（2）INFJ（内向–直觉–情感–判断）：理解型人格，他们富有同情心和创造力，往往具有深刻的洞察力和感受力。他们喜欢探究自己的内在感受和思想，并且善于发掘他人的潜

---

[1] 苗丹民，皇甫恩. MBTI 人格类型量表的效度分析[J]. 第四军医大学学报，1999，32(2)：324-331.

SJ 人格类别		NF 人格类别	
ISTJ 检查者 内向感觉思维判断	ISFJ 保护者 内向感觉情感判断	INFJ 辅导者 内向直觉情感判断	INFP 医治者 内向-直觉-情感-知觉
ISTJ 检查者 外向感觉思维判断	ISFJ 检查者 外向感觉思维判断	ENFJ 教育者 外向直觉情感判断	ENFP 奋斗者 外向直觉情感知觉
ISTP 手艺者 内向感觉思维知觉	ISFP 艺术者 内向感觉情感知觉	INTJ 策划者 内向直觉思维判断	INTP 建造者 内向直觉思维知觉
ESTP 创业者 外向感觉思维知觉	ESFP 表演者 外向感觉情感知觉	ENTJ 统帅者 外向直觉思维判断	ENTP 发明者 外向直觉思维知觉
SP人格类别		NT人格类别	

图 9-1　16 型人格

在能力。INFJ 通常是坚定的信仰者，并注重个人价值观。

（3）ENFP（外向–直觉–情感–感性）：探索者，他们充满好奇心和创意，喜欢探索新的事物和新的思想。他们通常是社交达人，具有活力和创造性，能够启发他人的灵感。ENFP 通常非常理想主义，并且对自己和他人的未来充满信心。

（4）INFP（内向–直觉–情感–感性）：理解型人格，他们通常是深情的理想主义者，注重个人价值观和信仰。他们对于自己的内在感受非常敏感，并且通常很有创造性和想象力。INFP 通常能够帮助他人理解自己的内心，也能够激励他人追求自己的梦想。

NF 类型的人格通常是比较富有同情心和理解力的人，善于发掘他人的潜能，注重人际关系和情感沟通。这些特点使得他们在从事培训工作时通常能够非常好地理解和满足学员的需求，激发学员的学习兴趣和积极性，以及建立良好的师生关系。一般来说，NF 类型的人格在从事培训工作方面通常会有一定的优势。然而，这并不意味着只有 NF 类型的人才能够成为优秀的培训师。在实际情况中，不同类型的人格都有可能在培训工作中表现出色，这取决于个人的职业素养和职业技能，以及对工作的热情和投入程度。因此，无论你的人格类型是什么，只要你对培训工作充满热情并具备相关的素质和技能，就有可能成为一名出色的培训师。

9.2.2　培训师的着装规范

美国心理学家洛钦斯（Lochins）提出了首因效应，他认为初次见面的双方对彼此形成的第一印象，会影响以后交往的关系，也就是"先入为主"的效果[①]。这种第一印象可能并不完全正确、客观，却给人留下很深刻的记忆，并在很大程度上影响双方关系之后的发

---

① 时蓉华. 社会心理学词典[M]. 成都：四川人民出版社, 1988: 157.

展方向。如果第一印象较好，可以有效调动双方沟通的情绪，对于对方的言论与行为也会更倾向于主动理解；反之，如果第一印象较差，则双方在沟通中容易产生抵触情绪，对于对方的言论与行为也会产生对抗倾向。因此，培训师留给学员的第一印象是很重要的，如果能在初次见面就让学员感受到这是一位教学手段与专业技巧都很优秀的培训师，那么在培训过程中便会展现出更高的专注度，对授课内容进行更全面的思考，并乐于与培训师进行互动。

着装是培训师给人最简单、最直白的第一印象，因为服饰可以在互相陌生时就迅速地传递一些信息，例如培训师的专业地位、个人品位、价值取向、个人爱好等让学员瞬间形成第一印象。这种印象的好坏也会影响培训开展的顺利程度，以及培训效果。

不同的服装对应着不同的培训内容、培训场合，没有绝对的对错之分。例如金融行业的从业者，他们的日常工作服装都是正装、职业装等，给客户以专业、干练的形象，因此金融行业的培训师也要以这种风格来进行着装，一方面可以使学员更有身份上的认同，说明培训师曾经也是一名从业者，并对行业有深刻理解；另一方面也可以提升培训师的专业度。如果培训师穿着一身唐装给金融行业人员培训，显然就有些格格不入，因为唐装更像是历史教授在讲座中的装扮。

在实践中，培训师的着装也有以下几点需要注意，下面从男士、女士两个方面分开来讲。

1. 男士

（1）尽量避免穿短袖打领带。一般在南方地区，气候炎热，职场中部分男士会穿短袖衬衫，而在北方这种情况比较少。由于文化差异，建议以长袖衬衫、领带为主，若要穿短袖衬衫、就不要打领带。

（2）在课程开始前，将手机、钥匙等放好，不要随身携带，否则会影响整体形象，干扰学员的注意力。

（3）尽量穿着藏蓝色或蓝黑色西装，相对正式与严谨。在培训讲台上也可以看到穿着色彩鲜艳西装的培训师，这往往是为了与企业文化或课程性质吻合。培训师讲授的这类课程大多需要热烈的课堂气氛来调动学员的情绪。

2. 女士

（1）服装风格可以多样化，基本原则是不要让学员把过多的注意力集中在培训师身上，而在培训师所讲的内容上。在这一原则下，女性培训师可以根据自己的风格特点选择合适的服饰搭配。

（2）切忌过于暴露和女性化。尽管有些服饰很漂亮，也能够凸显个人特点，但为人师表，还是要尽量传统一些。

（3）穿着 2~5 厘米鞋跟的鞋子为宜。如果鞋跟过高，不利于长时间站立，无法保证时间较长的课程；而平底鞋无法提升仪态，增加气场。

（4）尽量持淡妆。这一方面可以增加培训师的自信，同时，好的精神面貌也积极影响着学员；另一方面也体现了对学员的尊重，传递了培训师对此次培训的重视。

9.2.3 培训师的语言表达

一个培训项目的实施，也就是授课，最依赖培训师的授课水平。同样的培训内容由不同的培训师来讲授，最终的培训效果可能是截然不同的，因此培训师的表达能力极为重要。下面是培训师在说话时的一些基本注意事项。

（1）发音要标准，不能有太重的口音，应当使用普通话进行授课。在面对来自五湖四海的学员时，应该保证每一位学员都能听清授课内容。除了不能有口音外，培训师还应该保证不使用"方言普通话"中的一些俚语，避免一些误会。

（2）培训师应尽量避免在授课过程中夹杂口头语，例如"这个""然后"等词汇。频繁出现口头语会打断正沉浸在课堂内容中的学员思维，使学员下意识进行瞬间的思考，然后又要重新进入课堂内容当中去，会明显降低培训效果。

（3）慎用专业术语。专业术语往往是一把双刃剑，运用得当可以化繁为简，如果运用不当，可能导致部分学员听不懂，认为培训师是在"故弄玄虚"。因此，培训师在培训前应当了解学员的个人资料，判断学员能否听懂简化后的专业术语。从课程本身来看，如果这门课程已经说明了是"进阶课程"或"高级课程"，那么学员往往是有一定基础的；如果这门课程是"入门级"，那么培训师应当注意减少专业术语的使用，保证学员能够听懂。

除了以上最基本的要求外，培训师说话时的音量、语调、语速也是需要注意的。不同的环境、内容、规模、氛围，要使用不同的说话方式进行培训。

1. 音量

在一般的演讲、汇报中，对演讲人的要求是吐字清晰，声音洪亮。但在培训中，要求则更为复杂，培训师除了要让每一位学员听清讲话的内容，还要通过音量的变化表达情绪，调整学员的注意力。

（1）如果将音量分为5级，那么培训师应当保证自己的声音在3级以上，避免声音过小，保证学员能够听见自己的声音。

（2）在进行内容铺垫或简单介绍时，3级音量较为合适。这通常也是日常生活中人们在沟通过程中的音量。

（3）在进行内容讲解时，通常用4级音量，听起来生动有趣，可以提高学员的专注度与参与度。

（4）在讲解课程重点时，培训师可以使用最大的声音来进行强调、灌输，使学员能够记住重要内容。

不同音量与不同的效果如表9-2所示。

2. 语调

语调是授课过程中非常重要的一部分，它可以传达情感、表达内容的重要性，并且可以吸引学员的注意力。语调的重点在于变化，需要抑扬顿挫，才可以使学员保持专注。培训师可以通过音调的变化来增加表现力。例如，在表达激动人心的观点时，可以使用较高的音调，而在表达柔和的情感时，可以使用较低的音调。虽然音调可以增加演讲的表现力，

表 9-2　不同音量与不同的效果

音量级	声音效果	授课效果
5	声嘶力竭	强迫学员接受观点
4	镇定、生动	权威、有趣
3	单调	乏味
2	微弱	缺乏可信度
1	听不见	胆怯、混乱

但是过度的夸张会让听众感到不舒服。因此，培训师需要注意音调的合理性，不要使用过于夸张或者不自然的音调，否则会破坏演讲的效果，并让学员感到不舒服。

3. 语速

在培训时，合理控制语速与停顿也是非常重要的，合适的语速加上恰当的停顿可以让培训师更好地控制授课节奏，引导学员进行思考。

如果讲话过快，学员可能无法理解培训内容，从而导致他们失去兴趣或混淆意思。如果讲话过慢，学员可能会感到无聊或失去耐心。因此，控制好语速对于引导学员思考和保持他们的兴趣至关重要。以下是一些控制语速的技巧。

（1）适当放缓语速：在表达重点观点或者难点内容时，可以适当放缓语速，让学员能够更好地理解。

（2）调整语速：培训师可以适当调整语速，以适应培训内容和情感表达。在表达激动人心的观点时，可以适当加快语速，以增强表现力；而在表达柔和的情感时，可以适当放慢语速，以凸显温柔和谐的氛围。

（3）合理分段：通过合理分段，控制自己的语速。在每个段落之间可以稍作停顿，让学员有时间理解和吸收刚刚表达的内容，同时也能让培训师在掌握整个演讲结构的基础上更好地控制演讲的节奏。

停顿是演讲中的另一个重要元素。在演讲过程中，停顿可以帮助学员更好地理解讲话内容，帮助培训师掌控节奏和引导学员思考。一般来说，停顿可以分为三类：语法停顿、逻辑停顿、心理停顿。

（1）语法停顿是指按照主语、谓语等语法结构进行停顿，使句子结构明确、层次清晰，便于理解。

（2）逻辑停顿是用来强调某一特殊的意思或某种逻辑关系。

（3）心理停顿是为了表达某种情感或达到某一目的而有意识作出的停顿。这常常取决于培训师的情绪与态度，有"激发与诱导"的意味。

在实践中，也有一些关于停顿的方法，使得培训师的话更有表现力与说服力，增强培训效果。

（1）适当停顿：培训师可以在表达重要观点时，适当停顿，让学员有时间理解和吸收。

（2）恰当的长度：停顿的长度也是非常重要的，过短的停顿可能会让学员感到紧张和压抑，而过长的停顿则会让学员感到无聊和不安。培训师需要在适当的地方停顿，并保持适当的停顿长度。

（3）强调关键词：停顿可以帮助培训师强调关键词或短语。在表达重要观点时，可以在关键词或短语之前或之后停顿，以突出这些关键词或短语。

（4）与肢体语言协调：停顿的节奏应与培训师的肢体语言协调一致，以增加表现力。

9.2.4 培训师的非语言表达

20世纪70年代Albert Mehrabian发现，人们面对面交流时，55%的信息是通过视觉传达的，如手势、表情、外表、装扮、肢体语言、仪态等；后来的科研成果也表明，在人类所有的感知信息中，视觉信息占到了83%以上。对于培训师来说，如果没有运用合适的身体语言，可能会导致学员接收不到正确的信息，甚至接收到错误信息。美国心理学家伊莱恩·哈特菲尔德于1994年提出了一种名为"情绪传染"的概念，并将其定义为"一种自动地模仿和同步于他人的表情、声音、姿势和动作的倾向性，其结果往往使交往的双方情绪产生聚合并统一"[1]。她认为情绪的传染是无意识的，并以此为基础提出了"模仿—反馈机制"，这一机制表明，个体模仿被观察对象的动作、表情会导致双方情绪状态的融合，由此产生情绪传染的同步。

因此，身体语言在授课过程中是极为重要的。第一，更准确地传递培训内容。第二，帮助学员全面理解和掌握培训师的意图。通过身体语言，学员往往能领悟文字中更深层的意义。第三，培训师通过动作、表情来达到某种情绪状态，并带动学员的情绪。第四，有利于控场、塑造个人形象。培训师可以通过不同的动作、表情、眼神进行个人塑造，让学员感受到激情、神秘、严肃、轻松，从而达到不同的培训效果。总的来说，演讲者需要注意自己的非语言表达，使之与自己的语言表达相协调，以提高演讲的效果和吸引力。同时，培训师还需要注意与学员的互动，适当调整自己的非语言表达，以使学员更容易理解和接受演讲的内容。

1. 站姿

培训师在台上授课时，能够清楚地感到学员的一举一动，但同样被几十双眼睛注视着。因此，培训师绝不能忽视站姿在教学中的作用。正确的站姿不但可以令培训师自己感觉舒适，还可以给人一种稳重的信赖感或优雅的视觉美，提升自身形象。以下是一些关于站姿的建议。

（1）在站立时，应该保持身体放松，不要过度强调姿势。双脚平行站立，站立时要保持身体的重心均衡，不要站立过于僵硬。手臂自然放松，不要过分挥动或缩紧。可以将手臂放在身体两侧或放在讲台上，但不要用手指或其他物品过度地指向学员，否则可能会使学员感到不舒服。

（2）无论是男士还是女士，都可以采用"V"形站姿、双脚脚尖向前的平行站姿。

（3）男士站姿，两脚距离可以与肩膀同宽或者略宽一点，这样能够站得更稳健。

（4）女士站姿，两脚距离需要比肩膀宽度窄一点，特别是穿裙子时，这样能够显得更

---

[1] HATFIELD E, CACIOPPO J, RAPSON R L. Emotional contagion[M]. New York: Cambridge University Press, 1994.

优雅。

（5）站姿训练：背靠墙面，将后脑勺、双肩、臀部、脚后跟同时贴住墙面，双手自然下垂，目视前方。这样练习可以让自己的站姿更加端正。

在培训课程中，培训师的站姿可以直接影响到学员对课程的反应和学习成果。因此，选择正确的站姿非常重要。培训师可以在课前自我练习，练习正确的站姿，以保证在课程中表现自然、自信和专业。

2. 手势

在培训课堂中，培训师要合理地运用不同的手势来辅助培训内容，达成培训效果。

首先，手势可以增加语言的表现力，使得培训更加生动，吸引学员的注意力；其次，手势可以用来强调重点，帮助学员理解培训内容；再次，手势的加入激活了学员不同的感官，因此可以让学员对培训内容有更深刻的记忆与理解；最后，手势可以用来帮助跨文化交流，因为有些手势在不同的文化中可能有不同的含义，培训师可以用手势来解释和表达特定的概念和内容，同时也要注意根据学员的文化背景来适当选择手势，以确保自己的手势表达得到正确的理解和接受。

在使用手势时，培训师需要让自己的手势表现自然、流畅和准确，以达到更好的演讲效果。以下是一些常见的手势及其含义。

（1）引导手势：用来引导学员注意力，通常是一个平稳的、向下的手势。它可以帮助培训师控制学员的焦点，使学员更容易跟上演讲的思路。

（2）描述性手势：用来形容或说明演讲的内容，通常涉及动作或形状。比如，用双手做一个圆形来表示球，或者用双手做一个上升的动作来表示增加。

（3）强调手势：用来强调或突出演讲的某个观点或内容。例如，用手指向学员，或者用手掌向上的姿势表示强调某个点。

（4）反问手势：用来表示培训师的疑问或不解，通常是用手掌向外翻转，同时配合一些表情和语调。

（5）数字手势：用来列举较多的培训内容，可以使学员与培训师的思路更加清晰。

3. 眼神

眼神是人们交流中最重要的非语言符号之一。它不仅可以传递信息，还可以反映出说话者的情感和态度。在培训课程中，培训师的眼神可以影响学员的学习体验和成果。首先，培训师的眼神可以帮助学员感受到他们的关注和关心。当培训师注视学员时，学员会感受到他们的存在感和被关注的程度，这可以让学员更加投入课堂，增强他们的学习动力。其次，培训师的眼神可以帮助传递重要的信息。当培训师想要强调某个点或者指示学员做某件事情时，他们的眼神可以起到很好的提示作用。此外，在讲解某个重要概念或理论时，培训师可以适时地注视学员，以确定他们是否理解了所讲的内容。最后，培训师的眼神还可以鼓励学员表现出积极的学习行为。当学员在课堂上提问或者参与讨论时，培训师可以通过眼神来表达赞赏和肯定，这可以激发学员的自信心和学习动力。

在培训课堂中，培训师常常使用的技巧有以下几种。

（1）直视。培训师与学员产生最直接的眼神交流，一般在两人一对一互动时最为常见，也是最直观表达情绪的一种目光。直视不一定要紧紧盯着学员的双眼，部分学员可能会感到紧迫感。因此，在与学员距离较远时，可以选择学员的双肩与额头形成的三角区域直视。与学员距离较近时，则可以选择双眼与嘴巴形成的倒三角区域。这样做的好处是即使不与学员直接对视，双方也能感觉到眼神的交流，是一种更缓和的直视。

（2）虚视。培训师的目光放在某个方向较后排的位置，或直接越过人群看向最后方，不与学员做单独的眼神接触。这一般用于学员人数较多、场地较大的培训场合。这种方法的好处是更有利于培训师在脑海中梳理思路，避免因为突然与某位学员进行眼神互动而导致忘词或节奏被打乱。但在小规模培训中不建议这样做，因为在近距离接触时，不与对方进行眼神交流是一种不尊重人的行为。

（3）环视。培训师讲完某个案例或某个核心观点，接下来要进行互动或讨论时，可以环视整场学员。这样做的作用是可以给学员留出一些思考和准备的时间。

4. 表情

与眼神类似，表情也是非常重要的非语言符号之一。它可以传递丰富的信息，包括情感、态度、意图等。

（1）培训师的表情可以影响学员的情感状态。当培训师表现出积极、乐观的表情时，可以激发学员的积极情绪，使他们更加愉悦和兴奋。反之，当培训师表现出消极、沮丧的表情时，会影响学员的情感状态，导致他们感到压抑和无助。因此，培训师需要在课堂上表现出积极的表情，来激励学员的学习兴趣和动力。

（2）培训师的表情可以传递态度和意图。当培训师想要表达某种情感、态度或意图时，他们的表情可以起到很好的提示作用。比如，在讲解某个概念或理论时，培训师可以通过表情来传递自己对这个概念或理论的看法，以引导学员对这个概念或理论进行深入的思考和探究。

（3）培训师的表情可以提供重要的反馈和指导。当学员在课堂上表现出好的行为或成绩时，培训师的表情可以传达出赞赏和肯定。反之，当学员表现出不好的行为或成绩时，培训师的表情可以传达出批评和指导。

9.2.5 培训师的职业素养

优秀的培训师不仅从外形表现自己的专业度，除了具备专业知识和技能，还需要具备一定的职业道德素养。一位高职业道德的培训师，会受到所有学员的尊重，建立良好的信誉和形象，并能够帮助提高培训质量。

（1）尊重学员。对于学员提出的疑惑，或者错误观点，培训师应当基于充分的尊重，并耐心解答。切忌对学员说"怎么这么简单都不懂""刚才肯定走神了"这样的话语，培训师于企业来说是服务与被服务的关系，虽然培训师在台上授课，但与正规学校中的师生关系不同，培训师要对受雇企业负责，对学员负责，不可以用威严来压制学员。更不能歧视任何一个学员，包括但不限于种族、性别、年龄、性取向等。

（2）保护学员隐私。培训师需要严格保护学员的隐私，不得随意泄露学员的个人信息、评估结果或其他敏感信息。如果在培训过程中提到之前的学员，要注意不能涉及学员的个人、工作信息，尽量避免描述学员的个人特征。

（3）尊重其他培训师。一个培训项目可能会涉及多位培训师，当其他培训师的内容、观点与你不同时，应该给予尊重，不可攻击同行。培训是否达到了预期效果是由学员评定的，因此培训师只负责关注自己的培训内容，不要评判同行的好坏。

（4）持续学习。作为培训师，需要不断学习和更新自己的知识和技能，以便为学员提供更好的培训服务。如果对学员提出的问题无法解答，要坦诚地与学员沟通，不能不懂装懂。

（5）传达正向价值观。作为一名培训师，无论在何种规模的培训项目中，都要传达正向的价值观。使用的素材、表达的观点、依托的理论，都要合法、合规，有积极的价值导向。

总之，眼神与表情是非常重要的非语言交流方式，可以增强培训师与听众之间的互动和情感联系，增强表达效果和理解效果。培训师需要适当地运用这些技巧，建立良好的教学形象和品牌形象，提高学员的参与度和记忆效果。同时，培训师还需要注意不要过度运用这些技巧，以免产生反效果。

9.3 课堂呈现

课堂呈现极为重要，一次授课效果的好坏直接决定了学员能够学到多少知识，决定一个培训项目的成功与否。因此，课堂呈现的技巧是每一位培训师的必修课，一位优秀的培训师通常从以下三个方面完成课堂呈现。

9.3.1 课前准备

培训实施的过程并不单指授课过程，一位好的培训师往往在授课前就要进行准备工作。通过这些工作，培训师可以为学员提供高质量的培训服务。通常，培训师必须提前熟悉授课地点的环境，最好提前检查设备是否能够正常使用（例如 PPT、音视频等能否正常播放）、授课所用的工具与材料是否完备，以及教室的桌椅布局是否需要调整。常见的桌椅布局有以下几种。

1. 传统排型

1）优点

（1）适用于大型教室，可以容纳更多的学员。

（2）学员面向前方，有助于保持秩序和集中注意力。

（3）更适合讲师进行讲授与演示。

2）缺点

（1）限制了学生间的互动和合作。

（2）学生难以与教师进行直接的互动。

2. U 形

1）优点

（1）促进了学员与讲师之间的互动和面对面交流。
（2）适合小组讨论与合作项目，鼓励学员分享观点。
（3）学员能够看到彼此，有助于营造学习氛围。

2）缺点

（1）通常不能容纳太多学生，适用于小型教室。
（2）可能需要更多的空间来安排座位，不适用于座位有限的场合。
（3）学员需要时常转身来面对不同的方向，不太适合需要频繁使用教学工具的课程。

3. 岛形

1）优点

（1）创造了多个小组学习空间，适合小组合作和项目。
（2）学员可以独立工作，减少了课堂噪声和干扰。
（3）有助于个性化学习和自主探究。

2）缺点

（1）需要较大的教室空间，以容纳多个小组。
（2）讲师可能需要更多的时间来管理和指导多个小组。

4. 扇形

1）优点

（1）学员能够同时看到讲师与其他学员，适合多方的观点交流。
（2）各个角度的学员都能很好地看见讲师，适合讲师进行演示。

2）缺点

（1）需要足够的教室空间，适用于中等至大型教室。
（2）教室布置较为复杂，需要考虑座位倾斜角度和空间分配。

除了上述外界因素外，培训师自身也应当调整至最佳状态，以呈现一节完美的课堂。培训师应当完全熟悉课程的全部内容，并提前做适当的模拟演练，以便对细节作出调整。

通过以上的课前准备工作，培训师可以有效提高教学质量、促进教育创新、增强学员学习兴趣和提高学员的学习成果。

9.3.2 课程导入

"我们今天要培训的是商务礼仪，我们都是上班的人，应该也算得上是个商务人士，所以呢，对于一位商务人士来说，商务礼仪是非常重要的。大家知道我们中华民族被称为礼仪之邦，对于礼仪我们有着优良的传统。那么对于我们现代职场人士来说，礼仪更是有用的，如果没有礼仪，会给工作和生活带来许多麻烦，因此呢，我们都应该学习商务礼仪。

那么到底什么是礼仪呢？其中包含两个意思，一个是礼，另一个是仪。它们单独都是有含义的,合在一起也是有含义的。下面我们就来看看这些概念,其实这些概念意义不是很大,但还是要学习一下……"

思考:请你对该培训师的开场作出评价。

导入环节是整个授课的开场,其作用主要是生动地介绍培训主题、激发学员的学习兴趣、让学员更好地投入,同时可以让培训师与学员建立平等关系,更有助于后续的互动。

(1)"形式"是开场设计中不可缺少的部分,一个单调的开场会使学员感到枯燥乏味,培训师自身也无法达到授课最完美的状态。但是形式一定要服从于内容,虽然要注重开场形式的丰富,但不能喧宾夺主,脱离培训内容,忽略了开场的功能。

(2)开场的目的是让课程有效开展,最终将内容与知识传达给学员。需要注意的是,学员在接收信息的过程中,往往先通过感性思维,去体会培训师所讲的内容,而最终要想将知识内化为自己工作中可使用的方法与经验,依旧需要理性思考。因此,在开场时不论使用何种形式来吸引学员的注意,都一定要引导学员对课程内容的本质和规律进行理性思考。一般来说,好的开场基本要完成以下任务:①吸引学员的注意力;②引发学员兴趣;③介绍课程价值;④介绍课程安排。

下面将介绍一些经典的开场方式。

1. 开门见山法

开门见山法是培训师常用的一种课程导入方式,通过直接、简明的语言介绍课程内容和重点,引起学员的兴趣和注意,为后续学习和讲解打下基础。它的核心是"直入主题",避免过多的废话和不必要的铺垫。在使用开门见山法的时候,培训师应该首先注意以下几点。

(1)突出主题,让学员在最短的时间内明确课程目标,理解学习的意义和价值。

(2)语言要简单易懂,避免使用生僻难懂的词汇和语法,让学员能够快速理解和接受。

(3)通过一些生动、有趣的语言和场景引起学员的兴趣和注意,让他们感到这门课程很值得学习。

使用开门见山法的优势在于可以快速吸引学员的兴趣和注意,增加学员的学习热情和参与度。同时,该方法的直接性和简洁性也可以让学员更好地理解课程内容和重点,节省时间和精力。此外,开门见山法还可以让学员感受到培训师的专业性和掌控力,提升培训效果和满意度。

这种方法的弊端在于其具备一种突然性,无法瞬间吸引学员的注意,因此在培训开始前,最好有主持人或工作人员进行讲话,学员们意识到即将开始培训,这种方法才能达到预期的效果。

2. 提问法

通过设计一个或几个与主题相关的问题,在开场时向学员提出,引发学员的互动与思考。提问是让双方在最短时间内建立联系的一种方法,提问法的目的是在激发学员学习兴趣的同时,将学员的注意力引导到培训师所想表达的内容上,以便让学员主动参与学习过程。同时,提问也可以帮助学员回顾前面的知识,对新的知识点产生兴趣,提高学员的思考能力。

以下是几种常见的提问方式。

（1）开放式问题。这类问题可以激发学员的思考和创造力，让学员自己来思考答案。例如："你觉得这个主题的重要性在哪里？"

（2）封闭式问题。这类问题要求学员给出一个特定的答案，一般用于检查学员对某一知识点的掌握情况。例如："培训的第一步是什么？"

（3）反问式问题。这类问题是指用一个问题来引导学员思考另一个问题的答案，可以引导学员逐渐递进，深入思考。例如："你是否有过这样的经历，当你想要提高自己的能力时，你该怎么做？"

这些问题应当在课程的开发阶段设计好，并预测大部分学员可能说出的答案，对不同的答案进行归类并准备好回应。如果是开放性问题，最好采用设问的形式，并进行一定的思维引导，防止学员的答案与培训内容偏离。最后，无论学员的回答是否正确，培训师都应当以鼓励为主，营造开放、平等的沟通氛围，这样才能达到开场的目的。

3. 游戏法

根据多伊奇（Deutsch）提出的社会相互依赖理论，当个体间有共同目标且个体目标的实现受到其他个体行为的影响时，个体间的社会相互依赖关系就产生了。[①]积极依赖可以促进积极互动，进一步促进个体目标的实现，实现较高的效率与业绩；消极依赖则会导致对立互动，出现较低的效率与业绩。该理论被广泛运用在培训领域，企业可以基于该理论设计培训内容和过程，明确学员的目标，让学员明确其目标存在积极的相互依赖关系，以及学员之间的责任和角色，确保学员拥有团队有效运作所必需的技能，提高学员的学习效果。

游戏法通过模拟一个场景，组织学员进行竞争式的游戏，提高了培训课堂的真实性、趣味性，从而提高学员解决问题的技巧，让学员快速进入较为放松的状态，并对培训主题有一定的思考与领悟。进行游戏时，学员会在决策中面临更多实际工作时可能遇到的决策矛盾，因此需要学员积极参与，运用相关知识或理论分析问题，与他人进行沟通，最终作出决策，这是一种非常贴合实际的办法。在使用游戏法开场时，往往建议全员参与，时间控制在 10 分钟以内，如果游戏时间过长，可能会喧宾夺主，令学员沉浸在游戏中而忘记培训主题。

4. 案例法

案例法是指收集与行业相关的案例，并在开场阶段抛出，引起学员的思考并传达培训师的部分浅层观点。在学员掌握了基本的相关知识与技术的基础上，培训师根据培训目的与培训内容，将学员带入某一事件的"现场"进行分析，通过学员的独立思考，提高其分析问题与解决问题能力。

事件系统理论是由弗德里克·莫格森（Frederick Morgeson）、特仑斯·米歇尔（Terence Mitchell）与刘东在 2015 年提出的，以动态视角考察事件如何对实体产生影响，能够对与事件相关的组织现象进行更全面和真实的描述。事件的强度（越新颖、颠覆、关键），可

---

① DEUTSCH M. A theory of co-operation and competition[J]. Human relations, 1949, 2(2): 129-152.

以对实体产生影响（如改变或影响实体的行为、内部特征、激发新的事件），并且事件的时间与空间在其中起调节作用。[①]

这为案例法提供了很好的方法论与分析框架，培训师可以引导学员从事件强度、时间、空间等角度进行思考，案例中的哪些因素对结果产生了影响，产生了什么影响，哪些因素使案例中的事件变得新颖、颠覆、关键。对于这些问题的思考可以帮助学员发现案例中深层次的原理与逻辑，使培训师更好地表述观点。

需要注意的是，案例反映的问题应当在现实工作中具有典型性，并围绕学员工作中常见的问题，提高案例的现实性。如果要通过案例佐证观点，则需要培训师给出清晰的答案并总结；如果只是为了引出问题，引发学员的思考，则不需要给出答案，但要注意案例的冲突性与开放性。

5. 数据引入法

数据引入法是指利用统计数据、案例、报告等方式引入课程内容，以吸引学员的注意力和兴趣，让学员能够更好地理解课程内容。由于数据具有客观性，因此用真实数据说话最具有说服力，也可以给学员带来一种震撼感。在使用数据引入法时，需要注意以下几点。

（1）突出数据的关键信息。在展示数据时，培训师应该将数据中的关键信息进行标记，以帮助学员更好地理解数据和课程主题。

（2）与实际情况联系。数据引入法只有在与实际情况联系时才能发挥较好的作用。因此，培训师应该将数据与实际情况联系起来，让学员更容易理解数据的含义和重要性。

（3）引导学员思考。在展示数据时，培训师应该鼓励学员思考数据所代表的意义，并引导学员从不同角度分析数据，提高学员的思维能力和分析能力。

9.3.3　有效互动与控场

1. 学员的不同类型

学习风格是个体在长期的学习活动中形成的，受特定的家庭、教育和社会文化的影响，具有独特性、稳定性，伴随终生，很少随学习内容和学习环境的变化而变化。对不同的学员必须用不同的培训方法，这样才能获得良好的培训效果。所以，对学员的类型进行解析对于帮助我们做好培训有特殊的意义。而且，不要只听学员说是什么类型就确定是什么类型，而是要通过我们自己的辨析来确定。

（1）感受型。这类学员表现较为活跃，感受能力超过思辨能力，不愿意被动接受说教，愿意一起分享感受，喜欢说"我感觉，我觉得"。这类学员很注重来自人的情感体验，尤其对老师的态度很敏感，如果被充分关注到，那么其学习的注意力会高度集中，反之则会走神。

（2）反思型。这类学员较为冷静，不满足于感性认知，喜欢观察和思考，拒绝外来的压力，愿意独立做判断。这些人在课堂上表现出一定的叛逆性，善于独立思考，并按自己

---

① MORGESON F P, MITCHELL T R, LIU D. Event system theory: an event-oriented approach to the organizational sciences[J]. Academy of management review, 2015, 40(4): 515-537.

的思考作出判断。对于这类学员，要特别注重启发性。"引而不发，跃如也"。重在启发他们，给予他们思考的余地，然后鼓励其探索、质疑，这样便会获得更好的效果。

（3）推理型。这类学员喜欢提炼归纳，分析能力胜于感觉。他们会及时发现逻辑上的问题，不能容忍逻辑的混乱，偏爱严谨的结构与理论体系。他们的思考是系统化的、条理性的。对于推理型学员，培训师讲课时要做到逻辑线条清晰，多总结概括。不需要过多地举例子，重点是帮助他们扩展知识。

（4）实践型。这类学员表现较为务实，厌烦空洞的说教，对实践型课题感兴趣，喜欢自己验证自己的新想法，凡事注重结果，常常会说"讲得挺好的，但是不适用"。对他们的教法要注意：一是理论讨论无须过长，二是实务性内容必不可少。

2. 互动与控场

互动是在授课过程中维持学员注意力的好方法，通过培训师的互动与控场，可以有效加深学员学习印象，提升整体培训效果。实践中，常用的互动与控场方式有三种。

（1）演示：由培训师进行实操演示，将培训内容的实际操作与效果呈现给学员。这种方法适合一些技能培训，一方面，学员通过观察可以更容易地理解和模仿所学的内容；另一方面，培训师的示范可以令学员学习到实践中最标准、最高效的动作方法。

（2）提问：在互动中针对培训内容进行提问可以加强学员的记忆与理解，通过回答问题，学员不仅能够测试自己的理解水平，还可以强化记忆。此外，仅仅依靠知识的灌输并不能使学员全面地理解所学内容，培训师需要针对内容提出一些重、难点问题，或容易被学员忽视的问题，令培训效果达到最好。

（3）讨论：培训师号召全体学员一起参与某个问题或事件的讨论，鼓励学员说出自己的理解，有助于学员举一反三，拓宽视野，也便于培训师在学员表达观点时纠正他们的误解与疏漏。

3. 合理控制课堂时间

每次授课可用的时间是既定的，培训师应当充分利用时间，将培训效果最大化。所以在培训实施的过程中，每个环节都需要培训师管理时间、控制时间。如果某个环节时间过长，学员的注意力会逐渐分散；如果时间过短，可能学员来不及理解前一部分的内容，就不得不开始后一部分内容的学习。

下面是关于时间控制的具体方法。

1）在课程设计时做好时间分配

（1）确定每个模块或每一部分的所用时间。

（2）确定每个知识点的所用时间。

（3）开场环节的所用时间不超过总时长的10%。

（4）结束语、内容回顾所用时间不超过总时长的10%。

2）在授课过程中把握时间

（1）在开场环节向学员介绍整个课程的时间安排。

（2）避免与学员陷入细节争论。

（3）在时间不够时，提前向学员说明，在征得全场同意后可以适当延长时间，必要时删除还未讲授的整个部分，或挑选重点进行讲授。

（4）当课堂节奏较快，导致时间剩余时，可以设计相关内容的讨论，也可以将所讲内容进行较为详细的回顾与总结。

3）在互动时把握时间

（1）在互动开始前向学员说明，如"你有2分钟的发言时间"。

（2）在结束前进行提醒，如"大家注意，还有30秒"。

（3）当培训师判断互动的内容和方向逐渐偏离课堂内容时，应当及时提醒或打断。

4. 授课过程中的提问技巧

"教师之为教，不在全盘授予，而在相机诱导。"意思是在知识的传授过程中，不是把知识告诉学员，而是要引导思维、启发思维。让学员进行思考，最直观的方式就是提问。因此，培训师在授课过程中在合适的时间问出合适的问题，是授课过程的关键。

培训师的提问通常建立在四种情形下。

1）在讲授内容时提问，通常可以达到三种效果

（1）制造悬念，引起学员兴趣。可以在课程开始时抛出问题，但不给出答案，使学员有继续听下去的欲望；可以在案例分享时提出会引起观点冲突或启发的开放式问题，供学员讨论。

（2）令学员开始思考。例如，"你在做这项工作时的步骤是什么？"这类逻辑型问题，学员可以进行系统的、有逻辑的思考，然后回答问题，分享自己的答案；抑或是情境型问题："假如你作为工作小组的组长，你该如何分配工作？"

（3）论证课程内容中的观点。这种情况多用封闭式问题，可以更好地从学员处得到需要的论据。例如，"你认为案例中的做法符合职业道德吗？"

2）在互动时对学员追问，通常可以达到两种效果

（1）帮助学员清晰地表达。在学员表达观点后，培训师往往要用不同的话复述学员的观点，并向学员确认"我是否理解了你的意思""我说得对吗"。这种提问可以避免培训师与学员沟通过程中产生误会，浪费更多时间，同时也重新梳理了学员的观点，可以令其他学员更好地理解。

（2）令学员加深思考。学员的回答往往不是完全正确的，而是大部分正确，因此培训师应当进一步引导学员进行思考，自己说出答案。例如，"怎么样才能得到你所说的结果？""所以把你的观点放到我们今天的内容主题上来说……"也可以给学员进一步暗示，"如果……会如何？"

3）控场时的提问，通常可以达到两种效果

（1）避免冷落部分学员。在一场授课中难免有积极的学员与沉默的学员，积极的学员会不断与培训师进行互动、提问，而沉默的学员在整场培训中都少有反应，无法判断其是否专注。因此培训师可以将积极的学员所提的问题抛给沉默的学员，让其也能够参与课堂，保证每个人的培训效果。

（2）提问特定的学员。对之前互动过的学员提出问题，以便对接下来的内容进行引入或解释。

5. 授课过程中的解答技巧

当培训师被学员主动提问时，证明课堂氛围是轻松的、开放的、平等的，此时培训师应当很乐于为学员答疑解惑。如果学员提出的问题是培训师能够解答的，则直接向学员解释清楚；如果学员提出的问题超出了培训师的能力范围，也不要慌张，坦诚地告诉学员暂时无法解答这个问题，可以等课后查阅了相关资料再与学员进行私下的讨论。

下面是关于解答的一些技巧。

（1）向学员确认其问题。培训师确保自己理解了学员的问题，帮助其他学员厘清思路，同时给自己留出了思考时间，将答案的逻辑进行梳理。如果问题较为抽象或较难理解，可以让学员进行举例说明，也可以鼓励其他学员参与进来。

（2）揣摩学员的意图。来自学员的提问可能不是为了获得答案，有的学员可能会觉得自己经验丰富，自视甚高，想故意考考培训师；也有学员自己原本就知道答案，但故意提问来表现自己；还有学员会对培训师所讲内容持反对态度，因此故意提问刁难。遇到这一类情况，培训师应当首先判断学员的心态是否开放，会不会接受你的回答，回想之前的内容与观点是否有可能引起学员的反感。

（3）抛出问题。询问学员对于自己的问题是怎么理解的，学员的问题往往是以其一定的思考过程为基础的，培训师应当先知晓学员的思考方向，再结合内容回答学员的问题。同时还可以激励其他学员来回答问题，一个好的提问要让所有学员进行思考，最后培训师对其他学员的回答进行改正与补充。

（4）回答问题。当培训师知道如何回答时，则先将其他学员的回答进行归类与点评，再以专业性的视角与口吻重新回答一遍；若不知道答案或无法准确回答，则要坦诚地告诉学员暂时无法解答这个问题，可以等课后查阅了相关资料再与学员进行私下的讨论。

（5）确认学员是否满意。培训师说出自己的答案后，应当询问学员"这样的说法是否接受"或"这样回答你理解吗"。

9.4　终身学习与自我发展

9.4.1　培训师的资格认证

美国培训认证协会（AACTP）是一家专注于培训师系列认证的权威机构，在培训项目及授权讲师评估方面具有丰富经验。该机构一直在探索培训师系列认证的培养、考核与评估，并建立了一整套包括教材、培养模式、考核评估、继续教育在内的严密体系，首创了终身制继续教育跟踪服务，满足培训师的成长需求，也保证了该体系下培养出的培训师能够完全符合企业的需要。

1. 国际认证培训师（ICT）

该认证主要聚焦于培训师的课程开发与演绎能力，将培训师培养成"编、导、演"体系化专业型的国际认证培训师。ICT认证将培训师的能力素质模型分为四个部分：①亲和力,这是成为培训师道路上最重要的力量。②洞察力,要求培训师在课堂中能够时刻抓住学员的兴奋点,这对培训师的挑战最为明显。③内驱力,培训师提升内容质量的关键。④逻辑力,帮助培训师进行更完整的课程设计与结构梳理。关于ICT认证的考核包含以下几个方面。

(1)教学设计:培训师需要具备优秀的教学设计能力,能够根据学员的需求和背景设计出合适的培训方案。

(2)授课技能:培训师需要具备良好的授课技能,包括口才、演讲能力、引导讨论、互动交流等方面。

(3)教学评估:培训师需要具备有效的教学评估方法,能够评估学员的学习效果,为后续的教学提供参考。

2. 国际认证培训管理师(ICLO)

国际认证培训管理师认证是AACTP的另一个关于培训师的认证项目,与ICT不同,该认证主要针对培训管理者,侧重于搭建培训体系,包括搭建胜任力模型及岗位匹配表、建立企业学习资源库、制订基于岗位的培养计划、制订员工个人发展计划、制订企业年度培训计划、基于行动学习的培训解决方案、构建企业学习地图、搭建培训管理体系。

其核心理念是"从培训管理者转型为学习与绩效管理者",希望培训管理者能够基于企业的发展战略,培养胜任各个关键岗位的人才。具体培训内容包括以下几点。

(1)掌握基于行为改变与绩效达成的培训体系设计方法。

(2)建立基于学习地图的培训体系。

(3)设计基于应用和转化的培训项目。

9.4.2 培训师的职业发展

培训师越关注企业在各个不同时期对人的发展需求,越能不断地提升自身的职业量级,越能在职业道路上越走越远。下面四种角色是培训师对于企业影响力的半径,也构成了培训师的职业发展半径。

1. 课程讲师

课程讲师是培训师的第一个职业半径,也是最基本、最具体的一个。企业培训的基本形式还是人际传授,与传统教育的相似性很大。因此,作为传统培训课堂的主要展开方式,成为一名合格的讲师,课讲得精彩,引人入胜,就是职业培训师的第一个衡量标准。他的主要职责是将知识准确传授并教会应用,从而提升学员的技能。他对企业的贡献是让学员在最短的时间内实现技能学习目标。

2. 人才发展咨询师

在互联网时代,信息传播的载体和途径越发多样,已经逐渐替代传统方式,承载知识传递的功能,并将知识传递所需要的时间不断碎片化。部分人认为,培训师在未来会被逐渐取代。实际上,比较准确的说法是只依靠讲授来复刻通用知识的培训师的生存空间会越来越小。随着科技进步与社会发展,企业的需求也发生了变化,已经逐渐从知识普及转变为实际应用。因此,企业真正需要的是能够让理论与知识在企业中落地的培训师。

3. 人才生产线咨询师

当企业的发展道路趋于稳定时,便有了更高层次的目标——可持续发展。实现人才的持续发展更是实现这一目标的必经之路,具体来说,企业需要让来自各个梯队的员工能力稳步提升。"培训师的培训师"可以在其中发挥关键作用,做企业培训体系建造者,为企业打造人才生产基地,协助企业建造一个"克劳顿管理学院"。

4. 组织学习规划师

企业对外界力量的依赖最终要回到企业自身的成长上。要想真正成为一个学习型组织,无培训却时时学习,需要从企业的顶层设计开始。构建这样一个学习型组织,成长为一个能够不断从容应对外界发展和变化的"有机生态",是企业对培训的最高需求。要让企业实现上述目标,对培训师的要求就不只是能跨专业、跨行业地引导学习,还要对企业发展给予实质性的提升和帮助。

培训师的职业发展如图9-2所示。

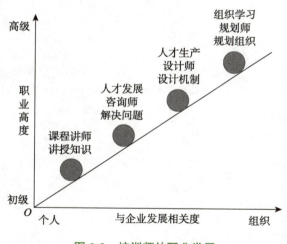

图 9-2 培训师的职业发展

开篇案例参考答案

即测即练

自学自测 扫描此码

学习与培训效果评估

学习目标

- ★ 了解学习成果的定义与分类；
- ★ 理解学习效果及效果评估的流程；
- ★ 理解培训成果的定义与分类；
- ★ 掌握培训效果及培训效果评估的流程及意义；
- ★ 了解培训效果评估方案的设计；
- ★ 理解培训效果评估的模型；
- ★ 了解培训效果评估的跟踪与反馈。

开篇案例

成立于 1955 年的麦当劳已是当今快餐业的巨无霸。麦当劳简直成了快餐或汉堡包的代名词,受到世界各地人们的欢迎。麦当劳创始人雷蒙·克罗克(Raymond Kroc)先生说了两句话,第一句是:"If we're going to go to anywhere, we've got to have some going to put my money into talent."这句话的意思即不管我们走到哪里,我们都应该带上我们的智慧,并且不断地进行智慧投资。所以,早在 1976 年,麦当劳的创始人就已经决心要在人员的发展上作出很大的投资。另一句是:"Cash, you can get; talent, you have to develop."这句话的意思是:钱,你可以赚到;但是,对于智慧,必须花心思去培养。每年麦当劳北京公司都要花 1 200 万元用于员工培训,包括日常培训或去美国上汉堡大学。麦当劳不仅在员工培训与发展方面投入了大量的资源和关注,而且重视对这些培训后的效果进行系统和有效的评估。

第一个层次:"反应"方面。就是在上课结束后,学员对于课程的反应是什么,例如评估表就是收集反应的一种评估方法,可以根据学员的反应调整以符合学员的培训需求。

第二个层次:讲师的评估。每一位讲师的引导技巧,都会影响学员的学习,所以在每一次课程结束后,都会针对讲师的讲解技巧来做评估。在知识方面,汉堡大学也有考试,上课前会有入学考试,课程进行中也会有考试,其主要目的是测试学员通过这些培训,究竟保留了多少知识,以了解培训的内容是否匹配组织所要传递的。除此之外,汉堡大学非常重视学员的参与,会把学员的参与度量化为一个评估方案。因为当学员提出学习需求或与大家互动分享时,我们可以知道他掌握知识的程度,并且在后续的课程中去做调整,以满足学员的学习需求。

第三个层次:"行为"方面。在课程中学到的东西,能不能在回到工作中以后,改变员工的行为,从而达到更好的绩效。在麦当劳有一个双向的调查,上课前会针对学员的职能行为做一些评估,再请他的老板或直属主管做一个评估,经过训练三个月之后,再做一次评估。所以我们会把职能行为前后的改变做一个比较,来衡量训练的成果。

这个部分在组织对员工的培训方面非常重要,这也是现在一般组织比较少做到的,因为它所花的成本较大,而且分析起来也比较困难,所以很多组织都略过这部分的评估。汉堡大学很努力推动这个部分。

第四个层次:"绩效"方面。课后行动计划的执行成果和绩效有一定的关系,每次上完课,学员都必须设定他的行动计划,回去之后必须执行,执行之后会由他的主管来为他做鉴定,以确保培训与绩效结合。

这四个层次的评估结果将被进一步用于调整培训目标或需求,以及为员工提供支持和激励。通过这种方式,麦当劳能够确保其员工持续具备提供优质服务和食品的能力,从而继续保持在全球快餐行业的领先地位。

资料来源:https://wenku.baidu.com/view/7779b56d58fafab069dc026f.html?fr=hp_Database&_wkts_=1692270241174&bdQuery=%E7%99%BE%E5%BA%A6%E6%96%87%E5%BA%93.

请仔细阅读以上案例并回答下面的问题:
1. 麦当劳对员工的培训进行了哪些方面的评估?
2. 为什么麦当劳如此注重员工培训效果的评估?

引　言

　　麦当劳不仅在员工发展与培训上投入了大量的资源,而且对培训效果进行了多层次的评估,并将评估结果反馈于培训目标的设定与培训的实施过程。当下,培训是大多数组织成长与发展的重要组成部分。然而值得注意的是,培训效果评估的过程不仅需要掌握专业的评估工具及方法,也需要承担一定的时间与成本压力,这就导致了培训效果评估在组织实践过程中较难开展。培训效果评估的目的不仅在于掌握培训是否完成了预期目标,还在于了解培训在实际应用中的价值和成效,进而对培训目标作出反馈,最终优化培训计划,为组织的发展提供更有力的支持。因此,尽管培训效果评估的实施存在一些阻碍,但它理应成为组织培训体系中不可忽视的重要环节。

　　社会竞争愈加激烈,不仅组织在实施培训的过程中重视培训效果评估,个体也应该在培养与践行终身学习的过程中重视与加强对学习效果的评估。追溯历史,古人有云:"学而不思则罔,思而不学则殆。"这意味着,仅仅学习而不进行思考和评估将会使人陷入迷茫的境地。"学而时习之,不亦乐乎?"也代表着不断学习并及时进行温习与评估,方能真正地感受到终身学习的快乐和成就感。纵观当下,在数智化时代的浪潮中,我们需要学习大量的知识与技能以应对社会发展带来的不确定性,如若只是单向输入知识,而不去反向评估自己究竟掌握了多少,长此以往,学习的效果会大打折扣。因此,我们需要重视学习效果的评估,学习效果评估对于提升个人能力与竞争力至关重要,只有如此,个体才能确保终身学习的有效性。

　　许多个体和组织虽都投入了大量的热情和财力来进行学习和培训,但由于学习与培训效果评估在实施上存在一定的阻碍,较多个体与组织省略了这一活动。但效果评估对于提高个体与组织的竞争力至关重要,是学习与培训活动中不可省略的关键环节。因此,在学习与培训结束后,我们需要采取一些方法或工具来衡量学习与培训的效果,或者说我们需要了解学习和培训给个体与组织带来了什么好处和收益。

　　本章首先从个体角度出发,对与学习效果评估相关的概述进行梳理。其次,对个体学习成果进行分类,将学习成果分为知识成果、技能成果、情感成果及人际成果。最后,对个体学习效果的评估流程进行整合。相应地,从组织角度出发,首先,梳理了与培训效果评估相关的概念、评估过程及对于组织的意义。其次,讨论了培训效果评估所选用的成果类型,包括知识成果、技能成果、情感成果、绩效成果及投资回报率。再次,梳理归纳了培训效果评估的方案设计与培训效果评估的模型。最后,本章介绍了组织培训效果评估的跟踪方式。总体来说,本章旨在帮助个体和组织理解培训效果评估在培训流程中的作用和重要性,以及如何更好地开展学习和培训效果评估。

10.1 学习效果评估

本节主要从个体角度出发,在理解学习效果相关内容之前,首先,对学习成果的定义与分类进行详细描述,以便更好地理解两者之间的区别与联系。其次,对学习效果及学习效果评估的相关概念进行阐述。基于此,本节详细介绍了个体进行学习效果评估的流程,旨在帮助个体掌握如何对自己的学习效果进行评估,并通过这种方式增强个体的竞争力,持续激发个体终身学习的动力。

10.1.1 学习成果

在了解学习效果之前,我们首先梳理一下"成果"与"效果"两者之间的关系。在英文中,"成果"翻译为"outcomes",而"效果"的翻译为"effectiveness",从这个角度,我们更容易对两者进行理解与区分。根据《牛津大辞典》的注解,"outcomes"表示"the final or eventual result; the upshot",它关注的是在行动或项目结束时能够得到的具体变化;"effectiveness"表示"the degree to which something is successful in producing a desired result; the degree to which something is effective",即某事物在产生预期成果方面的成功程度,它关注的是行动或项目结束时带来的好处与收益。由此可见,"成果"比较侧重变化,而"效果"则更注重"好处与收益"。基于此,本书将学习成果定义为由于学习所导致的个体心理与行为上的变化,是个体用来衡量学习项目的尺度。

在清楚学习成果的含义后,了解学习成果的分类是至关重要的。本书将个人学习成果划分为知识成果、技能成果、情感成果以及人际成果四个层面。以往关于人际成果的定义或描述多倾向于与他人建立良好的人际关系或与他人交往过程中沟通、合作或者解决冲突的能力,其关注点均在"他人",但是人际不应只是"对外",也应包括"向内"的管理与思考。我国古代伟大的哲学家和思想家,道家学派创始人老子曾曰:"知人者智,自知者明。"这寓意着能了解、认识别人叫作智慧,能认识、了解自己才算真正的聪明。

基于此,本书将"人际成果"定义为一方面管理自己思考与学习过程的能力,另一方面管理与他人沟通、合作及解决冲突的能力。学习成果的分类详见表 10-1。

表 10-1 学习成果的分类

成　果	成果描述	举　例
知识成果	用来衡量个体对原理、事实、技术或流程的熟悉与掌握程度	培训师认证
技能成果	用来评价个体技巧性、运动性的行为方式水平	驾驶技巧
情感成果	用来反映个体所持有的态度和动机的改变	欣赏他人
人际成果	用来管理个体自己思考和学习过程的能力	记忆宫殿
	用来管理个体与他人沟通、合作以及解决冲突的能力	人际交往

10.1.2 学习效果与效果评估

在"员工培训与开发"课程的期末考核中,小凌同学和小笑同学的分数都是 90 分,两位同学的期末考试目标分别是 85 分和 95 分,小凌觉得这门课程的学习效果很好,但是小笑觉得这门课程的学习效果并不理想。试想,两位同学的分数都是 90 分,为什么会对"员工培训与开发"这门课程的学习效果褒贬不一呢?

不难看出,两位同学将 90 分分别与 85 分和 95 分做对比之后对"员工培训与开发"课程效果的好坏作出了截然不同的判断。由此可见,对学习项目的效果评估是基于学习目标展开的,通过对比,才能评价效果是好还是不好。鉴于此,本文将学习效果定义为通过学习所获得的学习成果给个体带来的好处与收益。那么,学习效果评估指个体通过对比学习成果与学习目标来衡量学习是否有效的过程。因此,学习成果亦称为学习标准,是个体用来评价学习项目的尺度。

10.1.3 学习效果评估的流程

正如前文中所提到的,学习效果评估对于提升个体能力与竞争力至关重要。有效的学习效果评估流程是确保个体学习项目成功的关键。但是如何对个体的学习效果进行有效的评估呢?

(1)明确学习目标。学习效果评估始于明确的学习目标,学习目标应是具体的、可衡量的以及与个体学习需求相关的,明确的学习目标可以为评估提供一个清晰的参考框架。

(2)实施学习过程。个体依据学习目标来开展学习活动,这包括获取知识、发展技能、改善态度和行为等,通过学习,个体心理与行为会产生一定的改变,即产生了一定的学习成果。

(3)学习成果对比与评估。实践是检验真理的唯一标准,对个体的学习成果进行收集与整理,采用恰当的评估方式,将其与学习目标进行对比与评估,分析个体在学习项目中是否实现了预期的学习目标。评估结果应该能够客观、准确地反映个体在学习项目中的实际表现。这是学习效果评估过程中最为关键的一步。

(4)学习效果跟踪与反馈。将学习效果评估的结果反馈给学习目标的制订与学习的实施过程,这意味着个体需要根据评估结果进行调整与反思,优化学习计划与方法。这一闭环的过程可以帮助个体不断提高学习能力与学习效果,实现个人的成长与发展。

另外,我们还需认识到,效果评估是连续的和动态的过程,而不仅仅是一个学习项目结束时的单次评估。个体应该在学习项目的不同阶段进行反馈和评估,以便及时调整和改进学习方法和策略。

学习效果评估的流程如图 10-1 所示。

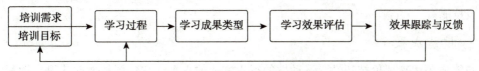

图 10-1 学习效果评估的流程

10.2 培训效果评估

本节主要从组织角度出发，首先对培训成果的定义与分类展开描述，详细阐述了组织用来评价培训项目的尺度分别有哪些。接下来介绍培训效果与培训效果评估的相关概念以及培训效果评估的具体流程与意义，进而从宏观上增强对组织培训效果评估的整体把握与了解，为组织的培训活动提供更加科学和有效的支持。

10.2.1 培训成果

培训是组织提升市场竞争力的重要途径。与学习成果相类似，培训成果是指由于培训所导致的员工心理与行为上的变化，是培训者和组织用来评价培训项目的尺度。在前面的小节中，我们了解了学习效果评估的尺度包括知识成果、技能成果、情感成果以及人际成果。那么，对于组织中的培训项目，有哪些尺度可以用来判断培训的有效性呢？也就是说，有必要确定培训成果或标准有哪些。表 10-2 给出了培训成果的分类，即知识成果、技能成果、情感成果、绩效成果以及投资回报率。

表 10-2 培训成果的分类

成果	含义	举例	如何测量	测量什么
知识成果	用来衡量员工对原理、事实、技术或流程的熟悉与掌握程度	安全规则、面谈技巧	笔试、工作样本测试	获取的知识
技能成果	用来评价技巧性、运动性的行为方式的水平	焊工操作技能	观察法、工作样本测试、等级评定	行为方式
情感成果	用来反映员工所持有的态度和动机的改变	对其他文化的包容度	访谈、焦点小组、态度调查	动机态度
绩效成果	由于员工流动率或事故发生率的下降导致的成本的降低、产量的提高及产品质量或顾客服务水平的提高	缺勤率、事故发生率、专利	观察、从信息系统或绩效记录中收集数据	公司收益
投资回报率	组织从一项投资活动中得到的经济回报与付出的成本之间的比值	收益值	确认并比较项目的成本和收益	培训的经济价值

1. 知识成果

知识成果用来衡量员工对培训项目中强调的原理、事实、技术、程序或流程的熟悉程度。知识成果一般通过笔试来评估。表 10-3 选自一份衡量员工角色制定技能的笔试题，这些选项有助于衡量员工是否知道如何制定决策，但是不能用于确定员工在工作中能真正运用决策技能。

2. 技能成果

技能成果用来评价技巧性、运动性的行为方式的水平，它包括技能的获得与学习（技能学习）及技能在工作中的应用（技能转换）两个方面。技能成果可以通过观察法来衡量。例如，校长可以通过对校长助理的观察和接触，对校长助理的管理技能高低进行评估，见表 10-4。

表 10-3 有关衡量员工决策能力的测试题示例

对于每一个问题，请选择你认为正确的选项。	
1.	如果老板把一份工作返还给我并要求我做修改，我将：
☐	向老板说明工作不需要改动。
☐	按照老板说的去做，但指出需要在哪里改动。
☐	不与老板争辩就直接进行修改。
☐	要求调离该部门。
2.	如果我打算在工作上建立一个新的程序，我将：
☐	自己动手不寻求任何帮助。
☐	向老板征询建议。
☐	向与我一起工作的人征求建议。
☐	与公司外的朋友讨论这个问题。

表 10-4 校长助理的管理技能评估举例

请阅读以下各个技能的定义以及有关的行为方式，根据过去三个月内你对校长助理的观察，在下列范围内打分：				
1=总是	2=经常	3=有时	4=很少	5=从不
1. 敏感性	能够意识到需求、关注点和他人的私人问题；善于与不同背景的人打交道；具有解决冲突的能力；能够有效关注他人的情感需要；知道与什么样的人交流什么样的信息。			
（1）	校长助理能让别人表达他们的意愿，以及关心他们的问题。			
（2）	校长助理能通过语言或非语言的方式表达他对别人的需要及认可。			
（3）	校长助理能预测特定行为的情感影响并采取行动。			
（4）	校长助理能通过重新陈述、应用或鼓励反馈等方式正确理解别人的观点。			
（5）	校长助理会告诉他人执行工作所需要的信息。			
（6）	校长助理能在出现问题时化解不必要的冲突。			
2. 决断性	判断何时需要作出决策且马上采取行动的能力。			
（1）	校长助理在判断制定决策或不制定决策的结果后，会明确何时需要决策。			
（2）	在学校遇到各种情况时，校长助理能决定是采取长期还是短期的解决办法最合适。			
（3）	校长助理考虑了可替代的决策方案。			
（4）	校长助理能根据所获得的数据制定具有时效性的决策。			
（5）	校长助理一旦制定决策就能坚持下去，排除外来压力。			

3. 情感成果

情感成果用来反映员工对培训项目所持有的态度和动机。情感成果的一个重要内容是关于员工对培训项目的感性认识，即反应成果，例如员工对培训师、培训教材、培训课程设置等方面的满意度以及员工对培训内容有用性的感知。情感成果还包括员工的学习动机、对多元化的容忍度和对顾客服务导向的态度等，见表 10-5。

表 10-5　反应衡量尺度举例

阅读下面各种情况，根据所给的评分标准表示你认同的程度。				
非常不同意	不同意	中立	同意	非常同意
1	2	3	4	5
1. 我已经掌握了学习这门课程所必需的知识和技能。				
2. 这些设备和设施有助于学习。				
3. 课程达到了所有列举目标的要求。				
4. 我明确地知道课程目标。				
5. 传授课程的方法是有助于学习的有效方法。				
6. 培训课程中涉及的内容是有效的。				
7. 课程内容的组织具有逻辑性。				
8. 我有足够的时间去学习培训的内容。				
9. 我觉得指导者希望我们学习。				
10. 我可以轻松地向指导者提问。				
11. 指导者是做了准备的。				
12. 在课程内容方面，指导者学识渊博。				
13. 我从课程中学到了很多。				
14. 从培训课程中学到的知识对我的工作是有用的。				
15. 我获得的关于培训课程的信息是准确的。				

4. 绩效成果

绩效成果包括由于员工流动率或事故发生率的下降带来成本降低、产量的提高及产品质量或顾客服务水平的提高。例如，三星公司为了对生产线上班组长的"现场管理"培训项目进行评价，将班组长培训前后的学习效果和工作行为，在三个不同时段进行了问卷调查和对比分析：

（1）培训之前一周；

（2）培训结束后立刻进行；

（3）培训结束三个月后，并将评价结果用七点量表呈现出来。

首先，通过比较培训前和培训刚刚结束后的问卷结果发现，班组长参加培训后各项管理技能都有了提升，其中在"现场工作改善""安全作业管理"和"班组会议运营"三个方面，班组长的表现在培训前后变化幅度很大，部门员工的满意度有了明显提高。其次，通过比较三个月后的问卷调查结果和培训刚刚结束后的问卷调查结果发现，班组长在"现场安全管理"和"班组会议运营"两个部分掌握情况很好；在"班组沟通"和"冲突处理"两部分的掌握程度比刚刚培训时有所下降，由于学员的素质、性格、经验积累等具有个体差异性，因此，培训效果不如相对简单的"现场安全管理"和"班组会议运营"。[1]

---

[1] 本资料根据三星集团现场管理案例整理：https://wenku.baidu.com/view/6c8380817f1922791688e8f4.html?_wkts_=1720248624583。

5. 投资回报率

投资回报率指组织从一项投资活动中得到的经济回报与付出的成本之间的比值。培训的收益是指公司从培训计划中获得的价值。培训成本包括直接成本和间接成本。直接成本指参与培训的所有人员包括学员、培训师、咨询人员和项目设计人员的工资和福利；培训使用的材料和设施费用；设备或教室的租金或购买费用；交通费用。间接成本与培训的设计、开发或讲授并不直接相关。它主要包括一般的办公用品、设施、设备及相关费用；与培训没有直接关系的交通费用和各种支出；与培训没有直接关系的培训部管理、人员和一般人员的工资及行政人员的工资等。

10.2.2　培训效果与效果评估

评估有"评价、估计"的意思，评估活动最早可以追溯到科学的初创期。如今，评估已经发展成为一门专业性的学科，涉及政治、经济、文化及自然科学等诸多领域。学习效果强调个体通过学习所获得的学习成果给个体带来的好处与收益。相应地，培训效果则是指通过培训所获得的培训成果给组织和员工带来的好处与收益。培训给组织带来的好处可能包括销售收入上升及客户满意度上升等；培训给员工带来的收益则是他们可以学习各种新的技能和行为方式。培训效果评估是组织通过对比培训成果与培训目标来衡量培训是否有效的过程。影响培训效果的因素有很多，在培训项目中主要有个体差异、培训师水平以及管理人员等。在个体层面，经验表明，相同智力条件下，学习动机强的员工要比学习动机弱的员工学习效果显著，另外，员工的知识基础、智力水平、学习技能、身体素质等也会直接或间接地影响培训效果；培训师是组织培训的主要实施者，其培训水平决定了个体是否能够吸收足够的知识、理解能力是否能达到该有的高度，是组织培训效果的关键影响因素；在培训的过程中，管理人员需要提供培训信息技术以及构建有效的评估体系，对组织培训效果进行监督和评估[①]。

10.2.3　培训效果评估的流程

在了解完如何对个体学习项目的学习效果进行评估之后，组织中的培训效果评估对于组织来说也同等重要，接下来我们学习组织是如何对培训项目的培训效果进行评估的。

（1）明确培训目标。培训效果评估流程始于明确的培训目标。培训目标应该与组织的培训需求和战略目标相一致。这些目标同样应该是具体的、可量化及可衡量的，以便在评估过程中进行对比和评估。

（2）培训实施过程。培训师依据培训目标对员工展开培训，可以包括课堂培训、在线学习、实践演练和辅导等形式。培训过程中应该积极有效地传递与组织相匹配的知识和技能，并提供适当的支持和资源。

---

① 张涛, 李金玲. 新冠疫情背景下高校在线学习效果影响因素分析[J]. 黑龙江教育(理论与实践), 2021(12): 54-55.

（3）培训成果类型。培训成果是培训者和组织用来评价培训项目的尺度。因此，在进行培训效果评估之前，需确定将要评估的培训成果类型，包括认知成果、技能成果、情感成果、绩效成果以及投资回报率等。培训成果类型将影响后续培训评估方法的选择。

（4）培训效果评估。实践是检验真理的唯一标准，培训效果评估的结果应客观、准确地反映员工在培训项目中的实际表现。采用恰当的评估方法和工具，将培训成果与培训目标进行评价与对比，衡量员工是否达到了预期的培训目标，以及培训成果是否与预期相符。

（5）培训效果跟踪与反馈。将评估结果反馈给培训目标的制订和培训实施过程。这意味着组织需要根据评估结果进行反思和调整，优化培训计划和方法。组织应该关注评估结果中的强项和改进之处，以提高培训项目的质量和效果。

同理，组织中培训项目的效果评估流程也应该是连续和动态的过程，包括明确培训目标、培训实施过程、对比和评估、跟踪和反馈等关键步骤。通过这个流程，组织可以全面了解培训项目的成果和效果，不断提高组织的培训质量与市场竞争力。

培训效果评估的流程如图10-2所示。

图 10-2　培训效果评估的流程

10.2.4　培训效果评估的意义

一个组织如果不对培训效果进行评估，就很难衡量培训做出的贡献。然而由于种种原因，作为整个培训系统工程的重要环节，培训效果评估却没有得到应有的重视，使得培训评估的发展远远滞后于培训需求分析以及培训执行等环节。培训效果评估的意义主要体现在以下几个方面。

1. 检验培训目标是否达成

培训效果评估是组织获得有关培训项目信息的最好手段。培训前评估确定了组织的培训目标，培训后评估则对培训效果作出判断。通过比较培训效果与预先设定的培训目标之间的差距，能够判断组织的培训目标是否达成，从而为下一轮的培训工作开展提供信息参考和经验借鉴。组织也可以据此确定哪些培训项目需要终止，哪些培训项目需要调整，哪些培训项目需要进一步优化等。

2. 识别培训中的问题

对培训部门而言，通过培训效果评估能够识别培训中所存在的不足。例如，组织的培训需求分析是否准确，培训目标设置是否合理，培训计划的拟订是否周全，培训时间安排是否恰当，培训内容是否充实，培训地点和设施如何，培训教室是否令员工满意等，从而对培训项目进行有针对性的调整和完善。对员工而言，通过培训效果评估，员工可以清楚地认识到自身在知识、能力和态度等方面存在哪些不足，该如何改进，从而为下一阶段培训以及今后的工作开展做好准备。

3. 为组织决策提供依据

培训效果评估能为组织决策如人才流动与配置、绩效考核等提供依据。在新员工招聘中，新员工的培训效果评估结果是检验招聘质量的重要参考；在人才提拔中，受训人员的培训成绩是晋升的主要依据之一；在绩效考核中，培训效果评估的结果可作为考核培训部门及相关培训人员的绩效指标。例如，在联想集团，培训师的考核制度规定，受训人员的满意率是培训师的绩效指标之一。

4. 体现人力资源管理的效益性

培训效果评估反映培训对于组织的贡献，并以此体现人力资源管理部门或培训部门在组织中的重要作用。人力资源管理部门在组织中向来被认为是"成本中心"，通过评估，特别是如果能够做一些定量的分析，可以看到培训的成本有效性，这些将证明人力资源管理在组织中的重要性，并且说明对员工的投资是值得的。

10.3 培训效果评估方案设计

培训效果评估方案的设计决定了评估结果的可信度，也就是说，组织能在多大程度上肯定评估结果的变化是由培训引起的。评估方案设计指确定收集何种信息，如培训发生的地点、时间、方式等，并使用这些信息来判断培训项目是否有效的过程。虽然没有哪个效果评估方案可以确保培训效果完全由培训引起，但评估者仍需要寻找尽可能严谨的方案，以消除评估结论的歧义。其目的是确保评估过程能够全面、准确地反映培训成果，并以此为基础进行评估和判断。通过科学合理的评估方案设计，可以提高培训效果评估的可信度，为培训项目的改进和优化提供有力支持。

10.3.1 效度威胁

效度威胁指引起评估者怀疑的因素。评估者可能怀疑：①评估成果的可信度；②评估成果被推广至其他员工和其他情境的程度。[1]评估成果的可信度是指内在效度。内在效度威胁与公司特点（历史特点）、成果测量（仪器、测试）以及参与评估研究的人员（成熟度、均值回归、品德、组内差距）有关。这些特征可能导致评估人员得到有关培训有效性的错误结论。评估研究只有具有内在效度才能保证评估结果（尤其是正面结果）是由培训项目而不是其他因素产生的。例如，有一组管理者参加了沟通技能培训项目，在他们参加培训的同时，公司宣布进行机构重组。培训结束后，管理者都成了优秀的沟通者，但这仅

---

[1] COOK T D, CAMPBELL D T, PERACCHIO L. Quasi-experimentation[M]// DUNNELTE M D, HOUGH L M. Handbook of industrial and organizational psychology. 2d ed. Vol. 1. Palo Alto, CA: Consulting Psychologists Press, 1990: 491-576.

仅是因为他们害怕失去工作，也许在培训过程中根本没有发生学习行为。表 10-6 给出了培训效果评估的内在效度威胁。

表 10-6 培训效果评估的内在效度威胁

内在效度威胁		描　　述
公司	历史	某事件的发生导致培训成果的变化
个人	成熟度	员工的自然成长或情感因素导致培训成果的变化
	品德	研究参与者不再从事研究，例如离开公司。
	组内差距	受训小组与对照组存在能够影响成果的个体差异（知识、技能、能力、行为）
成果测量尺度	测试	员工希望在事后测试中取得好的结果
	工具	员工对于评估后的成果变化的解释
	均值回归	在事后测试中，得高分和低分的员工会向平均或中间状态移动

培训者也希望能将评估成果推广到其他团体和情境中（比如他们关注研究的外在效度）。如表 10-7 所示，外在效度威胁与研究工作参与者的反应及多种培训类型的效果有关。由于培训一般不能将完成培训项目的员工（或者将来可能会参与培训的人）全部包括进去，培训者很想证明培训项目对以后类似的项目参与者同样有效。

表 10-7 培训效果评估的外在效度威胁

外在效度威胁	描　　述
对事前测试的反应	培训前的测试导致员工关注测试中的题目
对评估的反应	员工由于要被评估而在培训项目中更努力
人员甄选与培训之间的相互作用	员工的个性特征会影响项目的有效性
不同方法的相互作用	接受不同方法的员工所取得的结果只能推广到按同样顺序接受同样方法的员工身上

资料来源：COOK T D, CAMPBELL D T, PERACCHIO L. Quasi-experimentation[M]//DUNNETTE M D, Hough M. Handbook of Industrial and organizational psychology. 2d ed. Vol. l. Palo Alto, CA: Consulting Psychologists Press, 1990: 491-576.

10.3.2　培训效果评估方案

有许多不同的方案可以用来进行培训效果评估。表 10-8 对各种方案进行了比较，包括培训效果评估的参与者（受训组、对照组），收集测量数据的时间（培训前、培训后），实施评估所需的费用和时间，以及方案设计对于排除结果歧义的力度。如表 10-8 所示，按照是否包括培训前后成果测量及对照组，我们可以识别出不同的研究方案。一般来讲，使用培训前和培训后成果测量数据及对照组的方案能够降低其他因素（并非培训本身）使评估结论产生歧义的风险，从而增强培训者使用评估结果制定决策的信心。当然，不足之处在于采用这样的方案进行评估，要比不使用培训前和培训后测量或对照组的评估花费更多的时间和金钱。

表 10-8 培训效果评估种类比较

评估设计种类	组 别	测量数据				
		培训前	培训后	成本	时间	力度
后测	受训组	否	是	低	低	低
前测/后测	受训组	是	是	低	低	中等
有对照组的后测	受训组和对照组	否	是	中等	中等	中等
有对照组的前测/后测	受训组和对照组	是	是	中等	中等	大
时间序列	受训组	是	是，好几次	中等	中等	中等
有对照组和撤销培训干预的时间序列	受训组和对照组	是	是，好几次	高	中等	大
所罗门四小组	受训组 A	是	是	高	多	大
	对照组 A	是	是			
	受训组 B	否	是			
	对照组 B	否	是			

1. 后测

后测是指只收集培训后成果的评估方案。通过这种方式得到的信息可以了解学习效果，但由于不知道培训前学员的知识和技能水平如何，因此很难说学员所学到的东西就是培训的效果。这个方案可以通过附加一个对照组（有助于排除对变化的其他解释）得到加强。后测方案适用于受训者（有时也包括对照组）在培训前具有类似水平的知识、行为方式或绩效成果（例如，相同的销售额对如何结束一个销售项目有同样的了解）的情况。

2. 前测/后测

前测/后测是指对培训前后的成果都收集的评估方案。这种方案没有对照组。这样就很难排除经营条件或其他因素导致变化发生的可能性。通常，那些希望评估一项培训，但又不愿意将一部分员工排除在外的组织，或仅仅希望培训一小批员工的组织会采取这种方案。

3. 有对照组的后测

有对照组的后测这种设计中增加了对照组来比较与培训组的差异。但是在培训前没有对培训组和对照组进行测量，只有在培训后对两组在某方面的知识、态度或技能进行评估，这两组在这些指标上的差异被认为是培训导致的。

4. 有对照组的前测/后测

有对照组的前测/后测是指既包括培训组又包括对照组，需要分别收集两个小组培训前与培训后的成果数据的评估方案。如果培训组的进步大于对照组，就证明是培训导致了这种差距。这种方案能控制大部分效度威胁。这种设计比前两种可以更明确地看出培训的效果，同时也使得培训管理者或培训师更有把握确定培训的效果。前测/后测－对照组的设计是在研究设计中用得较多的设计，它不仅可以用于评估单一培训的效果，也可以用来衡量不同培训方式的效果，下面举例说明。

某公司采用讲授法、计算机辅助教学以及行为塑造法来进行计算机技能的培训，在培训前对员工进行随机分组，把他们分配到不同的培训组中，并将一组不参加培训的员工作为对照组。采用这种设计，我们可以比较不同培训方式之间的差异和效果。表 10-9 可以说明这种设计。

表 10-9　评估不同培训方法效果的设计

项　　目	培训前测量	培训后测量
讲授法	有	有
计算机辅助教学	有	有
行为塑造法	有	有
对照组（没有培训）	有	有

通过前后两次测量收集信息，可以通过方差分析检验培训的效果，并检验不同培训方式之间的差异。

5. 时间序列

时间序列是指在培训前后每隔一段时间收集一次培训成果信息的评估方案。这一方案设计的强度可以通过撤销培训干预来提高，撤销培训干预是指在某一段时间内取消对参与者的培训干预。时间序列方案中也可以采用对照组。采用了对照组的时间序列设计也叫多重时间序列设计，这种设计与前面所讲的有对照组的前测/后测不同之处是，它不强调随机分配的做法，而是根据自然发生的情况，对参加培训与没有参加培训的员工进行观察与测定，而这也正是准实验设计的一大特点。这类评估方式通常用于评价那些较容易观察到变化的培训结果指标，如事故率、生产率、缺勤率等。该方案的一个优势是可以对培训结果进行长期稳定的分析。另一个优势是同时运用撤销培训干预和对照组能够消除评估结果的歧义。

6. 所罗门四小组

所罗门四小组是指综合运用对照组的前测/后测以及对控制组进行的后测的设计方案。在所罗门四小组方案中，分别对一个培训组和一个对照组进行培训前和培训后的成果测量，然后对另一个培训组和控制组进行培训后的成果测量。这种方案能够控制大多数的内部效度和外部效度威胁。

10.3.3　选择评估方案时应考虑的因素

很难说哪一个评估方案是最佳的。评估方案要根据表 10-10 所列的评估因素来进行选择。以下理由能说明为什么有的组织选择不进行培训效果评估或采用不太严谨的评估方案，要比采用一个包括对照组、随机抽样和培训前测/后测的评估方案更合适。第一，管理者和培训者可能不愿意为收集培训成果投入大量的时间和精力。第二，管理者和培训者可能缺乏进行评估研究的专业技术。第三，组织可能认为培训是一种没有或者只有很少回报的投资。然而你应该在出现下列情况时考虑使用更严谨的评估方案（有对照组的前测/后测方案）[①]。

---

① TANNENBAUM S I, WOODS S B. Determining a strategy for evaluating training: operating within organizational constraints[J]. Human resource planning, 1992, 15: 63-81; ARVEY R D, MAXWELL S E, SALAS E. The relative power of training evaluation designs under different cost configuraticns[J]. Journal of applied psychology, 1992, 77: 155-160.

（1）要利用评估结果修改培训项目。
（2）培训方案正在执行中且可能会对许多学员（和顾客）产生重要影响。
（3）培训方案包括不同级别的班级和为数众多的学员。
（4）培训成本的确定取决于多个指标（在这里，组织对评估的定位很明确）。
（5）组织培训者或其他人具有设计和评价培训效果评估研究数据的专业技术（或有从公司外部购买专业技术的资金）。
（6）培训耗费成本，因此需要证实它确实可以发挥作用。
（7）有足够的时间进行评估。在这种情况下，并不需要立即获得有关培训有效性的信息。
（8）对与培训前相比发生的变化（在知识、行为方式、技能等方面）很感兴趣，或想要比较两个或两个以上不同的培训项目。

表 10-10 影响评估方案类型的因素

因　素	该因素怎样影响评估方案的类型？
变化的可能性	培训项目能够修改吗？
重要性	无效的培训会影响客户服务、产品开发或者员工间的关系吗？
范围	有多少员工参与培训？
培训目标	培训是为了学习、成果还是两者兼顾？
组织文化	对结果的展示是组织准则和期望的一部分吗？
专业技术	能分析复杂的研究成果吗？
成本	评估是否费用太高？
时间限制	我们何时需要信息？

资料来源：TANNENBAUM S L, WOODS S B. Determining a strategy for evaluating training: Operating within organizational constraints[J]. Human resource planning, 1992, 15: 63-81.

例如，公司对员工的沟通技巧在培训之后发生了多大的变化感兴趣，那么有必要采用对照组及前测/后测的方案，随机将员工分为受训和不受训两个小组。这一评估方案的特点能使你确信沟通技能的变化是由培训项目引起的。如果公司希望比较两个培训项目的效率，那么这种评估方案也是必要的。没有前测或者对照组的评估方案最适用于确认绩效水平是否达到特定水准（例如，参加培训项目的员工是否可以与他人充分沟通自己的想法）。在这种情况下，组织并不想了解发生了多大的变化，它只关心员工是否达到了一定的熟练水平。

10.4　培训效果评估模型

本节主要围绕培训效果评估的模型展开，在培训效果评估过程中，常用的培训效果评估模型主要有五个，即柯氏评估模型、考夫曼五级评估模型、菲利普斯五级投资回报率模型及 CIRO 评估模型和 CIPP 评估模型。

10.4.1 柯氏评估模型

最著名的培训效果评估模型是唐纳德·L. 柯克帕特里克（Donald L. Kirkpatrick）的四层次评估模型，简称"柯氏评估模型"。柯克帕特里克是威斯康星大学教授，他于1967年提出四层次评估模型，简称"柯氏评估模型"，他认为应该从反应、学习、行为和结果四个层面对培训项目的效果进行评价。这四个层次的评估内容详见表10-11。

表10-11 柯氏评估模型[①]

评估层次	结果标准	评 估 重 点	评 估 方 式
（一）	反应	学员满意度	问卷调查、电话跟踪、会后讨论等
（二）	学习	学到的知识、技能、态度、行为等	口试、笔试、现场操作、角色扮演和工作模拟等
（三）	行为	工作行为的改进	问卷调查或访谈
（四）	结果	工作中导致的结果	投资回报率、效用分析等

1. 第一层次：反应（他们喜欢它吗？）

反应是指学员对培训项目的感受、态度或看法，反应层面位于柯氏评估模型中评估层次最上端。柯克帕特里克认为，只有学员对培训项目有积极的反应，对培训课程、培训教师和培训安排等很满意，培训才可能有成效。否则，学员就没有动力参加培训，对组织再有用的培训内容也难以转化为学员的知识和技能，更难以转化为员工有效的实际行动。通过反应评估，能让学员感到组织对他们意见的尊重，并提出改进培训的建议，从而增强培训效果。

对反应层面信息的收集通常采取问卷调查、课后会谈、电话跟踪、课后讨论会以及课堂讨论等形式进行。组织通常以"学员意见反馈表"的形式来收集这方面的信息。收集信息的时间可以在每一部分内容结束时，每天结束时，每一课程结束时或几周之后。

对培训者的反应进行评估时，需要注意以下几点[②]。
（1）确定你需要调查什么。
（2）设计可以作为量化反应的条件。
（3）确保调查表能在5~10分钟完成，过长会不利于真实反馈。
（4）鼓励学员诚实地填写调查表。
（5）鼓励学员写出意见或建议。
（6）发展可以接受的标准。
（7）切实地沟通反馈。
（8）根据学员的意见或建议采取积极行动。

2. 第二层次：学习（他们学到了什么吗？）

学习层面的评估是对学员培训后的学习效果进行评价，其核心任务是衡量学员培训后

---

① 石金涛. 培训与开发[M]. 北京：中国人民大学出版社，2003：139.
② 徐芳. 培训开发理论及技术[M]. 上海：复旦大学出版社，2005：267.

对原理、事实、技能和技术的掌握程度。在评估学习层面时，组织通常会采用前后比较或设置控制组的方式来进行，运用口试、笔试、现场操作、角色扮演和工作模拟等方法综合地对受训人员的学习效果进行评价。

3. 第三层次：行为（他们会运用所学的知识吗？）

1）行为评估的内涵

行为层面的评估主要评价学员培训结束回到工作岗位后，他们的实际工作行为发生了多大程度的变化，是否将所学的知识和技能转化成了实际行动。行为评估指标可以采用诸如工作态度、工作积极性、生产率、出勤率、废品率和事故率等。这些信息可以通过对受训者的上级、下属、同事和客户进行问卷调查或访谈等方法获得。

2）行为评估的特点[①]

（1）学员行为的改变是有一定条件的。如果他们在培训后没有机会应用所学到的知识和技能，就很难体现行为的改变。

（2）很难预计何时会有变化。即使学员有机会应用所学的东西，他们的行为也不会立竿见影地产生变化。根据柯克帕特里克的研究，行为上的变化可能在学员第一次应用后的任何时间发生，也可能根本没有行为上的变化。有的学者采用"睡眠效应"来形容这种从培训到行为迁移时间上的滞后。培训后评估的时间应该在受训者回到工作岗位后的 3~6 个月后进行。

（3）学员行为的改变往往受到组织内部环境的影响。当组织对员工新知识和新技能的运用进行赞赏、鼓励或者物质激励时，员工往往会在培训结束后的实际工作中表现得更加积极，这将有利于员工行为的转变。

4. 第四层次：结果（这引起什么变化了吗？）

结果层面的评估主要评价培训对于组织绩效改进的情况，是柯氏评估模型中最重要也最困难的部分。结果层面的评估通常要考虑以下问题[②]。

（1）主管和经理参加全面质量管理培训后，产品质量改善了多少？

（2）主管和经理参加多元化管理后，生产率提高了多少？

（3）一线主管参加"培训员工"培训后，员工的差错率下降了多少？

（4）经理参加"走动管理"培训后，员工的工作和生活质量有何变化？

（5）实施"员工自主管理"培训后，生产率提高了多少？成本下降了多少？

（6）实施的领导力培训、时间管理培训、决策培训能否实现企业经济上的收益？

（7）销售人员接受市场研究、签单培训后，销售业绩提高了吗？

（8）公司投入在所有培训项目上的投资回报是多少？

10.4.2 考夫曼和菲利普斯五级评估模型

考夫曼和凯勒（Kaufman & Killer，1994）的"五级评估模型"与柯克帕特里克的"四

---

① 石金涛. 培训与开发[M]. 北京：中国人民大学出版社，2003：144.
② 周红云. 员工培训：技术与策略[M]. 北京：中国劳动社会保障出版社，2013.

级评估模型"不同之处在于，一是考夫曼和凯勒的"五级评估模型"比柯克帕特里克的"四级评估模型"反应层面的内涵更加丰富，二是考夫曼和凯勒的"五级评估模型"比柯克帕特里克的"四级评估模型"多了一个评估层面——"社会效益"层面。

考夫曼认为，评估的第一层次除了包括学员的"反应"内容外，还应包括培训的"可行性"，即培训项目开展的可能性。组织应该对培训所需的各种资源，如人力、财力和物力的可用性、可靠性和有效性等问题作出综合考量。

另外，考夫曼指出，组织不是孤立存在的，它与组织所处的社会紧密关联在一起。因此培训效果评估不仅要评价培训对组织所产生的价值，还应当评价培训对社会所产生的价值。培训项目对社会产生的价值就是培训效果评估第五个层面——"社会效益"层面所要解决的问题。培训的社会效益表现为培训使组织的社会责任感增加，社会公平感提高，顾客满意度增加等内容。考夫曼的五级评估模型超越了单个组织的范畴，重视培训的正外部性，体现了企业对社会责任的关注。

考夫曼五级评估模型如表 10-12 所示。

表 10-12　考夫曼五级评估模型[①]

序号	评估层次	评估内容
1	社会效益	社会和顾客的反映、结果和汇报情况
2	组织效益	对组织的贡献情况
3	应用	组织中个人与小组应用的情况
4	掌握	个人与小组的掌握情况
5	a. 反应	方法、手段和程序的可接受情况和效用情况
	b. 培训可行性	人力、财力、物力的有效性、可用性和质量

与考夫曼一样，菲利普斯（Phillips，1996）认为，培训效果评估模型由五个层级构成。菲利普斯提出组织在开展培训效果评估时忽略了一个关键点即培训的"投资回报率（ROI）"。菲利普斯认为"投资回报率"评估也许确是一项非常困难、复杂且需要精心策划的工作。但是，只有当这一层级的评估结束以后，整个培训评估过程才算真正完成。"投资回报率"将培训项目的净收益与其成本加以比较，其计算公式为：培训的净收益/培训的成本。

此外，菲利普斯还对每个层级评估所需注意的问题进行了提示。他指出：在反应层级评估中，学员对培训积极的反应并不一定完全表明学员掌握了新的知识和技能；在学习层级评估中，学习层面的积极结果并不一定都能保证学员在实际工作中会应用学到的知识和技能；在工作应用层级评估中，组织应用客观的标准对培训项目进行评价，因为培训项目不一定会对组织产生百分之百的积极影响；在结果层级评估中，需要同时考虑培训项目和培训成本投入的大小对组织业绩的影响；培训项目的效果会对组织业绩产生积极的影响，同时，组织业绩也会受到培训成本大小的影响，因此，组织要关注培训的投资回报率。菲利普斯五级评估模型见表 10-13。

---

① 徐庆文，裴春霞. 培训与开发[M]. 济南：山东人民出版社，2004：233.

表 10-13　菲利普斯五级评估模型

序号	评 估 层 级	评 估 内 容
1	投资回报率	培训项目的成本与货币价值
2	结果	培训对组织业绩的影响
3	工作应用	工作行为的变化以及培训内容的应用情况
4	学习	知识、技能或观念的变化
5	反应	参训学员对培训的反应

10.4.3　CIRO 和 CIPP 评估模型

无论是柯克帕特里克的四级评估模型，还是考夫曼和菲利普斯的五级评估模型，基本上是立足于评价培训的结果，因此，这些评估模型被称为"终极性评价"性质的评估模型。它们共同的缺陷在于忽视了培训活动的本身，培训结果的评价只是培训效果评估活动中的一部分。柯克帕特里克、考夫曼和菲利普斯的评估模型既没有强调组织应对培训过程实施监控，也没有强调组织应该对培训项目进行持续的调整和改进。于是，便有了主张将评估活动贯穿整个培训过程，具有明显"过程性评价和形成性评价"特征的"CIRO"培训效果评估模型和"CIPP"培训效果评估模型。

1. CIRO 评估模型

CIRO 评估模型的设计者是奥尔白德（Alwhite）和莱克哈姆（Lakeham）。CIRO 由四项评估活动的首字母组成：背景评估、输入评估、反应评估、输出评估（见表 10-14）。

表 10-14　CIRO 评估模型

简写	含　义	内　容
C	背景评估（context evaluation）	搜集和分析有关培训信息来确定培训需求和培训目标
I	输入评估（input evaluation）	搜集和汇总可利用的培训资源来确定培训项目的实施战略和方法
R	反应评估（reaction evaluation）	搜集和分析学员的反应信息来促进培训过程的改进和完善。
O	输出评估（output evaluation）	搜集、分析和评价培训成果的信息

（1）背景评估指搜集和分析有关培训信息来确定培训需求和培训目标。背景评估的主旨是确认培训的必要性。这种评估的最终目的是在进行组织、团队和个人三个层面的培训需求分析的过程中，确定组织开展培训的三个层面的目标：最终目标、中间目标和直接目标。最终目标指通过培训克服或消除组织特别薄弱的地方；中间目标指通过培训促进员工素质的提高，改善工作行为；直接目标指通过培训使员工获得新知识、技能和态度。

（2）输入评估指搜集和汇总可利用的培训资源来确定培训项目的实施战略和方法。培训资源既包括组织的内部资源，也包括组织可利用的外部资源。在所能获取资源的基础上，组织应该选择最优的培训实施战略和方法。输入评估的主旨就是确定培训的可能性。

（3）反应评估指搜集和分析学员的反应信息来促进培训过程的改进和完善。反应评估的主旨是提高培训的有效性。奥尔白德和莱克哈姆强调必须使用客观、系统的方法来搜集学员的反馈信息，学员的主观评价将会对培训项目的改进产生非常大的影响。

（4）输出评估指搜集、分析和评价培训结果的信息。输出评估的主旨是检验培训的结果。该评估被认为是评估过程中最重要的部分。培训结果评估可以通过背景评估环节确定的培训目标（最终目标、中间目标和直接目标）来检验培训结果的有效性。

2. CIPP 评估模型

CIPP 评估模型同样由四项评估活动的首字母组成：背景评估、输入评估、过程评估、成果评估（见表 10-15）。

表 10-15　CIPP 评估模型

简写	含义	内容
C	背景评估（context evaluation）	通过界定相关的环境来确定培训需求和设立培训目标
I	输入评估（input evaluation）	拟订培训项目计划和培训设计的一般策略
P	过程评估（process evaluation）	修正或改进培训项目的执行过程
P	成果评估（product evaluation）	对达到培训目标的程度进行测量和解释

（1）背景评估的任务是通过界定相关的环境来确定培训需求和设立培训目标。背景评估需要搜集有关培训资源的信息。

（2）输入评估的任务是确定怎样通过有效使用资源来成功实施培训，有助于拟定培训项目计划和培训设计的一般策略，通常输入评估的结果有关制度、预算、时间安排、建议书和程序等方面的内容，形成培训方案。

（3）过程评估为培训项目实施负责人提供信息反馈，指的是及时修正或改进培训项目的执行过程。过程评估可以通过以下方式实现：分析培训执行过程中导致失败的原因和潜在的不利因素，提出排除潜在的失败原因和克服不利因素的方案；分析培训执行过程中实际发生的事情和状况并与培训目标相比较，找出差距。

（4）成果评估的任务是对实现培训目标的程度进行测量和解释。成果评估既包括对实现的预定目标的衡量和解释，也包括对非预定目标的衡量和解释。

10.5　培训效果跟踪与反馈

本节主要围绕培训效果跟踪与反馈的常用方式展开。实践是检验真理的唯一标准，培训结束以后，组织不仅要重视与开展培训效果评估，还应对培训效果进行跟踪与反馈。培训效果跟踪与反馈虽处于培训效果评估过程的最后一环，但无论培训效果是否理想，其对于培训目标的调整以及培训的实施都起到了重要的反馈与引导作用，进而优化与完善下一次的培训流程与计划。另外，培训结束后，培训人员通过了解学员的工作情况、思想状况，不仅让学员感受到企业对其的关心和重视，而且能够帮助他们解决工作中遇到的问题或困难，促进他们对组织产生归属感，同时以解决问题为导向，进一步提升他们的技能和绩效。

1. 撰写培训心得

培训管理者可以要求参训人员撰写关于培训的心得体会,其必须包含培训课程中讲到的关键词、关键理念、关键内容等信息。培训管理者收集培训心得后将其发送至培训师及参训人员的相关管理者处,并要求相关人员对参训人员的培训心得作出反馈。

2. 制订行动改进计划

培训结束后,培训管理者可以要求参训人员制订行动改进计划,形成行动改进计划表,如表 10-16 所示。

表 10-16 行动改进计划

姓名	培训收获	当前问题	设立目标	行动计划	截止日期	检查情况	检查人

行动改进计划表中要详细写明员工重返工作岗位后运用培训理念或技巧的情况,参训人员与直属领导进行讨论后,共同确定该行动计划的操作方式和截止日期。培训管理者留存行动改进计划表副本以备追踪,同时也可以给培训师一份存档。培训管理者对参训人员行动改进计划的管理可以与行为层面评估一起操作。

3. 培训跟踪与辅导

培训结束一段时间后,培训管理者可以利用培训跟踪与辅导表,对参训人员实施追踪,如表 10-17 所示。

表 10-17 培训跟踪与辅导

姓名	培训前			培训后			评估人	评估时间	检查人	检查时间
	工作态度	工作行为	工作绩效	工作态度	工作行为	工作绩效				

培训管理者可以请参训人员的直属上级或者部门负责人对其工作态度、工作行为、工作绩效等整体改善状况进行评价,在过程中对于参训人员理念、知识或技能上存在的问题实施指导,并将结果反馈至人力资源部。通过这种形式的培训,培训管理者可以了解参训人员对行动改进计划的执行情况。

4. 实地访谈

实地访谈法是培训管理者或培训师到参训人员所在部门,与参训人员、其帮带师傅、直属上级或者部门负责人面对面沟通,了解参训人员培训前后变化、培训效果转化等方面的事项。

如果参训人员的人数较少,那么采用面对面交流的方式是获取培训效果最直接有效的渠道。通过和员工深入地交流,能够让培训管理者最高效、最直接地感知他们对培训的想法。

培训管理者在与参训人员沟通时,要注意沟通的方式,不要以管理者的姿态进行盘问,而应以朋友关心的方式相互交流。沟通的目的是产生积极的效果,所以注意沟通过程中不要让员工产生压迫感和排斥感。

培训管理者与参训人员的沟通内容可以包含:培训转化情况如何,工作进展情况如何,还存在哪些难解决的问题,还有哪些想提升的能力,对下一步工作有何想法,对企业有何建议,对培训有何建议等。同时鼓励他们好好工作。

培训管理者与参训人员的帮带师傅、直属上级、部门负责人沟通的内容包括:参训人员培训后的工作改变如何,近期的工作表现如何,在能力上还存在哪些问题,在培训方面还有哪些事项需要人力资源部协助等。同时可以向他们强调最有效的培训其实是发生在日常工作中的,鼓励他们用心培养参训人员。培训管理者在实地访谈后,应形成培训访谈记录表,如表10-18所示。

表 10-18 培训访谈记录

姓名	访谈时间	员工本人意见	管理者意见	访谈问题总结	培训管理工作改进建议	访谈人	备注

对参训人员、帮带师傅或部门负责人所反映的问题和提出的合理化建议,若培训管理者能够现场解决,则应现场解决,若不能现场解决,培训管理者需汇总整理后及时与相关领导沟通,形成解决方案,定期追踪方案的完成情况,并及时向问题、建议提出者反馈。

5. 召开培训后座谈会

培训管理者可以在培训课程结束后一段时间内(一般为1~2周)召开培训心得及培训成果转化的座谈会,了解参训人员的思想和行为动向。召开座谈会前,需要拟出会议议程,由专人做座谈记录,形成会议纪要。若有必要,也可以形成行动改进计划表。

6. 成果认定与表彰

培训管理者综合所有参训人员的行动改进计划表,在培训结束后的季度、半年或年度定期追踪其完成情况,形成成果的认定,记入员工培训档案,并组织开展培训成果表彰会议,编写成果转化优异员工的事迹并予以表彰,报道其成功的故事。对于培训成果转化不理想的员工,培训管理者可以统计他们的名单,与他们的直属上级或部门负责人沟通后,安排他们回炉再次学习;对拒不配合的员工,参考培训管理相关规定,给予相应处罚。

开篇案例参考答案

即测即练

教师服务

感谢您选用清华大学出版社的教材！为了更好地服务教学，我们为授课教师提供本书的教学辅助资源，以及本学科重点教材信息。请您扫码获取。

≫ 教辅获取

本书教辅资源，授课教师扫码获取

≫ 样书赠送

人力资源类重点教材，教师扫码获取样书

 清华大学出版社

E-mail: tupfuwu@163.com
电话：010-83470332 / 83470142
地址：北京市海淀区双清路学研大厦 B 座 509

网址：http://www.tup.com.cn/
传真：8610-83470107
邮编：100084